U0523620

哈佛大学教育学院
学校创新管理课

【美】

托尼·瓦格纳 Tony Wagner　　罗伯特·凯根 Robert Kegan
丽莎·莱希 Lisa Lahey　　　　 理查德·W. 莱蒙斯 Richard W. Lemons
裘德·加尼尔 Jude Garnier　　 黛博拉·赫尔辛 Deborah Helsing
安妮·豪厄尔 Annie Howell　　 哈丽雅特·瑟伯·拉斯马森 Harriette Thurber Rasmussen

著

CHANGE LEADERSHIP
A Practical Guide to Transforming Our Schools

图书在版编目（CIP）数据

哈佛大学教育学院学校创新管理课／
（美）托尼·瓦格纳等著；王海颖译. —北京：中国青年出版社，2023.5
书名原文：Change Leadership: A Practical Guide to Transforming Our Schools
ISBN 978-7-5153-6938-9

Ⅰ．①哈… Ⅱ．①托… ②王… Ⅲ．①哈佛大学—学校管理—创新管理—概况
Ⅳ．①G649.712.8

中国国家版本馆CIP数据核字（2023）第038578号

Change Leadership: A Practical Guide to Transforming Our Schools/Tony Wagner, Robert Kegan, et al.
Copyright © 2006 by John Wiley & Sons,Inc. All rights reserved.
Published by Jossey-Bass.
This translation published under license with the original publisher John Wiley & Sons,Inc.
Simplified Chinese translation copyright © 2023 by China Youth Press.
All rights reserved.

哈佛大学教育学院学校创新管理课

作　　者：	［美］托尼·瓦格纳等
译　　者：	王海颖
责任编辑：	肖妩嫔
文字编辑：	吴亦煊
美术编辑：	杜雨萃
出　　版：	中国青年出版社
发　　行：	北京中青文文化传媒有限公司
电　　话：	010–65511272/65516873
公司网址：	www.cyb.com.cn
购书网址：	zqwts.tmall.com
印　　刷：	大厂回族自治县益利印刷有限公司
版　　次：	2023年5月第1版
印　　次：	2023年5月第1次印刷
开　　本：	787×1092　1/16
字　　数：	228千字
印　　张：	20
京权图字：	01-2022-3499
书　　号：	ISBN 978-7-5153-6938-9
定　　价：	59.90元

版权声明

未经出版人事先书面许可，对本出版物的任何部分不得以任何方式或途径复制或传播，包括但不限于复印、录制、录音，或通过任何数据库、在线信息、数字化产品或可检索的系统。

中青版图书，版权所有，盗版必究

CONTENTS 目录

前　言　教育成功的关键　　　　　　　　　　　　　　007
序　言　双重聚焦，创新管理　　　　　　　　　　　　012
致　谢　　　　　　　　　　　　　　　　　　　　　　021

为什么改变很重要

第一章　重构问题　　　　　　　　　　　　　　　　026

期待并帮助学生掌握新技能 / 028

为学生学习提供更多支持 / 032

技术性挑战与适应性挑战 / 035

"组织"的理念与行为 / 039

"个人"的理念与行为 / 042

接受挑战和风险：通过合作学习走向实践社区 / 044

如何改进教学

第二章　创建成功的愿景　　　　　　　　　　　　　050

改进教学是管理的核心 / 051

系统性改进教学的七个原则 / 054

启动教学改进系统：至关重要的第一次对话 / 064

建立对优质教学的共同认知 / 064

定义新的有效教学的框架 / 069

连接教学中的"新 3R 标准" / 075

第三章　改变个人理念与行为　083

明确你的承诺 / 083

列出阻力清单 / 086

为什么改变很难

第四章　激发创新与变革的动力　096

改进教学的阻力与动力 / 097

产生系统性变革的动力 / 109

创建实践社区 / 109

第五章　个人改变免疫系统　117

关注对抗行为 / 117

进行更深入的观察 / 120

找到隐藏的矛盾承诺 / 121

系统地思考

第六章　教育创新与变革中的系统性思考　130

4C 系统思考法 / 131

开始转变：运用 4C / 145

利用"4C"提升团队凝聚力 / 158

第七章 探索创新与变革的"内部"系统   159

深入地诊断复杂的内部系统 / 160

大假设和免疫系统 / 163

有策略地改善学校管理

第八章 更好地实现学校管理创新与变革   170

系统改变的各个阶段 / 170

变革杠杆：数据、问责制、人际关系 / 171

策略性行动转变 / 175

化零为整：教育转型的生态学 / 204

衡量成功和高风险考试成绩的挑战 / 207

第九章 打破你的改变免疫系统   209

迈向个人变化的步骤 / 210

促成最有效的学习 / 229

打破个人改变免疫系统的 4 个阶段 / 231

逐步摆脱个人改变免疫系统 / 233

为未来做好准备

第十章 应对学校创新管理的外部与内部挑战   240

对每一位学生保持高期待 / 243

转变角色：让学校管理者参与教学 / 246

专注于一个目标 / 250

激发团队的紧迫感 / 255

重新定义领导力 / 259

打造新型管理团队 / 264

更宏观地看待创新与变革 / 270

持续开展适应性工作 / 273

开启"双重关注"的全新视角 / 280

附录　团队练习　　　　　　　　　　**282**
关于作者　　　　　　　　　　　　　**311**

FOREWORD
前 言

教育成功的关键

整个周末我都在思索对如何领导高水平学区我们有着怎样的认知，然后我读到了这本书，并从中得出了三个结论。第一点，这是一项艰巨的任务——集复杂性、技术性、个性化和政治性于一身。第二点，由于很少有人研究这一当前最为重要的问题，变革领导力小组在过去的五年里一直致力于研究如何在教育领域取得规模化的成功以及取得成功所必需的领导力，这对我们来说是一件幸事。第三点，这不是我五年前预见的蓝图，它可能比我期望的更好，更适合我们目前面临的挑战。

在美国，学区是一个成因复杂且不合时宜的存在。尽管最近管理权已集中到了州和联邦，但我们比其他任何一个发达国家都更依赖地方教育部门。虽然许多州的宪法都承认公共教育是国家（美国）的首要任务，但我们仍然承担着像制定政策、提供服务、解决就业问题、推进地方房地产开发等诸多责任。地方管辖的历史已经证明，它既是福也是祸——既是民主制的基石，也是（至少在某些情况下）创建一个长久且优质的公共教育体制的绊脚石。今天，许多学校的校长都受制于六大问责制度：其政策制定

是否遵守地方、州和联邦的规章,以及政策实施后的效果是否达到地方、州和联邦的要求。新数据系统投入使用的前景、学校做选择时所面临的挑战和预算问题无疑使局面变得更加错综复杂。接下来十年的后半程将用来(或者说应该用来)调整及精简这些政策和制度,而这一过程势必艰难曲折,因为我们往往容易在政策辩论上消耗精力,而辩论本身对于教学改进没有任何帮助。

这时,本书就派上用场了,它只关注如何提升领导力,对于政策好坏不予评论,也不考虑地区扮演什么样的角色或拥有什么样的架构,同时也不会教你如何实现平均年度进展(average yearly progress)(不过如果你按照它说的去做,就会知道答案)。它旨在告诉你如何通过成为一个高效的教学领导者来提高教学质量。

我也希望过程能简单些,但事与愿违。当我五年前决定拨款的时候,我甚至都不知道我应该抱有什么样的希望(后来我聘用了一个团队,他们问的问题要比我具体许多)。我当时认为最后将会形成一个培训项目,目标人群是那些有志于帮助改善学校教学的人们,其背后有一个方法论——"如何做"的指南——加以支撑。从某种程度上说,变革领导力小组做到了以上两点,但这本书并不是一本如何做好学校改进这道菜的配方食谱,它是一个充满尖锐问题的框架,而这些问题正是善于思考的教育领导者应该针对自己的工作进行反思的。

本书明确指出系统性改进工作必须有一个循序渐进的过程:

1. 通过回答"为什么要改变"从而为接下去的改变做好准备;

2. 动员所有人参与其中,并且培养系统上下全员能力从而实施改进措施;

3. 改进教学。

它强调了没有准备就贸然开始的危险性,这一点非常重要,值得我们花一点篇幅用一个案例来加以说明。

就像迪克·埃尔莫尔经常做的那样,本书肯定了安东尼·阿尔瓦拉多在纽约第二区获得的重要成就,这是美国教学领导力的最佳范例之一。安东尼促进了成人对教学的研究学习,这一举动不仅获得了普遍认同,从其成效看,也大力推动了教学实践的发展。在受艾伦·波森邀请来到圣地亚哥后,他引入了十年来在教学领导力上的研究成果,并将其浓缩在一张规划图中。他们"颠覆"了进程,直接进入第三阶段——实施阶段,同时迅速培养团队能力,以改进教学领导力(第二阶段)。"赌注"是,研究前期取得的成果可以为该系统的彻底改革提供支持。通过重大预算调整(这就意味着数百人因此失去了工作)和优先事项重置,一种被称为"管理教学"的制度得以实施。五个基金会共投资超过五千万美元制定了有史以来堪称完美无缺的教学改进计划。几年后,计划受阻,钱也打了水漂,董事会正在废除这个计划。在此期间,教师和一些家长强烈谴责这一自上而下的改革,其推行的结果未能获得之前所预期的社区内的普遍支持。

我们能从这个案例中学到什么?第一,最佳实践范例很有可能水土不服。至少,如果没有一种人人参与其中的成人学习者文化,如果教育工作者不能作出积极投身变革的承诺,那么最佳范例最多也就是画饼充饥;第二,除非你能让整个社区明白"为什么要改变",不然改变就很难发生;第三,环境很重要——非常重要。

也许还有第四个教训。除了美国总统,也许没有比当学校管理者更难的工作了。罗伊·罗默会告诉你,这比当一州之长还头疼,约翰·斯坦福则会说这比当千军统帅更伤神。我知道这是一项比经营一家大规模企业更为艰巨的任务，所要面对的不仅仅是资金或人事的问题，我想还有设计上的问题。正如变革领导力小组所指出的那样，学校管理者必须在运行现有制度的同时引领创建一种为我们所需的新制度。我们按照年龄将孩子们分为不同的年级，一直到六年级为止，每个年级的所有孩子都被施以整齐划一的教学规划，并且假设到那个时候大多数孩子都学到了他们需要的知识，然后我们逐步允许他们选择学习难度不等的课程，这些课程的教授者彼此都不认识，就更不指望他们认识每天看到的150个孩子了。我们想知道为什么并不是所有的孩子都能在学业上达到高标准。在我看来，这主要是一个架构问题。早些年我们拨款鼓励人们修整架构。几年后，他们中的许多人就架构问题陷入了争论，却从来不曾触及问题的核心——为学而教。如果像这本书建议的那样，你花时间去准备，鼓励人们参与其中，然后再致力于改进教学，那么你就会根据实际需要来调整架构，并且有目的性和针对性地去解决问题。你会觉得身后有一股推动你不断参与、不断投入、不断改进的动力助你达成目标。

几年前，托尼·瓦格纳曾给我发来一首泰戈尔写的诗，诗里描述了一种我前所未见、之后也没有见过的了不起的学习氛围。而它也反映了我对与我们通力合作的学校和地区所怀有的希望和抱负。

在那里，心灵是无畏的，头颅是高昂的；
在那里，知识是自由的；
在那里，世界还没有被狭隘的国境壁垒断成碎片；
在那里，话语出自真理的深处；

在那里，不懈的努力朝着完美伸展臂膀；

在那里，理智的清泉没有沉没在积习的荒漠之中；

在那里，心灵是受你的指引，走向越来越宽广的思想与行为——

进入那自由的天国，我的父呵，请让我的国家觉醒吧。

《吉檀迦利》第35首

感谢你带着觉醒的意识翻开这本书。请你务必关注教学领导力的创建，并积极参与其中。让学校的制度服务于所有孩子是我们这个时代的首要任务，它事关经济发展、社会公正和公民社会问题。这是一项复杂而艰巨的工作，也是你一生中所做的最重要的事情。

汤姆·范德·阿尔克
比尔及梅琳达·盖茨基金会教育执行董事

PREFACE 序 言

双重聚焦，创新管理

在全球知识经济中，雇主对高技能、高学历劳动力的需求与日俱增，加上学生及其家庭生活环境较以往发生了巨大变化，这种现状对教育领导者提出了前所未有的要求。学校和地区必须从根本上转变而非逐步转变，尽管这一认知已日渐清晰，然而教育界大多数领导者都不太确定他们该以何种不同的方式开展工作，当然，这也是情有可原的。

要确保学校没有一个孩子掉队，要努力填补长期横亘于不同种族、民族之间的学业水平差距，要实现每所学校每年都取得进步这一目标——学校领导者实质上被要求同时从事两种截然不同的工作。

想象一下，你正在驾驶一架飞机，就在这时突然被要求重新制造一架飞机。无论在何种情况下这都是一项不可能完成的任务。而如果你——像其他所有勤奋刻苦的飞行员一样——按照要求参加了所有训练以掌握驾驶飞机所需的全部技能，而不是去学习如何改造飞机本身，那就更加难上加难了，因为重新打造一架飞机需要的是另一套完全不同的技能。

我们在本书中的目标是帮助学校领导者和领导者团队更好地理解和培

养发展需要具备的能力,以便他们在第二份工作中——确保现有的学校制度正常运作同时重建制度——取得成功。我们提供了一个全新的系统变革框架,并为那些努力重新打造飞机、同时又要让飞机在载满乘客的状态下平稳飞行的领导者提供一整套工具。

自2000年以来,变革领导力小组一直与来自美国各地——城市、郊区和农村地区——的学校和地区领导者保持联系:包括在拥有37所高中和仅有1所高中的地区,在财政实力雄厚的地区和尽管学生人数不断增长但学校每年都被迫裁员的地区。虽然各自背景不一,但我们发现不管在哪个地区,所有管理团队无不尽忠职守,都在努力工作。我们从中认识到,按照现在要求的规模"改善我们的学校",绝不只是简单地在学校和地区领导团队现在负责的事项上添加职责和活动。问题并不在于缺少干劲、良好的意愿或主动性。

我们认为如果想要成功领导学校和地区完成转型改进,就需要同时在两个完全不同的方向上提高能力:

1. 领导者需要更深入地了解为什么即便众望所归,我们的组织依旧在变革道路上举步维艰。除了要洞悉原因,领导者还需要学习如何有效地采取行动,帮助我们的组织真正成为他们需要和想要成为的样子。

2. 领导者需要更深入地了解为什么即便个人由衷地想要改变,落实到行动上却如此艰难。除了诊断性的自我认知外,作为领导者我们需要学习如何有效地采取行动,帮助我们成为我们需要和想要成为的人,以便更好地为我们社区的孩子以及孩子所在的家庭服务。

我们必须在上述两个方向上提高能力,因为归根结底二者是相辅相成的。如果没有新的组织性安排，也许我们就不可能按照需要改变工作方式；如果没有深入考量个体变化的可能性，也许我们就不可能给组织带来重大改变。

正是这种同时关注培养更宏观的全局组织观和更深层次的自省意识的特点使我们的方法与众不同。这些对于组织和个人的全新认知不仅仅只和组织及个人有关，它们还与能否产生全新的成果紧密相连。我们在组建变革领导力小组时，有意识地将一群了解（1）教育界改革、（2）组织发展和（3）成人学习的人聚集起来，因为根据我们的观察，许多为了改进而作出的努力之所以会失败是由于领导者对组织或个人改变或两者同时改变的复杂性缺乏了解，贸然采用了较为局限的简单方法导致的。我们的目标是清楚地阐明我们在变革领导力小组中所称的双重聚焦，即同时提高对外和对内的注意力。像任何一门学科一样，我们可以通过一段时间的学习习得、培养这种双重聚焦的能力。在本书中，我们将提供多种方法来帮助你发展这种能力。

变革领导力的工作原理是什么

本书内容的版块设计旨在尽可能让各位体验我们在"学习实验室"中力求促进的学习种类。我们经常把这些为期三天的互动式学习体系称为"学校改进健身中心"——这是另一个我们想要引入的比喻。我们邀请领导者团队进入一个全新的环境，让他们单独训练或集体训练，刺激"肌肉生长"，从而实现他们的"机体"改进目标。

大家自然要问：通过一次为期仅仅三天的健身中心训练，你能期望达成什么样的合理目标？这么短的时间当然来不及促进肌肉发育。比较合理的期望是你会发现一系列的"健身器械"（开发工具），熟悉它们的工作原理和使用方法，体验一整套全方位的日常锻炼计划。说实话，在第一次完成全部的拉伸训练后你可能会感到有点酸痛。但如果能使用工具坚持锻炼，假以时日你肯定能开发并具备新能力。

这个健身中心的比喻应该能帮助我们搞清楚两件事：这本书是什么，以及它不是什么。这不是一篇长篇大论——足足十个章节的分析、论证或阐述"我们的学校到底出了什么问题"的论文（然后以"这就是为什么变革没有成效的原因。这才是它们应该呈现的样子。接下来就看你的了"草草作结）。它也不是一张把整个改进过程标注得巨细无遗的点到点路线图。它更像是一本帮助你发展能力的指南，根据过往经验我们相信这些能力能更好地帮助你为学校或地区的转型铺设一条最适合的道路。

作为一本为学校转型培养领导能力的指南（也就是我们所说的"变革领导力"），这本书将概念与实践、思考与行动结合在一起。我们提出了一套具有实用性的概念，邀请你"通过行动来思考"，然后，在你自己的变革领导工作中，通过思考那些逐渐为你所熟悉的概念来付诸行动。

本书的框架包括几个概念，我们将按每两个章节一个概念逐个进行介绍。在整本书中，你会受邀体验不同的"健身器械"，每个章节将锻炼同一"身体"的不同"肌肉群"。所以当我们说如果你接受一章的训练后感到疲倦，那么在进入下一章节训练前需要好好休息、恢复体力，这话并不是随便说说，而是意有所指的。每开始一个章节时最好都有一个神清气爽、体力充沛的状态，因为每一章节都会以不同的方式来"锻炼你"。我们强烈建议你不要迅速浏览整本书，也不要只看发展能力的部分。相反，要花时间去消化概念，完成训练。通过这种双向结合的努力，你将具备充分利用这些概念的能力。

本书的章节构成

在第一章中，我们将介绍本书课程的设置背景。我们考虑了近25年里与教育相关的一些根本性的经济和社会变化，我们将证明这些变化将教育"问题"的实质从原先的"改革"一桩失败案例转变成了对一件过时产品进行"再创造"。在第一章的末尾，我们邀请你将你所在学校或地区的教育"问题"设定为一项挑战，你可以运用之后章节中介绍的工具在整本书中学习如何应对这项挑战。

在之后的四组配对章节中，我们将描述学校和地区在组织改进方面所面临的主要挑战。在这些核心章节中，我们将提供一系列诊断工具和练习，帮助你更清楚地确定你想在学校或地区解决什么样的问题，以及如何通过一种全新的方式解决这些问题。为了说明个人和组织变革之间存在动态的、相互依赖的关系，我们将讲述一位学校管理者——亚瑟的经历，文中会详细描述他如何发现并想办法克服那些阻碍他成为一名高效教育变革领导者的个人想法和行为。我们还将讲述发生在美国各地不同学校和地区的故事。在这些章节中，我们将提供一系列循序渐进的练习，引导你更深入地了解自己在个人学习中面临的挑战，因为它们与你所在学校或地区是否有能力更上一层楼息息相关。要求单独完成的练习旨在锻炼你"对外"和"对内"的关注力，同时，每一组章节都有关于组织和个人学习方面的主题。

第二章我们会像激光一般聚焦作为变革目标的教学改进，并将阐述一个为持续改进教学和教学领导力而设计的系统应该是什么样子。该章旨在帮助你评估与改进与教学相关的目前的工作状态。

在第三章中，我们将介绍改进过程的第一步，这一过程旨在明确在个人学习方面将要面临的挑战，即你内在的挑战，因为它与改进你所在学校或地区的教学和学习密切相关。

第四章将关注学校和地区在变革中经常遇到的阻碍，同时也将讨论一个截然相反的问题：是什么产生了成功推动变革的动力和能量？

在第五章中，你将要迈出第二步，通过明确可能阻碍你高效工作的因素创建你的个人学习课程。

第六章将展示一个系统模型，帮助你思考教育变革所涉及的方方面面以及在系统中它们各自独立同时又相互交叉的方式。我们将讨论作为转型必要组成部分的能力、条件、文化和环境。在第六章和第七章中，我们将帮助你从组织角度及个体角度创建一个更为清晰的、属于你自己的体系，以便你更深入地了解这些外部和内部的问题。

第八章概述了如何更具策略性地开展变革工作的关键要素——从哪里入手，在哪里干预，以及重要步骤的前后顺序。我们将描述一个成功的、可持续变革过程中的各个阶段，并探讨了数据、问责制和每个阶段中人与人关系的重要性。这些概念将通过两个地区的案例研究呈现出来，向你展示出模型中的不同元素以及它们在实践中的应用。

第九章提供了一些方法来帮助你破除你个人的改变免疫力。该章最后将归纳总结如何在自我学习课程中取得成功。

第十章明确地将贯穿于本书的两条平行线——外部和内部，即组织变革和个人成长的双重挑战——结合在一起。在最后一章中，我们将思考"双重聚焦"对21世纪教育领导者所产生的影响。

本书中包含了诊断工具、练习和附加材料的链接，以便加深你对整个组织系统和你个人系统的理解。所有仅供个人使用的工具都标注有"个人"图标 ![]；既可用于个人又可用于小组讨论的工具，旁边会出现一个小组图标![]，你可以在附录中找到一系列经过改进的、可供小组或团队使用的工具。我们相信，如果你积极参与所有章节中的练习，你会有更多的收获。另外，你可能想让同事或地区的其他成员也来尝试使用我们的"健身器械"，我们会特别标注一些练习，对于操作器械尚不熟练的使用者而言，如果想要帮助另一名初学者来使用该器械，那么这些练习是具有相当难度的。我们用"注意"图标 ![注意!] 来标记这些练习，以表明你有必要评估自己的适应度和技能水平，从而决定是否能邀请他人参与这些练习。我们也会提供各种各样的实践案例供你参考。在这些案例中，如果我们提及了全名以及所属团体，这表明是经过本人同意的。在其他情况下，或者为了保护隐私，或者因为出场人物仅仅是与我们共事过的真实人物的化身，我们只使用名字而略去姓氏。附录提供了小组练习。

如何充分利用本书

我们意识到许多读者会独自一人阅读本书，因此我们设计了能让个体读者同样感到有意义且有价值的活动。不过出于同样的原因，我们强烈建议大家能以团队形式来我们的学习实验室，我们鼓励你和他人一起参与这个项目。你可以组建一个临时特别小组，将你所在学校或地区中志同道合的同事聚在一起，并把这本书作为学习小组的重点关注对象。这样一来，你们就能分享、尝试不同的想法，在互相讨论、彼此鼓励中一起学习，共同进步。

对领导者团队中的成员而言，我们建议你和你的整个团队一起阅读本书。只要你读过本书，完成所有的练习，并且花时间一起思考你们所学习的领导方式会带来什么样的影响，那么无论作为个人还是团队，收获肯定会更大。如果想要迎接新挑战，让所有学生学会新技能，那我们自身就需要以一种全新的方式开展工作。正是基于这样的理解，我们提出了"小组阅读"这样的建议。没有哪一个个人可以应对这一全新的挑战，而人与人之间如果不通力合作，问题同样没法解决。我们之间彼此依靠，我们需要以新的方式共同合作。一起阅读、一起学习就是一个新的开始。

尽管你可能已经在某些中心办事处或校本管理团队任职，但据我们观察，这些团队组建的目的通常是处理行政事务或进行"危机管理"，而不是应对更具实质性的变革领导力问题——很多时候，大多数教师会议只是用来通报某项决定，而不是讨论如何改善教学与学习。各个层面的教育工作依然处于高度孤立、互相割离、危机重重的局面。

本书的主旨是领导团队需要明确他们应该采用什么方法做好自己的第二份工作——在运营学校或地区的同时重新打造学校或地区。因为这些团队需要创建新的个人能力和组织能力（而不仅仅是将现有的能力应用到新的任务上），他们可能需要发现、思考某一学习社区的特点，比如我们在教师专业学习社区、重要的朋友群体，或日语学习课程发展过程中看到的那些特点。不过除此之外，他们还需要发现更多的东西。

通过观察近25年里其他行业推行的工作方式所发生的深刻变化，我们可以看到一个高效团队必须具备的一些其他素质。从法律到执法、商业、医学，越来越多的个人加入团队中通过协同合作解决问题，改善服务，共同开发新的知识。为什么现在大多数工作都是围绕团队结构加以组织开展的？原因很简单，较之个人单打独斗，一个专注共同目标、训练有素的团队极有可能产生更好的结果。实践社区——"由相同的专业知识以及对某一合作项目怀有同等激情联系在一起"的团体——越来越多地被用于各种各样的工作场所，它使个人和组织能够学习新的技能和工作流程，并确认和解决在实践中不断出现的问题。温格和斯奈德认为，实践社区有助于推动策略制定，开发新的业务（或调查），迅速解决问题，转换最佳做法，发展专业技能以及招聘和培训人才。

因此，我们提倡的领导者团队不是志愿性质的团体，他们关注的焦点也不是自我学习本身。他们存在的目的是改变更大的系统、学校或地区。这很可能要求个人学习和个人改变。但变革总是与他们的责任紧密相连——使他们领导的学校或地区发生有意义、有价值的事情。因此，他们还必须找出致力于转型变革工作的高效能执行团队所具备的特征。我们称这些新型的领导者团队为领导力实践社区，它们将领导者自身的学习能力和团队成员高效的执行力结合起来，以推动系统上下的全面改进。

无论你如何使用我们提供的信息，我们都热忱地欢迎你。在鼓励你好好"锻炼"的同时，我们也希望你能体验我们一路走来的经历。希望本书能成为一种源源不断的资源为你所用——不只是一次安排好的健身房之行，更是一段引领你体验持续性领导实践的全新旅程。

Acknowledgments
致 谢

如果没有比尔及梅琳达·盖茨基金会的胆识与慷慨，哈佛大学教育研究生学院就不会有变革领导力小组。感谢基金会的大力支持，尤其感谢教育执行董事汤姆·范德·阿尔克，他所领导的一支跨领域团队在过去五年里一直致力于开发实践性知识，对于力求系统上下全方位改进的学校领导者而言这些知识能即时投入使用。感谢汤姆的诸多贡献，感谢他始终如一积极推动我们的项目，以及他为本书前言倾付的思虑。

在本书中你会看到众多变革概念和实用工具，我们团队要大力感谢所有同事在开发和"实地测试"这些概念、工具的过程中的付出。也许你会在本书中发现某些不足，但是没有人应对此承担任何责任，所有同事都为夯实本书框架以及应用方式作出了贡献。

一开始，我们召集了两组优秀的从业人员对我们开发的理念进行尝试、反馈，并提出建议。我们分别在东、西海岸与他们见过几次面，他们也成了我们的"西海岸伙伴"和"东海岸伙伴"。他们拓宽了我们的思路，激发了我们的灵感，为此我们要感谢东海岸伙伴：丽贝卡·布拉德利、格里·豪斯、史蒂夫·朱布、鲍勃·麦金、鲍勃·麦卡锡、吉恩·汤普森·格罗夫、罗恩·沃克，还有我们的西海岸伙伴：萨莉·安德松、罗杰·厄斯金、查克·海沃德、朱迪·海因里希、康妮·霍夫曼、肯特·霍洛韦、吉姆·休奇、里克·利尔、米歇尔·马拉尼、朱迪·内斯、哈丽雅特·瑟伯·拉斯马森、乔治·伍德拉夫,还有莱斯莉·伦尼·希尔。

　　我们还有幸与来自三个地区的勇敢无私的领导者团队合作数年,他们甘愿成为我们的"测试站点",体验和测试你将在本书中遇到的素材的初期版本。我们非常感谢俄亥俄州西克莱蒙特、纽约州科宁和密歇根州大急流城这三个地区,以及这些地区的所有领导者,事实上他们已经成为我们的合作伙伴。我们要特别感谢我们与西克莱蒙特地区主管迈克尔·沃德和助理主管玛丽·埃伦·斯蒂尔皮尔斯,科宁-佩恩提德波斯特地区主管唐纳德·特朗布利和朱迪·斯泰普斯,科宁地区突飞猛进项目执行委员会,包括助理主管艾伦·罗宾逊(委员会主席)、比利·加马罗、迈克·吉纳尔斯基、谢里尔·乔丹、里克·金布尔、比尔·洛辛格、马特·麦克加里蒂和鲍勃·罗西,以及大急流城地区主管伯特·布莱克,组织学习主任玛丽·乔·库尔曼,副主管查尔斯·斯特迪万,首席学术官约翰·哈伯茨和首席运营官本·埃姆金。

　　在和来自十个地区或地区服务机构的"变革领导者"所缔结的合作关系中我们学到了很多,每个学区或学区服务机构在超过两年的时间里接连派遣团队来参加我们每年两次、每次为期一周的变革领导项目。两年中,在每两次"驻地实习"期间我们都与这些领导者保持联系,这种共同学习网的形式一直延续到了今天。这些团队参与并改进了本书中出现的所有概念和工具。我们要感谢这些与我们共事的合作伙伴,他们来自:康涅狄格州学校改革中心、纽约的科宁-佩恩提德波斯特地区、辛辛那提迪尔帕克城学校、明尼苏达亨德森教育视野公司、华盛顿温哥华常青学区、马萨诸塞州格洛斯特公立学校、田纳西州查塔努加汉密尔顿县公立学校、休斯顿独立学区、密歇根州东部肯特中级学区和大急流城公立学校以及康涅狄格州斯托宁顿公立学校。

在我们工作期间,一个兼收并蓄的咨询委员会为我们提供了优质服务,他们是来自教育、商业、组织发展和领导力研究领域的实践者和学者。我们非常感谢咨询委员会的成员:凯瑟琳·博尔斯、詹姆斯·P. 科默、约翰·E. 迪西、琳达·达林-哈蒙德、理查德·F. 埃尔莫尔、罗纳德·A. 海费茨、N. 格里·豪斯、迈克尔·荣格、戴安娜·兰、凯瑟琳·K. 默塞斯、理查德·默南、杰罗姆·T. 墨菲、佩德罗·A. 诺格拉、托马斯·W. 佩赞特、希拉里·彭宁顿、罗伯特·S. 彼得金、罗伯特·B. 施瓦茨、彼得·M. 森奇、南希·福斯特、赛泽、西奥多·R. 赛泽、罗恩·沃克、帕特里夏·A. 瓦斯利。

如果没有来自学院机构的大力支持,我们不可能顺利开展这本书的工作。我们要感谢哈佛大学教育研究生院前院长杰罗姆·T. 墨菲和埃伦·拉格曼;学校专业发展项目前主任克利福德·巴登;以及这些年来我们团队卓越的管理者:吉尼特·让让、埃琳娜·德穆尔、凯瑟琳·利文斯顿、谢利·劳森和丽贝卡·乌德勒尔。

我们的博士研究员戴安娜·弗里格特和伊丽莎白·扎克里逐字逐句反复阅读书稿,因为有了她们的建议,本书才能以更好的面貌呈现给大家。同时,我们想要感谢巴斯出版社的莱斯莉·井浦,她以多种方式表达了她对这个项目的信任和支持,感谢特约发展编辑简·亨特的出色工作。在莱斯莉和简的共同努力下,本书变得更具可读性,同时也能吸引更为广大的读者群。

最后,我们要感谢团队成员的精诚合作,合作是我们工作的本质,它引领我们完成了本书的创作，同时也贯穿于成书的整个过程中。一开始，我们从概念上借鉴了托尼·瓦格纳所撰写的关于学校改进的著作，以及罗伯特·凯根和丽莎·莱希撰写的关于成人学习的著作。然而，在我们一同为本书殚精竭虑的过程中，所有这些作者都为重构、细化和修改最初的想法作出了巨大贡献，直到在我们的共同努力下创建了一个综合性的框架，我们相信仅凭一己之力是不可能完成这项任务的。本书的每一个章节都是由多位作者共同完成，并经过了反复修改、重写，而且每一位作者都参与了本书所有章节的创作。因为本书的宗旨就是倡导读者尝试全新的合作方式，所以我们感到有义务承认我们自己的合作并不总是一帆风顺的，但我们也想表明，我们最终发现合作是极富成效的，我们希望你也有同样的发现。

为什么改变很重要

CHAPTER ONE
第一章

重构问题

我们的教育制度从来就不是为了获取我们现在想要的结果——让所有学生能够适应今天和未来的世界——而打造的,它的诞生原先是为了应对另一个截然不同的世界。如果要达成新目标,我们就需要重新思考,回炉重造。

1983年,一个由政府任命的蓝带委员会发布了一份题为《危机中的国家》的报告,宣称美国的公共教育正在面临"危机"。文中描述了美国公立学校被一股"不断上涨的平庸浪潮"所席卷,在全球市场已不再具备竞争力的低技能劳动力正在影响美国的经济保障。一石激起千层浪,这份报告引发了三次以教育为主题的美国峰会,与会的一众美国州长和商界领袖就教育危机展开了激烈辩论。两党逐渐达成共识,即确保所有学生都有机会进入优质学校、接受严格的教学指导,同时,地方、州和国家(美国)层面也开始涌现出一系列新措施和改革方案。到20世纪90年代初,"教育改革"已经成为各州政府的首要任务。2001年,随着议会通过了《不让一个孩子掉队》法案,联邦政府对美国的公立学校拥有了前所未有的权力。

迄今为止，这些努力的结果是什么呢？来自美国"国家教育进展评价"（NAEP）的测试数据显示，在过去十几年里，各年级学生的数学成绩有了一定的提高，然而在阅读和写作方面却乏善可陈。对中小学学生平均阅读成绩的长期分析显示，这项数据自1980年以来几乎没有任何变化。虽然四年级和八年级学生的写作成绩略有提高，但十二年级学生中"不及格"的比例从22%上升到了26%！而高中毕业生的占比、"准备上大学"的高中毕业生的占比，以及不同族裔之间持续存在的成绩差距等数据则更令人忧心忡忡。由曼哈顿政策研究所的杰伊·格林和格雷格·福斯特最近主持的一项研究显示，2001年，在公立学校开始上九年级的所有高中生中，最后毕业的大约只占70%——这个数字远远低于过去的预期，和其他六七个工业化国家相比也存在不小的差距。在美国的高中毕业生中，亚洲学生的毕业率是79%，白人学生是72%，但只有50%的非洲裔学生和拉丁裔学生拿到了毕业文凭。另外，完成高中学业的学生也并非都做好了上大学的准备。只有略多于三分之一的白人和亚裔学生完成了上大学所必需的预备课程，并具备了顺利完成大学学业所需的读写能力。然而，只有20%的非洲裔高中生和16%的拉丁裔学生符合这些要求。

你知道你所在地区的毕业率与其他区的对比情况吗？

我们发现很多教育工作者不知道他们所在地区的同期毕业率，或许这是情有可原的。尽管如此，我们还是认为你需要熟悉这些数字，并了解其与全美数据的对比情况。

- 有多少九年级学生将在四年后毕业？

- 与非洲裔学生和拉丁裔学生相比，白人和亚裔学生的毕业率如何？
- 你所在地区的毕业要求是否符合你所在州的大学入学要求？

你可能会思考这样一个问题：虽然有这么多有识之士怀揣着美好憧憬尽心尽力地工作，更不用说已经投入的大量时间和金钱，但为什么进展却如此缓慢？我们认为，过去二十年教育改革的"失败"之处主要在于我们误解了我们所面临的教育"问题"的实质。正如爱因斯坦提醒的那样，我们之所以关注问题本身，是因为"问题的形成往往比它的解决方案更重要"。在我们看来，问题的成因与其说是"不断上涨的平庸浪潮"，不如说是经济和社会发生了深刻而迅速的改变，对此我们认为许多教育工作者、家长和社区成员都缺乏认识。

对问题的误解，反过来又导致了国家（美国）、州和地方各级政府在策略制定上出现了偏差，他们所选择的应对策略并没有与问题本身正面交锋。沿用上文中的类比，我们一直在使用渐进的策略来解决"涨潮期"看似"缓慢流动"的问题，但其实我们需要的是一系列更杀伐决断、大刀阔斧的干预措施来应对这波潮汐的挑战。因此，本章将重新界定教育所面临的问题，以期对解决问题所需的方案的性质和范围形成不同的认识。

期待并帮助学生掌握新技能

在20世纪70年代，我们（美国）的毕业率和准备上大学入学的比率甚至比现在还要低，但当时并没有人会认为这是一场"危机"。而今天之所以会成为危机，其关键在于如今知识经济所需的技能在性质上发生了巨大变化。我们的经济已经从大多数人依靠熟练的手工操作就可养家糊口的经济模式转变为如果希望赚取超过最低工资水平的薪金，就必须拥有知识技能的模式。在当今几乎每一个行业内，任何一家公司都在想方设法雇用他们能找到或者负担得起的拥有最高学历的人。在过去的十年里，像大卫·卡恩斯［《赢得脑力大赛》(*Winning the Brain Race*)］这样的首席执行官和像理查德·默南、弗兰克·莱维［《教授新的基本技能》(*Teaching the New Basic Skills*)和《新的劳动分工》(*The New Division of Labor*)］这样的学者已经描述过受过高等教育的劳动力所具备的显著竞争优势。员工必须知道如何更迅速地解决更复杂的问题，如果他们想要为任何一家企业或非营利组织带来重要价值，无论企业或组织的规模是大是小，他们就必须创造新的产品，提供新的服务。而不具备这些技能的人是没有公司愿意雇用的。

这种变化来得如此迅猛，许多人后知后觉地发现，如今大多数职场所需的技能与在大学获得学习上的成功所需的技能之间存在直接对应的关系。尽管并不是所有年轻人都需要通过上大学才能找到一份体面的工作，但雇主们越来越希望新员工所具备的技能水平可以和大学毕业生不相上下。图1.1出自2002年公共议程基金会的一项研究，显示了高中毕业生在找工作和上大学时最欠缺的技能以及思维习惯的排名。请注意无论是雇主还是大学教授，他们所认为的必备技能是一致的：写作，工作习惯，动力，基本的数学技能，好奇心，尊重。如图1.1所示，二者在程度上的差异几乎是微乎其微。例如，雇主说，他们的新雇员缺乏足够的写作技能；大学教授发现，刚迈入校门的新生没有足够的写作技能。两者之间的差距仅为2%，而更令人吃惊的是这两个百分比数值之高：分别是73%和75%。

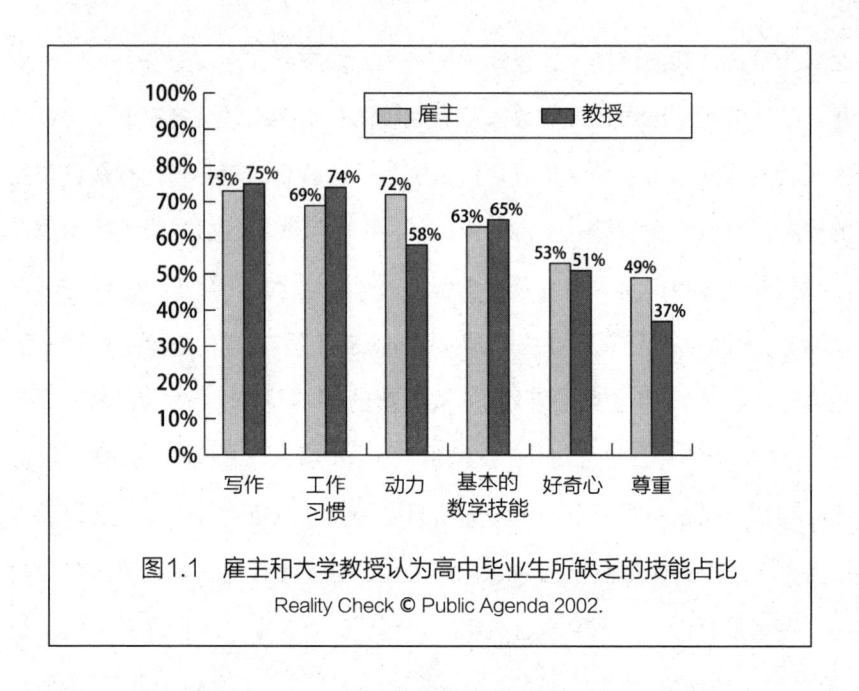

图1.1 雇主和大学教授认为高中毕业生所缺乏的技能占比
Reality Check © Public Agenda 2002.

（柱状图数据：写作 雇主73% 教授75%；工作习惯 雇主69% 教授74%；动力 雇主72% 教授58%；基本的数学技能 雇主63% 教授65%；好奇心 雇主53% 教授51%；尊重 雇主49% 教授37%）

学界和商界的领导者都认为现在需要的能力已不仅仅是"最基本的阅读、写作和算术"。当他们谈到良好的写作技能时，双方都把有效的写作与一个人的推理、分析和假设能力以及寻找、评估和应用相关信息来解决新问题的能力联系在一起。当然，无论是说还是写都要清晰简洁。此外，还要具备运用一系列信息和通信技术的能力，所有这些加在一起才是知识经济对于"识文断字"的最新诠释，这些要求已经远远不是最基本的阅读和写作技能所能满足的。同样，所需的数学技能不只限于计算，还要包括统计、概率、图表和电子表格方面的知识技能。最后，当年轻人进入大学或职场，应该知道如何管理安排、推动激励自己独立学习，如何高质量地完成工作，如何与他人一起学习、协同合作，这样的期望代表了一种转变，即丹尼尔·戈尔曼所说的情商正变得越来越重要。

在为美国教育考试服务中心撰写的一份报告中，安东尼·P.卡尔内瓦莱和唐娜·M.德斯罗彻斯总结了当今新经济中工人所需的关键能力：

- **基本能力**：阅读、写作、数学；
- **基础能力**：知道如何学习；
- **沟通能力**：倾听与口头表达；
- **适应能力**：创新性思维和解决问题；
- **团队效能**：人际交往能力、谈判和团队协作；
- **影响力**：组织效能和领导力；
- **自我管理**：自尊和动力/目标设定；
- **态度**：积极主动的认知类型；
- **应用技能**：职业及专业能力。

―――――――――

应对当今的经济现实需要一套新的技能，并且这套技能应被所有学生掌握。

―――――――――

因此，当研究数据显示如今绝大多数公立高中的学生在离开校园时"没有为上大学做好准备"，这也就意味着他们没有准备好进入职场，无法获得我们（美国）经济实体中的大多数工作机会，无力承担起一个有责任、有见识的公民角色。当今经济现实要求人们不仅掌握一套新的技能，同时还要求所有的学生都要掌握这套技能。

尽管作为教育领导者的你可能并不是第一次看到这些数据，但是有证据表明，在大多数高中家长、老师与教授、雇主之间存在严重的"认知差异"。根据公共议程基金会最近的一项全美调查，67%的高中生家长和78%

的高中教师认为公立学校的毕业生具备了"在职场获得成功的必备技能"。然而,在这次调查中,只有41%的雇主认为这些毕业生具备在职场上表现良好所需要的素质。这一发现表明,要在一场系统变革中取得成功,第一要务就是要对变革建立更深入、更充分的认知,并且要有一种紧迫感(我们将在第八章中展开讨论)。

为学生学习提供更多支持

故而我们教育工作者面临着一项全新的挑战,这项挑战无论在何种情况下都是史无前例且令人望而却步的,因为在这之前我们从来未曾要把所有的学生都教到具备这样的技能水平。但我们面临的问题还不仅仅是"所有学生、新技能"。因为当我们问教师在课堂上遇到的最大阻力是什么时,最常见的回答是那些看上去对传统教学内容缺乏学习动力的学生,以及在学业上缺少家庭支持的情况。在最近的一项调查中,超过80%的教师都提到了一个在他们看来非常严重的问题:"父母在家里对孩子不加管束,不能为孩子提供有序的生活,他们不愿意让孩子为自己的行为或学习成绩负起责任。"

值得注意的是,在这次调查中,大多数家长认为他们确实需要做得更多以确保孩子在学校里表现最好。许多家长还说,在学习上给予孩子支持对他们而言是一项艰巨的任务,很多人都感到力不从心,在这方面几乎没有做好准备。尽管在一项公共议程研究中,超过75%的父母认为相较于他们的父母自己在孩子教育方面的参与度已大大提高,但是只有不到四分之一的家长认为他们"非常清楚该如何激励自己的孩子"。在最近另一项公共议程研究中,超过75%的参与调查的父母表示,和他们当年的成长经历相比，现在抚养孩子要困难许多。

　　这些调查结果都说明了我们的社会（美国）发生了深刻的变化，而这些变化对教育和学习产生了巨大影响：今天的年轻人在成长过程中与权威以及自我控制之间的关系已经和过去截然不同了。首先，在一个日益以消费者为导向的社会中，绝大多数家长都承认孩子在成长过程中被过度娇纵，缺乏自控和自律。其次，如今的年轻人对权威缺乏应有的敬畏。超过90%的受访者认为年轻人不尊重成年人是一个问题；超过一半的人则认为这个问题很严重。

　　与此同时，越来越多的孩子正在面临"独自在家一人长大"的窘境。随着越来越多的妈妈走出家庭从事全职工作，加上居高不下的离婚率，传统的双亲单薪家庭迅速成为历史。在一项堪称美国青春期里程碑式的研究调查中，米哈伊·西卡森特米哈伊和里德·拉森发现青少年和父母相处的时间只占课余时间的5%，而其中的大部分时间是和母亲待在一起的。和父母或其他成年人待在一起的时间如此之少，那还怎么指望年轻人学会敬畏权威呢？同样地，如果没有与关心爱护自己的成年人长期接触，今天的年轻人怎么可能理解自律和自控的意义呢？

　　我们绝不是在指责今天的学生和家长。事实上，成长在一个能在瞬间获取大量信息的时代，现在的许多学生比几十年前的同龄人要懂得更多、懂得更早，而且比起大多数成年人他们自然更擅长、也更愿意学习新技术。在焦点小组访谈中，大多数高中生承认很多时候他们觉得课堂教学乏味无趣，但他们坚持认为自己想要获得成功，并且准备上大学。大多数青少年还说，为了激发学习动力取得优异成绩，他们希望能有更多学以致用的机会。同时，他们还希望与老师建立更密切的关系，希望老师能成为他们的学业教练和顾问。同样地，许多家长对能指导他们如何支持孩子学习方面的帮助、建议表示欢迎，而且如果有的话，他们也非常愿意参加学校或教会赞助的家长支持团体。

在就教育改革展开的全美辩论中，很少有人提到这样一个问题——如何激励所有学生学习新技能，尽管学生（被问及时）都很清楚是什么激发了他们的学习动力。我们认为，忽略了教育改革中的关键因素——动力——是非常严重的疏漏。当前的现实情况是，对缺乏自制力、不尊重权威的学生更难用传统的教学方式教授新知和激发兴趣。敬畏权威、相信努力终有回报是几代学生在学校取得成功的动力源泉，然而对于今天大多数年轻人而言，这样的动力源泉也许已经不再能以相同的方式发挥作用了。在对"失败的"教育制度进行全面检查时，必须要考虑到现存的更多不易应对的难题，如有疏漏那就会遭受指责和诟病。

其实像错误、失败这样的用语并不利于我们看清问题，事实上，它们是问题的一部分。许多人将"失败"的标签贴在了教师这一职业上，有人为身为教师队伍中的一员而感到愤愤不平，他们开始责怪家长、学生还有他们的同事（肯定是因为他们没在上一个年级把这些学生教好），而真正的问题依然模糊不清。至关重要的一点是在向知识经济转型的过程中伴随着更深层次且不容易显现的社会变化，而正是这些变化对学生和其家庭产生了重大影响。为了能更好地理解我们所面临的教育挑战，就必须把这些变化纳入考虑范围。无须责怪任何人，今天所有关心教育的人应该通力合作去理解21世纪的教育、学习和养育子女方面的新挑战。

> 像错误、失败这样的用语并不利于我们看清问题，事实上，它们是问题的一部分。

技术性挑战与适应性挑战

行文至此，我们已经描绘了一个多层面的问题，这个问题导致并决定了现有的教育制度已不再能促成一个健康的经济或民主制度，也无法培养出它们想要支持或代表的个人。在这样一个传统课堂教学更容易让学生分散注意力、也更难获得支持的环境中，要教会所有学生新技能可谓障碍重重，对于教育工作者来说无疑面临着一连串非同寻常的挑战。不仅如此，公立学校的学生和教师的人口组成也在发生一系列变化——例如以白人为主力军的教师队伍和日益多样化的学生群体之间存在的分歧，新教师的高离职率，现在有近一半的教师在入职五年内辞去教职——人们开始明白，我们的教育问题与其说是失败，不如说是过时，它不仅仅需要"改革"，更需要"创新"。

"教育改革"这个几乎已经被人用滥的术语除了带着点惩戒的弦外之音外，似乎还暗示在过去的某个时间点学校的状况是令人满意的，而我们需要做的只是一些微小的调整，就能让学校恢复到从前的状态。甚至连"学校改进"这样的用词也在暗示我们需要做的只是适中的、渐进的改变。实际上，除了通过特许学校法外，在过去十年间大部分颇受欢迎的州一级的改革措施都试图在公共教育领域建立更多的问责制，但这些措施都没有向学校和地区在21世纪的新环境中应该如何领导、如何开展教学和如何进行学习的基本原则直接发起挑战。故而也没人要求这个"制度"以不同于以往的方式运作，它充其量只是被要求把自己一直声称要做的那些事做得更好而已。

这一变革挑战其实已经预设好了前提，即假定我们已经掌握了如何教授所有学生新技能的方法，因此我们只需解决改善现行体系表现的技术问题。我们所要质疑的正是这种假设——把问题定义为次要的、技术层面的，然后提出一种几乎不会动摇制度本身的解决方法。美国的公共教育制度，特别是中学教育，被刻意设计成了一种分门别类的机器。20世纪的工业经济只需要极少数受过大学教育的公民，例如医生和律师。直到20世纪50年代，学生中的半数才获得了高中文凭；即便到了20世纪60年代，大多数企业中层管理人员都没有上过大学。在整个20世纪，高中辍学的学生都能找到一份稳定的好工作，到手的薪资和中产阶级的薪水不相上下。

如今，工业经济连同它所提供的那种相对安稳、收入可观的蓝领工作几乎都已不复存在。然而，要让我们年轻人为这个截然不同的世界做好准备的制度几乎和一百年前的没有什么两样。事实上，我们从来没有教导过所有学生——甚至连大多数都没有过——达到"准备上大学"的水平。这并不是说教育工作者在前几十年里已经这样做了，只是后来忘记了方式方法。制度从来没有"失败"过。它设计完美，并产生了它所需要的结果。但如果结果已不再能满足我们的需求，那么就可以顺势推断出这一制度也不再能满足我们的需求。或者说，它其实已经过时了，这种情况和20世纪之交没有什么差别，当时我们为顺应一个新的经济和社会时代而"发明了"现在的"工厂模式"学校，而在那之前的只有一间教室的校舍就变成了历史文物。

我们面临的问题不仅仅是提高那些对于基本技能尚未熟练掌握的学生的成绩。我们也不清楚该如何将戈尔曼、默南、卡尔内瓦莱等人概述的许多"新技能"教授给任何一个学生——哪怕是其中"最优秀、最聪明"的学生。专门为开发学生情商以及其他类似的"软"技能而设置的全新的公立学校课程体系、评估体系和教学方法目前根本不存在。尽管我们可以在某些课堂和一些公立高中看到"随机出现的卓越表现",但我们的目标是要确保所有学生毕业时都已全面掌握在职场、大学校园以及成为一名积极向上的公民所需的技能,要想实现这一目标,行之有效的策略和制度仍有待开发和推广。

因此,我们接下来面对的又是一个前所未有的挑战——是学校领导人没法从过往经验储备中获取大量解题思路从而加以应对的一个挑战,之后也永远不会有这样一个可以以不变应万变、应对各种日常事务的"经验储备"。我们遇到的是罗纳德·海菲兹所说的适应性挑战。

在其关于公共领导力的著作中,海菲兹对技术性挑战和适应性挑战进行了根本性的区分。技术性挑战是一种已经知道解决方案的挑战,即用现有的知识和技能来解决问题。应对这样的挑战也并非都是易如反掌的,其成果也不应被看作不值一提的。切除阑尾就是一项造福大众的技能。学习过程可能很复杂,但是现在已经有了一套经过验证的既定流程,它能循序渐进地教会人们如何完成切除手术。与此相对,"适应性"挑战是指用现有的知识无法应对的挑战,换而言之,要解决问题所必需的知识目前尚不存在。在应对此类挑战的过程中需要开发新的知识、打造新的工具来解决问题。

应对技术性挑战通常是对现有的方法进行变革,而应对适应性挑战则需要重新审视正在使用的工作方法。IBM的自动打字机在20世纪60年代是对当时手动击键式打字机进行的巨大技术革新。但是，无论再怎么改进自动打字机，也永远不可能创造出IBM个人电脑。个人电脑已经远远不止于一台"经过改造的打字机"，它颠覆了所有对文字处理产品的想象。

突破需要创造新技术，新技术又需要创造新知识，而这些都是为了适应新的环境或社会需要。海菲兹认为这种创造要求组织以不同的方式看待问题、做出反应。他指出，当个人和组织遇到适应性挑战时，他们自身也会有所改变，这种改变不仅仅是因为一些已经"输入"个人或组织的新技能或新能力，而是个人或组织会逐渐变化成另一种形式：成为适应新技能或新能力的个人或组织。改变组织以迎接适应性挑战，成为与知识应用型组织相对的知识创造型组织——也就是彼得·森奇所说的学习型组织，这样的组织需要另一种类型的领导者，他们会认识到，为了能领导必要的组织变革，作为个人他们必须改变。

我们认为，无论从经济层面还是道德层面看，将"不让一个孩子掉队"作为全美的教育目标对美国而言都是至关重要的。同时，我们认为，这是一个艰巨的适应性挑战，目前尚未得到充分认识。与海菲兹一样，我们相信，相较于仅仅尝试改革公立学校，重新打造公立学校将对领导者产生更为深远的影响。这项挑战要求所有成年人——从各级领导开始——开发新的技能，并以不同于以往的方式开展工作，而且目前也没有一所专门为领导者开办的学校，教他们如何让自己地区的每个孩子都跟上队伍。这和一个正在学习如何在猛烈的侧风中降落飞机的飞行员不同，想要改变学校和地区来实现这一新愿景的领导者，他们的身边没有飞行教练，需要靠他们自己开启并完成这场冒险之旅。

> 没有一所专门为领导者开办的学校，教他们如何让自己地区的每个孩子都跟上队伍。

作为作者，我们不会假装已经拥有如何应对每一次侧风降落或设备故障的解决方案。但是，通过在变革领导力小组中我们与全美各地的学校和地区领导者的共同学习，我们相信我们已经掌握了足够多的技能和新知，帮助我们在一次共同的冒险中成为彼此扶持的副驾驶。我们写这本书的目的——介绍相关概念，也许更重要的是介绍能让这些概念发挥作用的工具和练习——是帮助那些力求通过改变学校和地区的人们成功应对我们所面临的适应性挑战。

这一挑战也表明，也许我们需要正视一些关于学校、学习和领导本质的基本理念及行为。在本章接下来的部分中，我们将简单介绍一些组织和个人理念，然后在之后的章节中逐一展开。

"组织"的理念与行为

根据我们的经验，组织倾向于假设并紧紧抓住一系列关于如何教会所有学生新技能的理念。然而事与愿违，其中的大部分想法都会形成阻碍实现目标的行为。我们选择了三个这样的假设或理念来简要说明问题，在本书之后的章节中还会对这些内容进行深入探讨。

回应

教育系统认为，他们应该回应不同群体不断变化、迅速增长且广泛多样的需求和要求。一旦有学生、家长、行政人员、学校董事会成员或地方企业提出请求、要求或建议时，这个行业中许多最优秀的人就会立马放下他们手中正在进行的工作。教育工作者一向认为这种回应机制是一种优势：它彰显着这个组织会为所有人倾其所能——这也是公共教育的历史使命。然而，这种认为回应至关重要的理念，以及由此产生的行为，现在已经成了一个致命弱点：它在弱化教育工作者目标明确、专注投入的领导能力，而这种领导能力恰恰是完成新使命，即让所有学生学会新技能的必要条件。

小到班级，大到学校甚至整个地区的工作往往都缺乏连贯性。教育工作者常常不知道，而我们也未曾推动社会去设定究竟什么是需要优先解决的，究竟什么才是重中之重。我们看到许多地区列出了十件（或更多）需要优先处理的事项，这就意味着实际上他们并没有分出轻重缓急。如果没有明确什么是最重要的，那么所有工作似乎都变得急需处理，而落实到行动中时，又变成了没有哪件事是重要的。没有目标和重点，那让教育工作者如何在教学、学习和领导各方面完成必要的系统性改革？如何不断关注教学以期所有学生都学会新技能？对于没有恶意的干扰说"不"——不管这些干扰有多迫切——难道会削弱我们完成那些我们答应完成的事情的能力？

领导和跟从

教育组织重视在明确的指挥系统中"融洽相处"，并相信领导者理应具备所有问题的解决方案。我们这些教育工作者大都是好人，每天早晨醒来，大多数人都会希望通过自己的付出至少能改变几个孩子的人生。而且在大多数情况下，我们都很清楚自己的角色定位。人们期望领导者们能够给出答案，并且能够扫平一切障碍，让老师们可以心无旁骛地做他们最喜欢做的事——与孩子们一起工作。人们常常希望领导者能够帮助教师避免受到来自家长或社区的干扰或干预。教师希望学生不懂就问，但对于冗长的会议通常感到厌烦，他们希望将自己的注意力（和决策力）集中在教什么和怎么教上。家长往往是诸多抱怨的源头，并被视为学生学无所成的原因所在。

会议通常是在走形式，大部分时间都在宣布这个、宣布那个。他们力求的和睦相处是尽量避免冲突矛盾，因此很少谈及在应对教授所有学生新技能的挑战时需要做些什么。教育工作者也很少一起去鉴别或解决课堂教学中遇到的问题，也没有多少机会学到有关教学、学习和领导方面的新知。而且，很多时候，那些少有的学习也大多来自被动地听一场关于当前某些改革的演讲。由此可以预见，后续跟进的措施肯定也极为有限。

自主权

与其他职业相比，教育一直以来都拥有相当程度的自主权，事实上，其组织架构就是为了保留自主权和个人专长领域而设计的。我们许多最优秀的教师不断地创新、打磨、完善自己的授课单元，并为此深感自豪——无论是四年级的美洲原住民单元、大学先修课程生物课，还是创新的笔记本电脑程序课程。但这些在教学上取得的成功往往只是个人的成功。对于教育工作者而言，可以理解的是他们并不愿意公开自己的教学实践从而接受审核与检验，也不太情愿与同事分享自己的教学成果，或者寻求他人具有建设性的批评意见。由于这样或那样的原因，很少有教师愿意共享一个公共的，汇总了专业实践和教学规范的知识库，或参与教学和学习实践的同行协作检查。

同样地，领导者也可能过于自主，因为每个领导者都倾向于关注他或她所负责的"辖地"。例如,中小学的校长通常不太关心高中正在发生什么事情,尽管学完所有年级课程、准备进入大学的其实是同一批学生。高中校长也很少参观中小学学校。然而,只有这些领导者之间相互进行实践经验交流,才能为每个学生在学业上获得成功创造可能性。

"个人"的理念与行为

我们已经大致介绍了一些由来已久的教育组织理念和行为:包括不得罪所有成员在内的使命,完全靠自己来鉴别并搞定问题的领导者责任,以及非常普遍的、自顾自打磨专业技能、进行教学活动的权利和做法。所有这一切都存在于一个不动摇根本的环境之下。因此,组织很有可能会奖励那些符合这些组织价值观及理念的个人行为,对于那些背道而驰的人则施以惩戒。以上既是我们的经验之谈,也是我们的观察所得。

一些高效的领导者通过成为"具有创新意识的叛逆者"来抵制这些约定俗成的做法,德博拉·迈尔就是其中的典型代表。尽管她获得了国际赞誉,包括因其在领导哈莱姆区中小学时获得了巨大成功进而荣获了麦克阿瑟基金会颁发的"天才奖",但在纽约市公立学校度过的大部分职业生涯中,这位学校领导人一直被视为边缘人。在波士顿公立学校,她是学校的共同负责人,却被要求每次离开办公楼前都要"申请许可"后才能离开。(当然,她从来没有申请过。)

外部风险

为了他们的学校和地区能获得成功,像迈尔这样的教育领导者开始采取行动,挑战教育组织的现状,并冒险扰乱他们赖以建立和塑造日常行为的理念。然而,他们的行动通常首先代表着他们自己的理念发生了变化,这种重大的改变也是其他大多数领导以至于每个人都应该要寻求的变化。

让一所学校或地区摆脱那种高度回应性——试图为所有人解决一切问题——朝着更宏大的目标、更具针对性、更系统的工作方向发展，从而改善教与学，这就需要一位领导者在经过全盘计算筹谋后冒着一定的政治风险——实际上就是在某种变革理论和一整套协调统一的策略上押上赌注，认定这些理论和策略将提高学生的成绩。领导者公开承诺他们的学校或地区将采取统一的行动方针，并一视同仁地给予相同的改进目标，这么做可能会引起各级组织群体的反感和抗拒，因为自己的利益失去了原先的首要核心位置。如果没有达成预期的改进目标，或者耗费的时间超出预期怎么办？比起走更保险的传统路线，即在没有短期问责制的体系中无差别地回应各级要求，领导者将被追究更多责任。目标明确并采取公开行动的领导者是在挑战个人与一个"回应"机制相关联的行为和理念，在这种机制中不存在工作重点，很大程度上也不需要承担任何责任。

内部风险

要让一所学校或地区改掉无原则地"融洽相处"的集体习惯，以一种更积极能动的状态投入学习过程和解决问题中，这同样需要领导者摆脱他们一贯的无所不晓的"专家"角色。为了打造一个能开发新知，教导所有学生掌握新技能的组织，领导者必须要直面并支持系统上下各级人员，使他们都能够深刻理解为什么要迎接这样的挑战。之后，领导者必须找到方法使他们共同针对实践中遇到的问题制订解决方案。

由于不习惯自己被赋予的新角色以及被寄予的新期望，教师和社区成员对这种新的领导方式往往疑虑重重并感到十分沮丧。迈克尔·沃德最近刚从俄亥俄州西克莱蒙特公立学区主管的岗位上退休，他向我们描述了他是如何开展工作的——在每一个教职工大会、家长会和社区会议上他都在传递这样一个信息：现在已经不能只满足于"普通"学区的定位了。他反复强调，究竟如何改进这个学区他没有现成的答案——他们需要一起来创造答案。最后，有一位老师在会议上冲他喊了一句："算了吧，沃德博士，我们都知道你已经有了打算，直接告诉我们你想让我们怎么做吧。"可惜他没有。沃德坚定不移地贯彻了组织必须通过协作性更强的对话、探讨来迎接这一新挑战，从而打破了约定俗成的管理者的行为模式。

接受挑战和风险：通过合作学习走向实践社区

对于定位明确的领导者来说，让他们尽量放下自己的专业知识并成为协同合作中的一名学习者是有很大难度的。我们发现，对于学校和地区的领导者来说，他们所面临的最大挑战可能是要在他们的管理体系中摒弃高度自主的工作习惯，因为这种工作方式只能产生"随机出现的卓越表现"，相反他们应把管理体系带向责任制的"实践社区"。组织围绕个人的业务表现和团体的业绩积极并持续地开展关于目标、优先任务、专业标准的对话和讨论，有意识地培养技能和规范，这些技能和规范要求系统中的每个人更积极地参与到协同合作中，并对彼此更加负责。每个人的工作——从领导者开始——都变得更加透明、更加可视化。领导者打造学习方式、促进团队合作，建立公开的反馈机制——这些行为与学校或地区领导者的传统做法截然不同。

当华盛顿州肯纳威克市的地区主管保罗·罗齐尔希望他所负责的地区能更加关注持续性的教学改进时，他承诺每周花累计相当于一整天的时间走进教室，参加课堂教学，并积极参与所有教师和行政人员的职业发展项目。他明确表示，他自身也需要了解什么是优秀的授课方式，更为重要的是，他需要了解中央办公室必须做些什么来支持教师和校长做好这项工作。

华盛顿贝灵汉的地区主管戴尔·金斯利为领导者如何创建合作学习提供了另一个具有启发性的范式。金斯利曾经创建了一个体系，在这个体系中的每一级别上，通过指导改善教学都是一种规范。当他开始建立该体系时，他首先从自身做起，与指导教练进行公开的合作。这些教练还与教师进行分组讨论，以便更深入地了解金斯利本人和地区的其他领导层如何能更好地满足教师们的需求，改善沟通方式，并建立信任关系。随后，金斯利与每所学校的教师们进行会谈，分享他从教师分组讨论中听到了什么，以及他可以做出何种改变。在整个过程中，他坦率地谈到自己从错误中学到了什么，并公开肯定了他所接受的指导的价值。金斯利的行为公然挑战了这样一种理念：作为一个领导者，他拥有所有问题的标准答案，自己的工作方式无须任何改进。他还为该地区创建了一种新的沟通模式，打破了管理者高高在上、很少与教师互动的固有认知。

我们所提到的领导者，以及在之后的章节中出现的其他领导者，他们之所以能成功地在课堂、学校和地区提高学生成绩，部分原因在于他们愿意不遗余力地改变自己，为了别人身上也能发生同样的转变，这些领导者以身作则成为他人的榜样。他们致力于改变自己的理念和行为，并与组织成员一起打造新的工作方法，他们已经迈出了创造组织文化的第一步，并如同激光一样聚焦在让所有学生获得成功这一挑战上。这些植根于全新的组织理念和行为的文化将支持、协调组织进行持续不断的学习。这是产生新知、从而系统地改进教学和学习的文化，也是肯定并支持不同的存在方式、从而实现不同目标的文化。

但是，是什么使这些领导者迈出了勇敢的第一步呢？沃德并不是某天早上醒来，突发奇想决定重新调整改进过程中的管控力度。他也不只是读了一本介绍新的工作方式和事例、让他茅塞顿开的书。在我们一起工作的几年里，沃德告诉我们："我们开始着手改变我们的学校，然后发现，为了取得真正意义上的成功，需要改变的还有我们自己。"

沃德首先承认，作为个人，他并不知道如何提高每个课堂的学习效果。他意识到，如果他的地区要迎接这个新挑战，他需要集思广益。说干就干，首先，他努力将他的管理班子从一个个几乎各自为政的专家组转变为一个致力于共同解决问题的领导者团队。过了一段时间，这个团队逐渐发展成为我们所说的"领导力实践社区"——领导者们互相帮助，共同出谋划策解决与地区教学实践相关的问题。

很快，领导者团队意识到各校校长之间的合作方式需要改变。他们先和小学校长开会，然后再和所有校长座谈，将从前只是用来宣布决定的会议变成了共同学习、一起探讨如何改进教学以及教学领导方式、继而创建开发新知识的机会。随着这种新的协同工作方式在组织中层层推广，校长们也逐渐改变了与教师们的会谈方式。(这种转变经历了三个不同的阶段，我们将在第八章中展开讨论。)他们为了提高所有学生的学习成效改变了个人，也改变了组织。在本书中，你还会听到关于他们和其他人的更多故事，这些故事都在强调一种理念：适应性变革，也就是再创造，需要领导者同时兼顾内部和外部，专注于两种截然不同的变革——他们自身的个人变革和学校或地区的整体变革。之后章节中出现的框架和工具将为你提供支持，帮助你完成这两个相互平行的旅程。

在本章中，我们探讨了过去25年来所发生的波及面较广的经济及社会变化，以及这些变化如何帮助我们更好地理解和重新定义我们所面临的教育挑战的性质。我们认为，到目前为止旨在改变美国公共教育的一系列挑战与其说是失败了、需要改革，不如说是过时了、需要再创造。我们想提醒诸位的是，为美国的公立学校设计的教育体系从来不是为了教会所有学生在今天新的知识经济中工作、学习、成为积极向上的公民所需的新技能，我们的提议是有必要发明一种能够指导所有学生在21世纪取得成功的新体系。这是一个适应性问题，而解决这个问题的必要知识则须在解决这个问题的过程中被开发、被创造。

所以现在轮到你把注意力集中在自己的教室、学校或地区了。我们建议你在积极思考练习1.1中提出的问题之前，先不要阅读第二章。如果你是某个研究小组的成员，或者是一个刚组建的、正聚在一起讨论本书的领导力实践社区的成员，那么在继续阅读后面的章节前，你可以在附录中找到并使用这个练习的小组版本。

练习1.1：明确问题

步骤一

独立思考以下问题：

1.从你的教室、学校或地区办公室的视角来看，为了应对当前我们所面临的教育新挑战，你认为你和你的同事所遇到的与改进"系统"相关的最大难题是什么？你想解决的第一个问题是什么？

2.需要进行哪些组织变革来解决这个问题？为了解决这个问题，课堂、学校和地区需要改变哪些做法、安排或政策？

3.与这个问题相关的组织和个人的理念及行为是否可能需要发生

改变？是否需要从改变自身开始？从什么变成什么？

4.以你目前的级别看，领导层应该如何解决这个问题？如果你是领导或代表领导层，你会不会有不同的做法？

步骤二

花点时间写下你的回答，并列出你想到的其他问题。然后保管好这张表，之后会用到它。

如何改进教学

CHAPTER TWO
第二章

创建成功的愿景

如果你认为在第一章末尾所明确的问题与教会所有学生新技能有直接关系,换而言之,与改进教学指导,或者以改进教学为代表的领导力直接相关,你可能会惊讶地发现,你是少数派。我们站在你这一边。

我们坚信,建立一个以不断改进教学为首要任务的制度必然是所有教育改革中的核心目标。我们的"变革理论"认为,除非在我们打造的学校和地区中的所有教育工作者都在学习如何大幅提高教学技能和领导水平,否则学生的成绩不会提高。在某种程度上,这似乎是不言而喻的:我们的核心业务就是教学,我们的产品是学生学习,而改进产品的唯一方法就是改进我们的核心业务。

然而,在过去四年里我们与来自全美各地的众多团队一起完成了练习1.1,我们可以说,参与者最常提到的挑战包括:

- 从一个或多个团队获得"支持"——通常是资深教师或高中教师
- 调整课程设计以实现更大的连贯性和一致性
- 鼓励家长更多参与、社区更加支持学校和地区教学工作减少班级人数、建立学业标准、改善课程结构和评估模式、提高教师及社区对改革的支持度、创建规模更小的高中等，这些措施都是行之有效的甚至是非常必要的。然而，这些措施本身或将所有这些结合在一起，都不会带来教学和学习方面的改善。除非关注如何发展必要的教学技能，帮助所有学生以更严格的标准要求自己，充分掌握课程内容（所有教师通过学生各科的学期总评成绩有的放矢地改进教学），否则学生的成绩不可能有多少提高。除非能深刻理解如何组织学校和地区持续开展教课、学习和领导改进，否则小班制以及其他结构性变化将无法确保所有学生都能学会新技能，无法确保学生在高中毕业后做好准备进入大学，也无法确保他们能在21世纪的劳动力市场找到一席之地。

改进教学是管理的核心

许多学校和地区由于诸多历史和文化上的原因，对于和教学改进直接相关的问题往往会避而不谈。理查德·埃尔莫尔就这一问题撰写了大量文章。他认为，教育管理者的核心职能历来被认为是在学校进行"结构和流程方面的管理"。行政人员不仅不曾参与课程管理和教学活动，一直以来他们还阻止"外来者"参与检查、干预或中断教学事务。

关于课程和教学方面的具体事务向来都是交给教师做决定的。事实上，许多教师之所以被这个职业吸引，就是因为它有相对较大的"自主权"。个别教师一整天都跟一群孩子关在教室里工作——而且基本上不受任何形式的监管。没有人要求他们通过协同合作来定义或讨论什么样的教学是高质量的课堂教学，因此对于这项工作他们既缺乏经验也没有共同语言。基于这个原因，教师职业缺少创造工艺知识的过程。这就反映了一个许多教育工作者心照不宣同时又流传甚广的看法，即教学更像是一门"艺术"，而不是一门工艺——一套可以通过从别人身上习得或通过"系统"帮忙加以改进的技术，而且这种看法很有可能会继续存在。因此，每一位教师都需要"开发自己的知识库——未经检验、未经测试、我有人无，而且可能与其他教师运用的知识并不一致"。

在过去十年间，一些教育评论者，尤其是那些倡导建立特许学校的人，认为教育改进的最大壁垒是政治性或结构性的：州法律、劳工合同、教育机构。事实上，所有这些都可能是障碍，但即便将它们一并铲除也不一定能带来我们希望为学生寻求的结果。变革领导力小组里有一名经验丰富的成员，他曾帮助一所著名的城市特许学校创建并领导董事会。这所学校基本上不受州一级和地方管辖，既没有工会，也没有盘根错节的官僚机构。然而，五年后，尽管有着非常美好的建校初衷，尽管付出了前所未有的努力，启用了大量精英和人才，但这所学校的教学质量和学生成绩并不比同地区的普通公立学校好多少。从全美范围看，目前还没有任何不容辩驳的数据表明，特许学校比学生人数相当的普通公立学校取得了更好的成效。

另外，变革领导力小组中的几位作者曾在美国几所最优秀的私立学校任教，在没有政府或工会干预的情况下，那里的教学质量并不突出，也缺乏改善教学的系统性策略。（事实上，一些研究人员正在最受欢迎的独立或郊区公立高中寻找"附加值"的证据，这些学校的学生在入学时已经取得了相当好的成绩。当四年后这些学生毕业时，几乎没有证据表明教学对这些具有高度学习积极性的学习者产生了很大的影响。）

> 我们大多数教育工作者从未加入过一个致力于不断改进的体系或实践社区。

（美国）许多学校——无论是公立学校还是私立学校——的教学和教学领导水平其实都很平庸，如果我们要提高学生的学业水平，这是必须解决的核心问题。我们并不认为进入这个行业的人的技术技能、奉献精神不如选择其他行业的人。我们也不认为教学和教学领导能力是无法学习或无从改进的"艺术"形式。相反，我们注意到，我们大多数教育工作者从未加入过一个致力于不断改进的体系或实践社区。事实上，我们中有许多人在自己的学习生涯包括大学生活中从来没有体验过高水平的课堂教学或高效的学校管理，因此对于"优秀"到底长什么样找不出合适的参照物。我们的工作环境常常会阻碍专业学习和反思。

想象一下，如果你想提高自己的运动技能或乐器演奏水平，但你从来没有见识过运动健将在赛场上的英姿或演奏家行云流水般的现场表演。再想象一下，你身边没有专业人士指导你，所以每天你不得不独自训练。这就是当今美国大多数教育工作者——包括教师、学校领导者和地区领导者——的宿命。那我们要怎么做才能改变现状呢？正如我们在整本书中所强调的那样，我们认为外部和内部工作必须两手抓，而且我们会全程提供操作步骤。首先，让我们花点时间来完成练习2.1。

练习2.1：完善你的问题陈述

这个练习建立在你完成第一章文末练习1.1的基础之上。

步骤一

问自己以下问题：

1. 你的问题描述多大程度上提到了教学指令质量以及其与学生学习的关系？

2. 如果你的问题得以解决，你认为会对你的教学产生什么影响？

步骤二

如果你已经给目标命名，例如课程一致性、更好的沟通方式等（我们认为这些都是次要目标），那么我们建议对联结这些目标与学生学习表现最终结果的具体环节也进行命名。改进教学可能会出现在这根链条的某个地方。或者你可能想要思考另一个与教学关系更为直接的问题或挑战，接下来就和你的团队一起思考，讨论一下你们对于如何改进教学有什么想法。

步骤三

完成步骤二后，将你的想法与题为"系统性改进教学的七个原则"的概述部分进行比较。在这部分中我们描述了我们心中一个专注于不断改进教学的系统可能的样子。

系统性改进教学的七个原则

不可否认，在美国的每个地区都有非常优秀的教师，也不乏若干由高效能人士领导的优秀学校。像宾夕法尼亚州的兰开斯特和纽约市第二区学校这样多样化的地区率先采用了一套实践方法，并以自己独特的方式加以贯彻实施。然而，目前还没有一个能够实现在每一个课堂、每一所学校、日复一日地提供优质教学的教育体系。我们还没有看到有哪个地区做到了其每所十二年制学校都在逐年稳步提高学生的学业水平。换言之，现有的教育系统中高水平（或者只是还不错的水平）的教学实践和管理只存在凤毛麟角的个例，我们不知道如何使这些个例"规模化"。

一个专注于培养所有教师和领导者专业技能的学校系统应该是什么样子的呢？想要打造出所有教师持续改进教学实践的学区需要哪些设计原则？自2000年以来，我们一直在记录所有学生的学业水平都实现大幅提高的极少数几个地区的教学改进策略，其中不乏那些处于最低四分位数[①]的学生和最没希望的学生。

我们已经确定了七个我们认为对成功开展系统性教学改进工作至关重要的做法：

系统性改进教学的七个原则

1. 运用真实数据改进教学的紧迫感
2. 优质教学的共同愿景
3. 只谈工作的会议
4. 学生学业水平的共同愿景
5. 有效监督
6. 专业发展
7. 责任制合作的诊断数据

---

① 统计学中把所有数值由小到大排列并分成四个部分，每一部分大约包含四分之一的数据项。——译者注

系统性改进教学的七个原则不应该被解读为一张蓝图或一张检查表。它们更像是一整套流程及中期目标的纲要，这些流程和中期目标有助于提高教学和教学领导能力，从而提高学生的学业成绩。在接下来的部分中，我们将依次讨论这七个原则，同时，它们也形成了整本书的框架。

运用真实数据改进教学的紧迫感

作为这一原则的一部分，地区想办法让教师群体和范围更大的群体理解提高所有学生学习成效的必要性，创造一种紧迫感，并定期报告进展情况。数据分门别类且公开透明。定性数据（例如，来自焦点小组讨论和其他访谈）以及定量数据都被用来了解学生和近期毕业生的在校学业水平。

这一原则在有些人看来会觉得很头痛，因为许多地区要么使用"捉迷藏"的方法处理数据，要么走向另一个极端——提供的信息铺天盖地，将人淹没其中。而当薇姬·菲利普斯成为兰开斯特地区主管时，她选择了一项单一数据，即在上五年级前阅读水平达标的学生人数，并将这一数据发布在了整个社区中。然后，她带领学生参加社区和民间团体的会议——狮子会①、地方商会等——在全城各地通过一种直观的演绎方式报告数据。她解释说，该地区只有十分之二的学生在读完四年级时达到了阅读标准。她要求站在台上的十个学生中的八个跟她一起坐下，然后问观众："我们的学生里到底哪八个应该被落下？"然后她站在八个坐着的学生旁边问参会者："你们中有谁想和这八个孩子的父母解释一下他们的孩子到底发生了什么，这对他们的将来会造成什么样的影响？"她呈现数据的方式不仅生动形象而且极具冲击力，同时还有点戳心戳肺，在这样的动员下社区很快采取了配合行动。

---

① 全球最大的服务团队组织，总部设在美国。——译者注

我们常常发现，收集和分享定性数据比单纯的数字更能让人体会到变革的紧迫性。例如，当我们开始与西克莱蒙特地区合作时，在焦点小组访谈时有学生透露说，他们希望老师能够更尊重他们，能够提供更具挑战性和实践性的学习活动。当时一所高中的校长马克·彼得斯也在这样的小组访谈中告诉我们在适应高中"重建"时他个人身上发生变化的故事，当时有个后进生问他："什么时候能轮到我也有一个教优秀生那样的好老师？一个能回答我的问题、关心我学习的好老师？"

优质教学的共同愿景

要形成一个什么是优质教学的共同愿景比大多数人想象的要困难许多。地区通常会认为优质教学有一个统一的定义，因为所有教师都可能参加过专门的学习理论（例如协作学习）或授课技巧的研讨会。但是，当某一地区的学校和中央办公室的管理人员需要独立给一段课堂教学视频打分并给出评分理由时，他们发现每个人打出的分数都是参差不一的，能够做到评分趋于一致的地区少之又少。

在我们与全美各地的教育工作者合作的过程中，我们使用了一些高中英语和中学社会探究课程授课情况的录像带。当我们要求参与者给同一堂课打分并讨论他们的评分标准时，我们发现大家给出的分数范围跨度非常大，从A+到F不等，在随后的讨论中，对优质教学的评价标准有很大差异，无法趋同，甚至也没有一个共同的语汇可以搭建起讨论标准的框架。

只谈工作的会议

在理想的情况下，这条原则意味着所有会议都应和教学以及可以作为典范的课堂教学有关。然而，在大多数学校和地区会议上，教学"工艺"很少成为讨论的主题。不管开会的频率如何，会议通常是用来宣布决议和实施方案的,即如何管理工作,而不是讨论工作本身,即教学。与此相对,在圣地亚哥地区的领导力学院,组织上下各级会议的主题都集中在教学上,通常以学校的走课或示范课作为讨论优质教学和有效教师监督的前奏。至于决议宣布则交给备忘录。伊莱恩·芬克在2004年退休前一直担任该学院院长,她将自己与各地区主管(现在被称为教学带头人)一同参加的会议录制成视频,分析讨论内容,并评估这些会议本身在多大程度上可以成为优质教学的范例。

学生学业水平的共同愿景

有了共同的愿景,各年级的学生工作就有了明确的学习表现考评标准。教师和学生都知道什么是优秀的学业水平,而且这一标准在考评体系中是一致的。多年来,人们普遍认为,调整和改进地区课程体系可以提高教学质量。虽然这项工作有价值,但是它没有讨论如何调整学生工作的标准重要。一个地区不同学校的教师在各个年级需要上完哪些教材上是否能达成一致并不重要,重要的是他们是否能在学生写读后感的评分标准以及不同年级的学生工作应该达到什么样的预期标准上达成共识。学生工作提供了必不可缺的数据,有了这些数据我们就可以知道有没有达到这些标准,并且明确一堂课上下来有没有效果。一个老师可能上了一堂看上去经过仔细思考、认真准备、连贯流畅的课,但问题的关键在于上完这堂课学生们学到了什么,以及通过学到的知识可以做什么。

> 一个老师可能上了一堂看上去经过仔细思考、认真准备、连贯流畅的课,但问题的关键在于上完这堂课学生们学到了什么,通过学到的知识可以做什么。

有效监督

在这个原则中,监督须是频繁且严格的,并且以改善教学为焦点。监督的执行者须是那些了解优质教学为何物的人。在大多数地区几乎都不存在有效监督。管理者每年来学校兜一圈,对于优质教学应该是什么样子,他们的答案可能也似是而非,但在很多人看来,这种敷衍了事的走访就是一种监督。很多时候,管理者只关心教师是否具备"课堂管理"的能力,也就是上课的时候学生是否能保持安静、言听计从。很少有管理者会评估课堂教学是否严谨、严格,或者学生有没有在认真学习老师想要教授的内容。而知道如何有效地指导教师改进课堂教学的管理者就更少之又少了。作为纽约市32个社区学区之一的第二区则与上述描述形成了鲜明对比,它为我们提供了有效监督的典范。安东尼·阿尔瓦拉多在担任地区主管期间,每个季度都会和每个学校的校长一起走课,讨论每一位教师的工作情况。校长们为每位教师制订了个人教育计划,阿尔瓦拉多希望每次走课都能看到所有教师的教学水平在稳步提高。

专业发展

专业发展是由最优秀的教学骨干设计制定并领导的,所涉及的主要是现场的、密集的、协作的和嵌入式的工作。在阿尔瓦拉多做地区主管的前五年里,第二区专业发展的重中之重只有一项,就是提高读写能力的教学。

阿尔瓦拉多认为，如果学生没有很好的阅读水平，那么在任何学科取得成功的可能性就不会很大。他和同事们在全世界范围内招贤纳士，想要寻找最好的读写教师来领导这一专业发展项目，最后，他们从新西兰引进了一批教师。在他们的帮助下，该地区的每一位教师都学会了如何在各自教授的学科内教授读写，学生所有学科的考试成绩都得到了普遍提高。截至撰写本文时，第二区仍然是全美范围内实现几乎所有学生的学业成绩都得到显著提高的屈指可数的几个地区之一。之后地区将注意力转移到提高学生的数学成绩上，短短两年时间里，这项工作就取得了与读写项目相当的成绩。他们是怎么做到的？该系统的整体能力和信心有了根本性的提升，其中一个关键环节是招聘和培训最优秀的教师，老师们在每个工作日都会专门辟出一部分时间在教学楼里和几位同事一起钻研如何改进教学。菲利普斯在兰开斯特采取了相似的策略，同样取得了令人瞩目的成果。

第二区和兰开斯特的成功与许多地区形成了巨大反差，在那些地区，原本应该用于专业发展的时间和资金没有得到有效、充分的利用。显然，专业发展活动必须与那些经过认真衡量选择，同时有数据支撑，用数据加以监测的改进优先事项结合起来。

责任制合作的诊断数据

每隔一段时间，教师、学校及地区团队会用诊断数据来评估每个学生的学习成效，从而确定最有效的教学实践。这一协同工作已经被纳入教学日程表中。此类数据的类型和使用与为了理解变革的必要性和紧迫性所创建的数据完全不同。高效率的地区每年针对每个年级的阅读、写作和数学水平要进行四到六次诊断评估。这些测试在内部进行评分，以便迅速转换成最后结果，它们被用来跟踪每个学生的学习进度，从而在必要时能够进行早期干预。按年级划分的教师小组以及整个学校的教师都有时间来研究这些数据。当其中一位老师的分数高于其他同事的分数时，团队就会想办法找出是哪些教学实践导致了这些结果，而不是给老师扣上一个"能力欠佳"（或"表现超常"）的帽子。

这七项原则并不是自助餐，一个学区不能只挑选其中一项或两项原则而置其他原则于不顾。相反，它们是一整套彼此依赖、用于改进教学的系统方法。虽然其中一项或两项可能是你认为的最为合适的切入点，但每项原则最终都是相互影响、相互支撑的，没有任何一项可以跳过，而其中有些必须较其他先实行。例如，如果持续改进教学的紧迫性还没有确定，那么没有哪个教育工作者会认为有必要开展（并且认真参与）什么是高质量教学的讨论。如果没有学生工作的数据，那么何谓优质教学的定义就不完整。有效的监督既需要高水平教学的共同愿景和学生工作的标准，也需要受到各种诊断数据的推动。同样地，数据也为规划有效的专业发展以及学校和地区会议的内容提供了必要信息。

这七项原则并不是自助餐，一个学区不能只挑选其中一项或两项原则而置其他原则于不顾。

在阅读接下来的章节之前，我们希望你运用练习2.2中提供的诊断工具来评估一下你对你的学校或地区在实施系统性改进教学七个原则上所付出的努力处于哪个等级。这些指数可以激发热烈的讨论，并在关于是什么以及需要什么上形成统一的想法。你发现的证据同时也会为你的努力指明方向。您可以让不同的小组——校长、教师、中央办公室的管理人员——进

行这个诊断练习，以了解不同成员观点的差异程度，并对其中的原因进行探索。你也可以定期使用这一诊断工具，作为对进展进行的非正式评估。

练习2.2：评估：你的系统性改进教学的七个原则

概述

这个诊断工具可以帮助你评估在实行七个原则时所付出的努力。你也可以定期重复这些步骤，来评估在这些方面取得的进展。

评价：

1. 地区或学校让教师和社区充分理解提高所有学生学业水平的重要性和紧迫性，并定期报告进展。

- 数据经过分类，并且公开透明。
- 根据定性（焦点小组讨论及访谈）和定量数据了解学生和应届毕业生的在校经历。

        尚未开始　1　2　3　4　建立良好

依据：

2. 对于什么是优质教学，看法普遍集中在严格的期望、课程相关性以及课堂上师生之间所体现的相互尊重。

        尚未开始　1　2　3　4　建立良好

依据：

3. 所有会议都和教学及展示优秀教学活动有关。

        尚未开始　1　2　3　4　建立良好

依据：

4. 每个年级的学生工作都有明确的标准和表现评估。教师和学生都知道什么是优质工作，而且评估标准具有一致性。

        尚未开始 1 2 3 4 建立良好

依据：

5. 监督是频繁而且严格的，针对改进教学展开，由了解优质教学为何物的人来执行完成。

        尚未开始 1 2 3 4 建立良好

依据：

6. 专业发展是由最优秀的教学骨干设计制定并领导的，所涉及的主要是现场的、密集的、协作的和嵌入式的工作。

        尚未开始 1 2 3 4 建立良好

依据：

7. 教师团队每隔一段时间使用诊断性数据来评估每个学生的学习情况，从而确定最有效的教学方法。这一协同工作已经被纳入教学日程表中。

        尚未开始 1 2 3 4 建立良好

依据：

完成练习2.2中的诊断应该能帮助你搞清楚自己的一些想法，同时也可能产生新的问题。我们发现，当个人将自己的评估结果与团队中的其他成员分享时，诊断效果更佳。在分享过程中产生的有价值的讨论可以厘清、加深每个团队成员对七个原则的理解，使整个团队就哪个方面最有可能取得成效达成一致意见，以便你在你的学校或地区开展进一步工作。

启动教学改进系统：至关重要的第一次对话

我们认为，为了应对新的教育挑战，使所有学生都能习得新技能，我们需要创建以不断改进教学、学习和教学领导水平为目标的系统。这些新系统的核心是一直在进行的关于教学方面的讨论——什么是优质教学？当我们看到的时候，怎么判断这就是优质教学？我们应该如何持续提高教师和领导者的技能水平？不过，正如我们已经注意到的那样，在讨论这些问题时我们缺乏经验，而且没有一个统一的语汇。如果好的教学——体现在每个课堂上，面向所有学生——是教育系统化变革的目标，那么这里的"好"该如何定义呢？卓越的教学，或者合格的教学又该如何界定呢？或许更重要的是，我们如何开展关于什么是有效教学的讨论？因为对于许多学校和地区而言这是一个重要但又棘手的问题，现在我们把注意力转向更深入地讨论第二个原则"创建一个广泛认同的良好教学的愿景"及其引发的问题。

建立对优质教学的共同认知

尽管对于教育工作者来说，了解研究人员如何确定哪些是优质教学的必备要素很重要，但是我们发现，如果无视这样一个事实，即教育系统中所有从业者对于什么是好的教学都有自己的看法,那么再声势浩大的变革都是不可能成功的。在教学团队中如何就优质教学开启富有建设性的对话?这个对话如何能形成一种推动教师继续深入探讨的紧迫感并在教师间建立一种对优质教学的统一认知?换言之,我们如何开始实践七个原则中被其他五个原则所依赖的前两个?

> 在教学团队中如何就优质教学开启富有建设性的对话?这个对话如何形成一种推动教师继续深入探讨的紧迫感并在教师间建立一种对优质教学的统一认知?

在一次团体活动中,带着这些愿景,我们请来自100多个地区的团队观看了一段15分钟的十年级英语课程录像。当有许多人(25个或更多)在讨论同一课程时,观点上的差异表现得最为明显。然而,重要的差异也可能出现在人数少得多的小组中。如果你是一个人在阅读本书,请参阅练习2.3;如果你是某个小组的成员,请使用附录中的小组版本。

练习2.3:给课程录像打分

概述

请准备一个教学录像视频作为材料。(这里以我们在活动中使用的"十年级英语课堂教学的录像片"为例。)

步骤一

认真观看视频。然后回答以下问题:

如果你给这堂课打分(从F到A,允许分数后面有"+"和"−"),

你会打几分?

步骤二

打好分后思考一下你评分的标准是什么。这一步没有标准答案，无论你打的分数是高是低，你要做的只是检查打出分数的背后有着什么样的依据。

步骤三

思考一下这些标准和你同事可能使用的标准会有什么不同？对你而言，这些年来标准是如何发生变化的？如果你能在小组中甚至只是和一个值得信赖的同事一起做这个练习，答案分布范围的差异也许会让你大吃一惊。

我们和10人小组及700人的团队分别做过这个练习（来自一个地区的十二年制学校和中央办公室的领导团队，以及来自一个州的所有中学和高中的团队），我们发现无关小组规模，几乎所有团队的评分差异都非常显著，打高分的可达A或B+，打低分的低至D或F。即便一个小组中的成员都是相同的角色（例如，成员都是校长或中央办公室行政管理人员），而且都来自同一所学校或地区，我们同样能发现这样的差异。

评分差异可能基于以下任何一个或所有因素：

- 使用不同的评分标准。
- 虽然评分标准相似，但对于重要性的判断标准不同。
- 对于什么构成既定标准下的优质教学有不同的定义。

毫无疑问，这样的结果耐人寻味。正如一位地区主管对其他主管所说的那样，"如果我们在地区范围内不断改进教学质量并获得成功，那么这种天差地别的评分情况就应该会有所改变。我们一年后再做一次这样的练习，看看能不能缩小评分差异"。我们认为，如果他们定期观摩、评估、研讨所在地区内外的教学实例，评分分布差异肯定会缩小。他们也将发现，我们优先考虑的标准会影响我们对优秀教学的认识和判断。

请思考以下两种回应：

回应#1："好吧，我给他打A也许有点高了，但光凭他能让孩子们在课堂上这么专注，我觉得他至少够得上B或B+。当然，他看上去有点冒傻气，教学风格也不太对我的胃口，坦白说，看他上课我鸡皮疙瘩都起来了，但那些孩子真的非常投入。他能把他们的注意力全部吸引到他讲的内容上。课堂上可能显得有点闹腾，但孩子们吵嚷的内容都和这节课有关。他们不是在嘲笑其他孩子、谈餐厅里的趣闻，或任何和老师的教学目的无关的事情。他们一个个精神百倍，都在拼命吸收课上讲的知识。我每周都有课，我想告诉你们，看到底下那么多孩子在课堂上无精打采有多让人沮丧。所以我也没法全情投入，这真让人灰心。不管你们有什么其他想法，我想说的是，在他的课堂上，孩子们一点也不无聊。"

回答#2："我来解释一下我为什么给了他一个D。他的学生确实很专注、很投入，我同意这样的评价，不管是以什么样的方式，学生们确实都待在他上课的内容里。我甚至不知道我现在到底是作为一个校长还是一个母亲来给这堂课打分，但我想得可能更多，而且我必须说，孩子们确实很专心，但是他们专心的点是什么？这可是一个十年级的班级，搞什么名堂！你看看他让他们做的功课，这难度是不是也太低了？如果这是一个七年级的班我也就不说什么了。你看看他们都写了些什么？来来回回五遍了，还写不出一个像样的段落。是我要求太高了吗？这就是所谓的不让一个孩子掉队？如果我看到我的孩子在这样的课堂上课，说实话我会非常失望。他们确实不觉得无聊，这点我承认。他们兴高采烈地跟他打成一片，同时他们也正在掉队！"

正如这些来自同一小组截然相反的回应所显示的那样，要形成一种共有的、统一的认知是一项非常艰巨的任务。

如果在每一个课堂、对每一位学生开展的良好教学是教育系统变革的重中之重，那么各个地区和各所学校就需要定义到底什么是"好"，而且对于什么是"卓越"或者"合格的"教学达成共识。这项工作之所以困难其实并没有什么好意外的。首先，我们对优质教学的定义往往建立在约定俗成和没有正式名目的假设之上。当人们被要求具体说明给其他老师课打分的理由时通常会感到尴尬、不自在。其次，即便我们可以清楚地表达自己对优质教学的假设，我们仍有可能难以与他人进行交流沟通，因为他们也许会使用相同的词语来表达不同的意思。就拿"投入"一词来说吧。我们经常会听到某人评价说这节录播课特别好，因为老师"让所有学生都很投入"，当被要求解释何谓"投入"时，我们通常听到的回答是："这个老师能记住每个学生的名字；他在一堂课上几乎叫到了所有学生；所有被叫到的学生都回答出了问题；每个孩子都加入到了课堂活动中。"我们也经常听到有人跳出来，为自己为什么打了低分辩解，而他口中的"投入"又是另外一种意思了："这堂课上得不怎么样，因为学生们压根儿就没有投入。"他接着说："一旦涉及需要真正开动脑筋的问题时，只有两个学生参与了回答。说得多在我看来并没有多大意义，学生在课堂上说话并不意味着他/她就在认真听讲，甚至在动脑筋思考。"

如果没有就定义达成共识（或者至少分清楚一个人是如何使用一个术语的）、没有可视化数据为某人对课程的评价提供支持，那么关于教学和学习的对话依然只是空中楼阁，这样的对话无非只是证明了教师行业缺乏工艺知识的根基、专业用语和实践标准。我们需要达成一致的统一标准。

定义新的有效教学的框架

从我们以往的经验来看，统一的标准通常要对应三个理想特质：课程的严谨性，和学生生活的相关性，以及在师生关系中的互相尊重。我们所说的新3R标准①——严谨、关联和尊重的关系——为开展关于教与学的对话提供了一个极为有用的框架。像3R这样实用而简单的思维工具的存在有助于组织开展讨论，并使讨论不会偏离主题，同时，也使一群人更有可能跨越许多不同的教学层面进行交谈，而不是鸡同鸭讲。我们想要强调的是，我们并不认为3R原则就等同于良好教学的明确定义，它们是三个笼统而抽象的概念，如果教育工作者要把3R作为评价某堂课或某种教学手段时所用的专门术语，那就需要更加具体、准确地阐明这三个概念。我们希望这个框架能够引发持续的、相互协作的调研，并且在一开始势必会先引发更多的问题而不是提供答案。这些就实际课堂教学实例展开的对话最终可以形成完善的、具体的、合乎规范的高质量教学的定义。

严谨：掌握核心能力

我们所说的严谨一般是指什么意思呢？在《要教就教最重要的》(Teaching What Matters Most) 一书中，斯特朗、西尔弗和佩里尼向我们提

---
① 严谨性、相关性和尊重对应的三个英语单词都以字母 R 开头。——译者注

出了严谨的标准，即让学生能够理解以下内容：

- 由复杂的、相关联的概念组成的内容
- 学科中那些挑战学生已知概念的核心问题
- 能够激发强烈情感的内容
- 以符号和图像为主、隐含多层含义的内容

有人认为课程内容是考量严谨的一种方式，其他人则从教学的角度来看待何谓严谨。纽曼、布雷克和永冈认为，严谨指的是教师为学生打造学习环境的方式，从中学生可以按照真实有序的方法构建他们自己赋予的新意义和理解。信息和观念可以以一种带来挑战并修正学生对课程抱有的成见的方式加以引入，而对话则可以作为学生探索不同观点之间的复杂联系的一种手段。

那么，严谨究竟是指课程内容还是指教学？或者两者兼而有之？思考一下这些关于严谨的定义的问题，或许可以把它们作为你进行自我反思和对话的起点。在这些理解方式中我们当然看到了与之相关的诸如复杂性、意义构建、连接、关系等概念的共通之处。这些术语也许能回应你自己的想法。但它们的语义是含混不清的，这就给解释和定义留下了很大的空间。我们的观点是，你需要搞清楚对你而言严谨究竟指什么，有一些思考严谨含义的框架可以为你指明方向。

然而，对"严谨不是什么"的问题我们采取了坚定的立场：严谨不仅仅是给学生布置更多或更难的任务。严谨是指学生在上完一堂课后学到了什么、能够做什么。严谨意味着让学生承担起责任去达到某些客观的、定性的目标，并且定期衡量学习进展。如何衡量？许多州都有过多的学业内容标准，这些标准往往超出了教师的承受能力，因为他们所要顾及的东西

实在太多了。当这些学业内容标准反映在高风险的考试中时，它们显然需要引起注意。然而，在我们看来，考试成绩并不是每次都能衡量学生是否具备了证明推理过程和应用所学知识的能力。在这种情况下，它们就不能作为有效的学业表现标准。

例如，在弗吉尼亚州举行的一次全州范围的四年级科学考试中，学生被要求记住自然界中存在的所有92种化学元素。对四年级科学的教学是否达到严谨的一个更好的衡量方式可能是评估学生解释科学方法的能力，并给出一个关键的科学实验的实例。化学元素在哪儿都能查到，但是如果学生不知道科学方法为何重要，不知道在他们上初中或高中时如何运用科学方法，那么实验课对他们来说就没有什么意义了。同样地，学生可以死记硬背历史事件的日期，但更为严谨的学生学业成绩标准是评估学生对同一历史事件的不同记录进行比较、对比的能力（例如独立战争开始时的莱克星顿战役），对该事件为什么会发生进行合理分析并撰写分析报告的能力，以及如何使这种分析成为今天的前车之鉴。

我们可以在男女童子军的"优秀勋章"学习方法中找到另一个堪称严谨的学业成绩标准的例子。例如，要在露营时获得鹰级童子军勋章，你不需要在试卷上做关于帐篷零件和生营火的单选题，也不只是单单记住自然保护方面的理论知识。你必须学会搭建帐篷，露宿二十个晚上，制定并且烹饪营养均衡的膳食，并执行一项经过批准的自然保护项目——所有这些都是非常严谨的考核表现标准。此外，你还必须达到一定的内容标准，例如掌握急救知识。

我们所描述的关于了解科学方法、学会历史事件分析和获得荣誉勋章的要求，都在引导并激励比死记硬背更深入、更复杂的理解。除了做到严谨之外,这些考核表现标准也是和严谨高度相关,并反映了3R原则在定义何谓优秀时的相互依赖性。

相关性:通过实际应用联结课程

许多高中生心中排在第一位的问题就是:"上学的意义究竟在哪里,为什么我非得知道这些东西?"当你问学生为什么必须学指定课程里的学习资料时,大多数人只是翻翻白眼,耸耸肩。敢于大声把这个问题问出口的学生通常只会得到含糊的回答,例如,"你上大学需要知道这个",或者更简单的,"因为考试会考到"。更多时候,不管是学生还是老师,这个问题既没有人提出也没有人回答。许多教师正在教授他们被要求教授的内容——一本教科书或一门课程,其中很少或根本没有任何内容是在解释为什么学习这些知识是必要的,或者它将如何为学生今后的成年生活做好准备。就更少有教师能指导学生通过独立阅读或研究项目追求自己感兴趣的领域了。根本没有时间,要做的事情实在太多了。

然而,越来越清楚的是,今天有许多学生没有学好知识或掌握技能,而这些知识和技能似乎与他们现在的生活没什么关系。作为怀疑论者和经验丰富的消费者,他们需要一个学习的理由,然后去"大量买进"课堂上教授的知识。我们并不是要回到20世纪60年代自由主义的观点,即认为所有学习都和自恋情结有关。相反,正如我们在第一章中所讨论的那样,因为今天的学生没有那么多外在的学习动力,例如对权威的敬畏,所以必须要挖掘他们更多内在的学习动力,而现在大多数课堂所做的事情对于开发学生的内在动力而言是远远不够的。

我们需要让学生明白现在学的数学概念是如何解决现实世界的问题的,以及如何在今后的职场中用到课堂里学的科学知识。学生们需要有机会去研究讨论历史知识如何能帮助加深他们对当前重要问题的理解。他们需要通过工作场所的现场观察和实习来了解成年人需要什么样的技能,以及在日常工作中如何使用这些技能。在一学年的学习过程中,学生还需要有更多机会去开发、寻找自己的兴趣爱好——除了为了体验学习本身带来的满足感外,还为了掌握成为一个独立的终身学习者所需要的技能和自律。这些只是其中几个少数例子,在不同的学校或地区,相关性的含义必然不尽相同。如何利用学生当前的学习经历和兴趣爱好,以及如何帮助他们想象未来,并通过我们希望他们拥有的未来激励他们,这些问题既不容易理解,也不容易解决。作出这些决定和确定如何认识和促进教学中恰如其分的相关性需要经过仔细考量和认真探讨。

由此可见,关联性对于学生理解学习的目的以及挖掘动力去严谨治学是至关重要的。当被问及什么样的改变可以帮助他们在学校学到更多东西时,所有能力小组的学生都谈到了需要机会去实践、应用学到的东西。而在讨论学校应该作出哪些改进时,这个答案仅次于师生关系。

尊重的关系:找到动力的关键

这将把我们带到第三个R,它也是激励学生想要达到高标准的最重要的因素:与教师的关系。如果学生感觉到老师不尊重他们,那么他们从老师那里就几乎学不到任何东西。他们可能迫于老师的威严或威胁,或出于害怕心理不得不完成最少量的作业,但是他们永远不会做到最好,即便是他们最喜欢的科目。对于今天的学生来说,他们很少与父母或其他成年人接触,故而与有关爱之心、懂得尊重人的老师的关系就变得更加重要。

作为我们与学校和地区工作的一个部分,我们经常和学生进行分组访谈——有时在初中,但更多时候是在高中以及在应届毕业生或辍学者中进行。我们让学生描述他们学校的优势，需要改进的环节，哪些改变会对他们的学习产生最大的影响，并且让学生们来定义什么是好的教学。

无论我们在哪里进行分组讨论，最后两个问题的答案基本上是一致的。城市、郊区或农村的高中生、学习上有困难的学生以及选修高级课程的学生都说，在他们的学习经历中，能让学习效果产生最大变化的是他们和老师的关系。他们当然需要热衷教学、具备挑战精神和优秀能力的老师，但他们谈论最多的还是老师是如何对待他们的。老师是否将他们视为独立的、与他人不同的个体，而不仅仅是人群中模糊的面孔？老师是否想知道并且了解学生在家里或社区可能遇到的问题？一个老师在多大程度上努力确保所有学生都在学习，而不是在费劲地啃书本？又或者老师是不是只关注那些"聪明的"孩子？我们越来越清楚地认识到，尽管在今天，许多学生对权威的敬畏和尊重已经慢慢消失，但他们越来越需要与能够在学校和生活中引导并教导他们的成年人建立联系。

公共议程基金会是一家专注于研究美国公众舆论对复杂社会问题持何种看法的公司，同时也是同行业中的翘楚。他们的研究证实了我们的观察。在对青少年如何看待学校的调查中，基金会的研究发现着实令人吃惊：校园内普遍缺乏尊重，而师生之间缺乏尊重的问题尤其严重。只有五分之二的公立学校学生认为他们的老师对他们给予了应有的尊重。超过三分之二的受访学生表示，他们从一位尊重他们、认真讲课、关心他们的老师那里学到了"更多"。

许多教师也希望能与学生建立更紧密的关系。大多数人认为，如果班级人数少一些，他们能更好地与学生一起工作。越来越多的人明白，他们其实就像基础学校联合体的创始人特德·赛泽常说的那样，没办法去激励一个他们不认识的学生。教师问:"我怎样才能在一个学期或一学年的50分钟课堂上认识所有130个甚至更多的学生?"大多数学校,特别是初中的教学条件使教师不太可能与学生建立许多人所寻求的紧密关系。这是我们在整本书中都会讨论的一个重要问题。

是什么构成了尊重?相互尊重的关系如何能最大限度地促进学生提高学业水平?我们如何评判这样的关系是否存在,如何促进形成这样的关系?解决这样的问题可以让教育工作者搞清楚良好教学中的这一版块是如何构成的。

连接教学中的"新3R标准"

3R是想创建一个系统性的框架来讨论什么是好的教学,此外,这个框架还可以对教学实践形成更加复杂、更为全面的认识。3R中的每个概念都依赖于另外两个概念才能使整个系统发挥作用。我们中有许多人都认识一些非常严谨的老师,他们往往太过依赖自己教材上的内容,以至于不能解释这些知识究竟是如何用来解决实际问题的,同时,他们和大多数学生之间也缺乏交流。因此,他们课堂上的许多学生要么感到困惑,要么不感兴趣。同样地,另有一些教师擅长在课程中加入一些有趣的课堂活动,把书本上的知识和生活中的实践结合起来,但是学生对于应该掌握的技能可能不甚明了,或者他们学到的东西远远少于他们能够做的和需要知道的。最后,还有一些教师想通过关心爱护学生让他们建立自信,但如果他们没能教会学生真正的技能,那么学生因为获得老师的尊重而建立起来的自尊自信就会在下一阶段的学习或第一次工作面试中土崩瓦解。严谨作为一种概念,是教育工作者将所有学生掌握新技能的需求转化为新的课堂实践的出发点。相关性和师生关系帮助我们开始理解学生究竟需要什么来激发他们想要掌握这些新技能的动力。

作为一个观察和讨论教学实践的框架，3R给人以一种简单即是美的感觉。然而，正如我们之前所强调的那样，3R不应该被视为优质教学的定义或答案，它的作用是激发我们提出优质的问题：

- 我们的教学是否足够严谨、有相关性、师生之间是否相互尊重？
- 我们所说的严谨、相关性和相互尊重究竟指什么，依据又是什么？
- 我们应该如何衡量它们各自的重要性？
- 如果一堂课具有高度相关性，而且师生关系良好，那么即使我们认为它不够严谨，我们是否依然可以认为它就是好的教学？

我们鼓励大家使用3R框架作为持续性集体研讨的工具。任何教育机构，无论在地区还是学校层面，都应该把研究、界定和完善每一个术语完整且明晰的定义作为主要的学习目标——尤其是描述这些定义在实践中可能呈现的样子。我们的讨论只是为你提供了属于你自己的3R愿景的起点。

正如文献资料表明的那样，这些术语可以以完全不同的方式加以定义和应用。我们的结论是对于任何一个团队而言，要对这些术语的理解和应用达成一致意见，是需要进行大量观察、反思和讨论的，希望你也愿意和其他人分享我们这个结论。

最后，当你开始思考严谨、相关性和相互尊重如何帮助你建构对良好教学的认知时，我们建议这样的思考要和搞清楚学生需要知道什么以及他们已经掌握了什么结合起来。正如之前所说的那样，我们认为关于严谨性的判断既不是主观的，也不是相对的，事实上，它是用来判断一堂课或整个课程体系是否足够严谨的一种外部效度检查。然而，究竟严谨与否的最终考察是看学生毕业是否已经为进入大学做好了准备，是否掌握了上大学、找工作、成为对社会有用的公民所需的重要技能。换言之，确保你对优质教学的定义正在产生你想要的结果：所有学生，新的技能。我们在练习2.4中列出了在定义严谨这一概念时可以采取的实际步骤。

如果你的学校或地区还没有建立"走课"的规范，我们强烈建议你在进行这项练习之前向所有老师发布公告或者发送备忘录。你需要解释一下课堂观摩的目的不是评估教师，而是让管理人员有机会深入了解什么是优质教学和学习。你也应该认真考虑提前告知工会领导你要做什么以及这么做的目的。你也可以让老师们建议一两个他们希望你在课堂上看到的严谨指标。他们对严谨的理解和你的看法比较下来是否相同？他们的意见是否会让你改变自己的想法？

练习2.4：在走课中定义严谨性

概述

请记住，最好将新的3R理解为关于教学对话的框架。我们鼓励你跨出第一步——开启这样的对话。我们将从严谨的概念入手，这其实最模棱两可，也最难以定义。

正如我们已经强调过的那样，严谨本身对于有效教学而言并不是一个充分的决定性条件。只有当它和相关性及相互尊重结合起来才能发挥作用。我们建议你最终要考虑清楚所有这三个概念在不同年级的课堂中是什么样子的。

步骤一

通过以下问题进行反思或讨论：

1. 你希望在一个（选择一个年级）正进行"严谨"教学的课堂里看到什么样的课堂活动或行为？老师正在做什么？学生们正在做什么？

2.（选择一个年级中的一个科目）学生严谨学习的特质有哪些？

3. 列出一些你现在可能在课堂上找到的与严谨性有关的最重要的表现。

步骤二

通过认真思考你所列出的重要指标在多大程度上构建了知识经济所需的关键能力（指掌握超越基本阅读、写作和数学技能的能力），现在就可以"标准化"你对严谨的定义了。在关键能力、知识经济要求的能力方面（例如，卡尔内瓦莱和德斯罗彻斯为教育测试机构提供了以下能力清单），你需要修正或重新思考的东西有哪些？

- **基础能力**：知道如何学习；
- **沟通能力**：倾听与口头表达；
- **适应能力**：创新性思维和解决问题；
- **团队效能**：人际能力、谈判和团队协作；
- **影响力**：组织效能和领导力；
- **自我管理**：自尊和动力/目标设定；
- **态度**：积极主动的认知；
- **应用技能**：职业及专业能力。

步骤三

当你的"严谨标准"已经打磨到让你自己满意的程度时，把这些指标带到课堂上，看看它们在实践过程中可能会呈现出什么样子，最重要的是开展对话，这种对话将抛砖引玉，逐步建立起一种对共有且具体的"严谨标准"的设想。我们建议你花一个半小时的时间，带着你的列表走访一所学校的十几个教室。每节课大概观摩五分钟。如果不是很清楚这堂课的教学目的，问问学生他/她在做什么以及为什么这么做。

如何记录你所观察到的情况是非常重要的，因为这些数据将为之后的对话打下基础。与其在你的"严谨标准"列表上勾选你所看到的指标，不如一字不差地用文字描述你在课堂上看到的认为达标的某种具体做法。不要去解读，而是客观描述你实际看到了什么，这样你就可以确定某个活动、问题或者表现是否真的是严谨的指标。例如，与其记录某位老师的问题很复杂，不如记下问题本身，以后再决定它的复杂性。

步骤四

当你完成走课后，查看你所收集的数据，通过问下面的问题来反思你所看到的情况：

1. 你是否能够确定某些老师或学生的行为是严谨的吗？
2. 你看到严谨满意度的依据了吗？不同的教室、教学风格、不同学科之间有何不同？

一般而言，这些观察帮助教育工作者更清楚地了解他们个人对"严谨"等关键概念的定义。我们发现，更有效的方法是让一组教育工作者观察相同的课程，并和组员一起分享他们对这些问题的回答。您可以想象一下，解决前面问题的对话不仅要求个人厘清、重新思考和完善自己的定义，而且还可以让整个团队形成强有力的、共同的理解。

- 你是否同意你所看到的情况显示了严谨标准列表里的指标？
- 你可以在哪些方面和其他组员达成一致？
- 你在哪些方面有不同意见？你们的分歧引发了什么问题？
- 你还需要学习什么？

进行练习2.4中所描述的走课是一个步骤——在这一步骤中应包含对高质量教学构成要素的理解。这种理解是促成高质量教学的关键。我们建议这类观察继续下去，在你开始搞清楚你要寻找的东西是什么并且对其下定义后，你要考虑你所看到的高质量教学和学习的频率，以及有了这些数据后接下来做什么。哪些是最常见和最少见的活动或行为？如果你认为有一些行为或活动是非常重要的，但是在课堂上却很少能看到，这是否意味着这一方面应该成为教师专业发展的重点？例如，做过这个练习的管理人员经常告诉我们，让他们大吃一惊的是大多数老师提的问题只停留在学生只要记住教材内容就能回答的层面，他们很少要求学生提供经过自己推理得出的想法、解释或分析。

你需要决定何时以及如何让教师团队参与到对话中，这个练习也可以用来开展全体教师关于有效教学的讨论。例如，西克莱蒙特地区的助理主管玛丽·埃伦·斯蒂尔皮尔斯致力于教学改进，她在全区范围内进行了优质教学究竟具有何种特质的讨论，第一步就是共同研读了解什么是严谨性。随后，西克莱蒙特地区的多所学校的校长与教师开展讨论，共同开发"优质教学"的标准，管理人员则使用这套标准进行"走课"。等走课完成后，他们与全体教师分享了他们汇总归纳的数据并开展讨论（没有提及被听课教师的名字），然后一起探讨这些数据对他们整个学校确定专业发展优先事项可能会起到什么样的作用。这些讨论代表着在西克莱蒙特地区出现了一种新的工作方式——协同工作。之后几年随着工作进一步推进，每所学校都有越来越多的教师加入实践社区并开始边学习边反思。

我们将在本书各章节中以不同形式反复提醒各位一些需要注意的事项。第一，对于如何开展关于严谨和优质教学的讨论，我们在书中的描述听起来要远比做起来简单。在本章开头，我们简要讨论了阻碍教育工作者从教师或教学领导的角度审查和学习教学实践的诸多因素。这些主要都是由来已久的文化壁垒和组织结构性障碍，它们成了开展我们之前所说的各种讨论和课堂观察的绊脚石。在实践中，我们需要就有效教学的构成要素以及如何改善学校或地区的教学和监督达成一致意见，这是改变我们专业文化进程中的一个重要组成部分，需要数年时间才能完成。我们的建议只是一些起点，并非配方。要想付出的努力不白费，你或你们就需要作为一个领导者或一个领导小组，持续开展学习和对话。

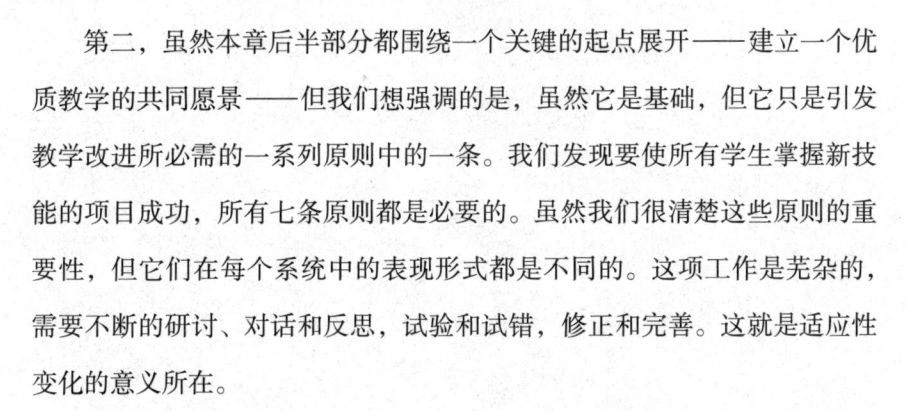

第二，虽然本章后半部分都围绕一个关键的起点展开——建立一个优质教学的共同愿景——但我们想强调的是，虽然它是基础，但它只是引发教学改进所必需的一系列原则中的一条。我们发现要使所有学生掌握新技能的项目成功，所有七条原则都是必要的。虽然我们很清楚这些原则的重要性，但它们在每个系统中的表现形式都是不同的。这项工作是芜杂的，需要不断的研讨、对话和反思，试验和试错，修正和完善。这就是适应性变化的意义所在。

第三，与过去一些政治和教育领导人传达的信息相反，甚至可能与我们自己内心的想法也不一样，这世上没有单一的解决方案、速战速决的办法或什么灵丹妙药能奇迹般地让所有学生都获得成功。我们必须记住，教授所有学生新技能是一个前所未有的宏愿——就像让宇航员登上火星一样——要实现这个目标，不仅需要根本性、系统性以及结构性的改变，不仅需要创造新知识，同时还需要改变我们共有的以及个人的理念和行为。这就是我们在第三章中将要提到的内部工作。

CHAPTER THREE
第三章

改变个人理念与行为

正如我们在前言中指出的那样，如果想在重塑教育这件事上取得成功，变革领导者必须具备一种新的关注力，一种双重的关注力。我们需要向外拓展我们的视野，更深入地审视我们正在努力改进的组织。我们也需要锐化我们的内在视野，更深入地审视我们自己和我们需要改变的地方。尽管这很困难，但要在我们领导的组织中实现重要的变革，我们必须认识到我们自身同样需要改变。事实上，大多数领导者都会认同这样一种理念，即作为领导者，我们做不到的事也不应要求别人做。

作为投身于变革之旅的领导者，我们自身需要改变什么，这个问题需要花一些时间来回答。在本书中，我们将提供经过精准设计的工具来帮助你思考什么可能会阻碍你，并使你看到隐藏在你自身理念和行为中的东西。

明确你的承诺

作为教育工作者和作者，我们假设你全心全意地投身于改进工作，并坚信改进工作的重点是教学。现在我们给你一个机会，请你以学区领导者的身份来践行承诺。运用练习3.1，专注于将自己作为一个独立的个体来帮助推进这项工作。你个人角色的哪些方面（不管是地区主管、校长、教师、系主任、课程协调员，还是其他职务或兼任多重职务）对于改进你所在地区的教学最具关联性、最为重要？

练习3.1：做出承诺

如果你全身心地投入其中，你在自己的工作岗位上有哪些方面会对改进你所在地区的教学发挥最大作用呢？

为了朝着这个目标进发，你自身需要作出改进的最重要的事是什么？

既然你已经确定了改进的重点，那么就把你的回答设定为一种"承诺"。你不需要知道怎样做才能变得更好，你甚至不需要有信心可以做得更好。你只需要愿意尝试去做，并且让它成为你学习活动的一部分。

为了帮助你将这个最重要的改进目标定义为一个承诺，我们为你提供了已写好开头的句子，供你回答时使用：

我致力于……的价值或重要性。

一位完成练习3.1的助理主管认为，她在每月举行的校长会议中所发挥的领导能力是她工作中能为改进地区教学工作作出的最大贡献之一。所有会议都应该以教学和展示优秀教学实践为主题（系统性改进教学的七个原则中的第三条），这一观点让她很感兴趣，于是她决定将她与校长们的例会更多地集中在如何更好地支持课堂教学上，并作出了以下承诺：

我致力于突出"确保每个月的校长会议都以教学为重点"的价值和重要性。

教育领导者做出的其他工作承诺应与改善教学有明确关联,包括:

我致力于体现一名校长的价值或重要性,我的主要职责是一名教学领导者,而不是一名教学楼的管理员。

我致力于体现和系里其他老师协同工作的价值和重要性,明确什么样的教学是我们的"最佳教学实践"。

我致力于实现"为每一个有特殊需要的儿童提供成功机会"的价值或重要性。

确保你选择作出的是一个坚定有力、能带来丰富学习经历和长足进步的承诺。

在本章的剩余部分以及整本书中,我们将要求你时不时看一下你在练习3.1中作出的承诺,并且在你反思、计划和为变革付诸实践的时候,带着这份承诺以不同的方式继续努力。确保你选择作出的是一个坚定有力、能带来丰富学习经历和长足进步的承诺。我们建议你的承诺符合以下标准:

- 这一承诺对你而言应该是真实的(而不仅仅是你应该相信或应该要做的事)。

- 应当明确这一承诺与改进教学之间有什么样的直接关联。

- 这一承诺应没有完全被实现,也就是说还有很大的改进和成长空间。

- 这一承诺指向你。承诺的实现取决于你对工作方式所做出的改变,这一点必须非常清晰。这是一个至关重要的标准,也是一个容易被遗漏的环节。确保你的承诺并不是要求其他人重塑工作方式，而是关于你自己需要在哪些方面作出改变。例如，思考"我致力于问责制的重要性"是否真的意味着"我认为其他人应该坚持做好他们所承诺做的事"？检查以确保承诺的内容清晰明确，不然你在履行承诺的过程中将迷失方向，无所适从。

- 这一承诺对你来说应该是非常重要的。

如果你已经发现承诺不符合上述标准中的一个或多个，我们建议你在付诸实践前修正承诺或重新选择。至少，如果你是和一个团队一起研读这本书，每个人都应该让团队成员知道他/她的承诺是什么。如果不确定是否找到了最令自己满意的、强有力的承诺，你可以试着进行以下第一项或两项步骤来帮你进行确认。

1. 要让自己坚信在这方面的工作将产生极具价值的教学改进。你应该能够：

　　a. 提供有说服力的论证和证据，说明这方面的提升将对教学改进产生何种积极作用。

　　b. 关于"它如何改进教学"的论证有研究作为支撑。

　　c. 咨询同事，看看他们是否认为你的论证有道理。

2. 从同事那里获得诚实和善意的反馈，他们会告诉你哪方面的工作一旦改进将最有助于提高教学质量。

列出阻力清单

任何想要计划和推行改变的人都明白，他们需要花一些时间来找到并明确目标和承诺。从领导者首次接纳改善教学的承诺到他们往前谨慎迈出肉眼可见的第一步之间，还有许多内部工作有待完成。其中一个步骤是为实现这些目标制定一个计划或进程，预测在我们努力实现目标的过程中可能会遇到的障碍。

列一份有说服力且完整的障碍清单可能并不需要太多的思考。我们中的任何人都可以随口说出几个来：老教师问题、新教师问题、教师的高跳槽率、教师工会、中央办公室管理者之间沟通不畅等。我们可以不假思索地说出在每一个学年中出现的意料之外又情理之中的干扰：学生、家庭或老师的个人问题，批评责难，以及在规模较大的社区和公共区域出现并需要关注的热点问题。在第二章一开始，我们借用了许多这样的问题作为初步的问题陈述。在公共教育中，这些及其他障碍对任何人来说都是再熟悉不过了。

这些障碍当然都存在，业务娴熟的领导者需要仔细地规划变革的进程，预测、规避和克服前进道路上的困难。但是在这本书中，我们邀请你们进入一个与常规做法截然不同的计划和实施变革的过程。在制定变革进程中最困难的方面之一，也是常常在计划和实施过程中被忽略的一个方面，就是明确有些做法可能也会给自己在实施计划的路上制造障碍。这个观点乍一听可能有点奇怪。难道真的是我们这些领导者，也就是在集中精力领导这项工作过程中义无反顾、殚精竭虑的人，采取的一些措施可能实际上正在为履行承诺设置障碍，阻挠变革的进展，破坏制订的计划？根据我们的经验，这种情况确实经常发生。

> 在制定变革进程中最困难的方面之一,也是常常在计划和实施过程中被忽略的一个方面,就是明确有些做法可能也会给自己在实施计划的路上制造障碍。这个观点乍一听可能有点奇怪。难道真的是我们这些领导者……采取的一些措施可能实际上正在为履行承诺设置障碍,阻挠变革的进展,破坏制订的计划?

以亚瑟为例,他是曾和我们共事过的一位令人尊敬和喜爱的地区主管,负责领导地区的教学改进工作。他将自己的改进目标定义为:"我致力于通过创建一个严谨教学的共同愿景,带领我的地区将教学质量从'良好'提升到'优秀'。"他与领导团队密切合作,就这一目标达成一致意见,并形成了优质教学的共同愿景。然后,领导小组将这一愿景和该地区所有学校的校长进行讨论,加以修正,直到就最后一稿目标达成一致。亚瑟知道,接下来改进过程中的关键一步就是开始让校长和其他管理人员为学校推行、实现这一愿景承担共同责任。他需要为他们如何付诸行动指明方向。然而,当他认真盘点自己的每一步行动时,他发现自己在拖延时间。

亚瑟首先花了更多的时间再次确认每个人确实都赞成这个愿景并且所有的问题都已经解决,甚至连细枝末节都没有遗漏。他还暂缓与领导团队讨论下一步采取什么具体行动,即和校长们讨论如何能够保证教学切实对应他们如此努力创建的愿景。他继续等待,不断试水、拖延,随后他意识到这么做其实是在消耗改变的动力。他在阻碍计划的进一步推进。

亚瑟的故事似乎表明,他并非真心愿意采取必要的步骤来改进教学。

但反过来看可能更准确。首先，我们相信亚瑟的举棋不定并不代表他对于创建严谨教学这一共同愿景的承诺缺乏诚意和热情。我们也不认为亚瑟是创建这个共同愿景的主要障碍。事实上，故事完全可能是另外一个版本——亚瑟为了实现他的计划、承诺和目标正在全力以赴地做所有该做的事情，即使他看上去迟迟下不了决心。

比起亚瑟意识到自己具体做了什么或没做什么，更重要的是他把自己的行动（或缺乏的行动）列入改变进程障碍清单。我们相信，这种自我反省和认知，也就是我们说的内在工作是承担领导责任中最艰难同时也是最重要的一步。通过诚实地看待自己和自己的行为，亚瑟让自己有机会站在一个全新的角度审视自己的一举一动，通过这种必要的审视他可以判断是否需要重新考虑他正在开展的工作。如果我们接受这种自我反省所带来的学习，我们实际上就承担起了一种不断观察和监督自己行为的新责任，这种新责任可以提高我们开展工作的效率。

> 这种自我反省和认知……是承担领导责任中最艰难同时也是最重要的一步。

还有很多像亚瑟一样的人，他们在提高自己的路上成了自己的阻力。事实上，我们相信，当我们审视自己在应对艰巨挑战时的角色时，我们可能都会发现许多重要的做法——无论是采取行动还是选择逃避——正在拖我们的后腿，并且让挑战本身变得更加复杂棘手。例如，一位刚刚担任中央办公室行政人员的前校长就痛快地承认，她发现自己很难与所在地区的校长们一起推进教学改进工作。她承认，她把时间和精力都花在了指责改

进没有取得的进展上,而不是创造机会就改进的情况进行公开诚实的对话。她承认,她在没有先审核相关数据、没有了解其他人采取行动的原因的情况下,就对改进工作为何进展缓慢以及谁的工作出了问题作出假设并直接得出结论。在认识到自己成为障碍并应对此负责的过程中,她能够更清楚地明白自己在这种情况下所扮演的角色。

同样地,一位致力于成为教学领导者的校长描述了他自己的行为是如何干扰他所在学校推行教学改进承诺的。他发誓要花更多的时间去教室听课,以便能更好地观察和监督教师的教学活动。然而,他承认他没有时间这么做,因为他更喜欢参与一些非教学类的活动,例如中午去食堂和孩子们一起共进午餐,以一对一的方式定期与家长见面,以及接听热心社区成员打来的电话。确认并列出这些行为使他明白,如果以同样的注意力和强度继续参与这些活动,这势必会阻碍他进入教室观摩老师上课。

确认我们自己做了哪些正在妨碍我们履行承诺的事对于在后面章节更深入地研究学习是非常关键的一个步骤。现在轮到你了。反思你在练习3.1中作出的承诺,思考并回答练习3.2提出的问题。

练习3.2:认识到反作用力的行为

哪些你正在做的或者没有做的事使你没法更充分地实现的自己承诺?请参考以下指引罗列清单:

- 清单上罗列的都是具体行为——你正在做或没在做的事情。例如,如果你准备记录一些不属于具体行为的事情(就像"太多干扰"),那就重新组织一下语言,把重点放在一个具体行为上(就像"我本来应该处理当务之急,却把时间花在了谈论一些杂事上"。)

- 不用列出这些行为背后的原因,也不用写下你应该对这些行为采取什么措施。
- 只列出你做过哪些事(或没有做过的事)妨碍了履行承诺或违背了自己的承诺。

1.
2.
3.
4.
5.

当你完成了练习,接下来该怎么做呢?就目前而言,只要列出清单并进行反思就足够了。你的个人学习将持续贯穿于整本书中。完成练习是学习之旅的第一步,这为后面章节的学习奠定了基础。现在还没到分享这个列表的时候,不过我们会在稍后鼓励你和你的同事更多地讨论你正在学习的东西。

你现在也许会有一种强烈的冲动准备和那些已经确认的妨碍行为正面交战,然后把列表上的事项一条条删除。这种冲动是可以理解的,尤其是考虑到我们要求你花了这么多时间和精力明确了个人承诺来改进教学。虽然这种冲动反映了你希望能更有效地去实现目标,但我们建议你不要急着去和这些行为作战。现在还不是时候。正如我们所了解到的,人们也许不能通过和反作用力正面交锋来提高效率。相反,为了帮助学生达到深入、严谨的学习状态,我们可以更多地去调查和理解这些反作用力行为的目的和价值，也许会有意想不到的收获。所以暂时不要开战，请按我们的思路再往后研读几个章节。到那时，你将能够从知识储备中挖掘更多内容做进一步学习，并产生你所追寻的真正有效的生产力。

REFLECTIONS
回　顾

在第二章中，我们提出了这样一个观点，即想要提高学生学业水平，首先必须改进教学和教学领导。我们从历史和文化的角度解释了为什么个人和其所在组织在处理与教学改进有关的问题上一直并将继续保持沉默。我们看到了工作环境中某些方式其实阻碍了专业学习和必要反思。

接着我们简要介绍了一个专注于持续改进教学的系统可能是什么样子。系统性改进教学的七个原则——运用真实数据改进教学的紧迫感、优质教学的共同愿景、只谈工作的会议、学生学业水平的共同愿景、有效监督、专业发展、责任制合作的诊断数据——提供了一个有助于改进教学、教学领导和学生成绩的系统框架。

然后，我们以"新3R"——严谨、相关性和相互尊重的关系——为框架，就为使所有学生准备好迎接新未来需要怎样的教学以及教学应该作出何种变化展开谈论。要为今天的学生和他们所处的世界定义出一个有效的教学框架，"3R"的概念是至关重要的。对于致力于将当今世界所需要的新技能教授给所有学生的成年人来说，重新思考严谨是关键的第一步。成年人还必须认识到，学生将师生间的相互尊重和更具相关性的课程置于首位，对于他们而言，这是激励他们实现学业进步更为有效的动力。

在最后，我们详细阐述了某些需要改变的个人及组织的行为和理念，从而进一步改变我们的学校和地区。我们已经看到了成功的案例：领导者采取措施来实现他们对教学改进的承诺。这些措施中的大部分首先需要照亮系统和心灵的角落：即发现那些阻碍进步的障碍。与此同时我们也看到了来自内部和外部的努力的付出，这样的努力需要贯穿整个过程。

在接下来的章节中，我们将探索为实现改变激发力量的必要性，并寻找方法克服我们面对改变时与生俱来的、或者不自知的排斥感。

为什么改变很难

CHAPTER FOUR
第四章

激发创新与变革的动力

改变美国公立学校,使他们转而教授所有学生掌握在21世纪获得成功所需要的新技能是一项艰苦卓绝的教育挑战。这也是一个适应性问题,解决这个问题所必须具备的知识只有在解决这个问题的过程才能创造出来。在前面的章节中,我们详细阐述了一些必须加以改变的个人及组织的行为和理念,以便改变我们的学校和地区。在本章中,我们将探讨个人和组织如何阻挠或推进了为改善教与学而实行的重点变革。

大多数公共教育的领导者认为,时间和金钱是推动改革最有效的资源。当然,这个答案并非没有道理。许多地区的学校人满为患,很少或根本没有时间进行专业发展,甚至没有时间召开关于教师发展计划的会议。更多的资金对于解决这些问题可能有很大帮助。然而,根据我们的经验,事情并没有想象中那么简单:在资金充足、职业发展项目层出不穷的地区,教学水平和学生成绩并不一定会得到提高。现实情况告诉我们,一个专注于持续改进学习、教学和领导能力的系统需要的不仅仅是时间和金钱。

有一个例子可以说明这一点。变革领导力小组中的一名成员对某个获得专业发展大额补助金的地区进行了研究。该地区成立了学校改进小组、九年级教师小组，实施了共同规划时间和小班制措施。地区领导制定了远大的目标，从计划、措施上看，达成目标的希望非常大。然而，专业发展项目每个月都有不同的主题（例如合作学习、认知训练等）。学校改进小组每两周举行一次会议，然而会议没有议程安排，会上最后讨论的议题与学生的学习也没有明确关联。例如，其中一所学校的改进小组开了两次会，讨论的议题为是否应该在午餐时提供巧克力牛奶，然而经过几个小时的讨论后，大家才认定这一事项应该由学校委员会来拍板。九年级的教师计划会议同样没有议程安排，会上讨论的焦点要么是接下去的实地考察旅行需要注意哪些细节，要么是个别学生的行为问题，而且通常都没有解决方案。在一年多的时间里，学校实施了五花八门的专业发展方案，在各个层面开展了没有成效的会议，该地区的课堂教学没有得到任何肉眼可见的改善。究竟发生了什么？为了回答这个问题，我们需要从更宏观的角度进行观察。

改进教学的阻力与动力

我们已经明确了有三种组织性的行为——抗拒、顺从和孤立——会消磨变革的动力。这些行为无论是单独还是联合起来，都会削弱对改进而言必不可少的动力。时间一长，它们就会演变成一种应对过去的教育目标和社会规范的理所当然甚至恰如其分的反应。然而事实上，在像今天这样截然不同的时代中，它们代表的是改进以及改进所需要的适应性工作所面临的阻碍。改变这种行为，同时以与其相反的对立面——目标和重点、积极参与和共同协作——取而代之，为系统性和可持续的变革释放动力。

在接下来的部分中，我们将讨论并逐一比较每一个影响改进的阻碍因素和与它们相反的动力机制。每个部分都有一个对应练习用来判断组织在数轴中所处的位置。

从抗拒到制定目标、确定重点

教育自然是一种与"帮助"相关的职业。具备满足儿童需求的能力是我们成功的标志，也是我们自豪的源泉。同时，美国公共教育也是一项"地方性"的事业，由其服务的社区紧密掌控并对其负责。因此，教师和行政人员通常对家长和学校董事会成员的需求、关心的事项和优先考虑的事情作出积极回应。而且，由于教育历来缺乏着力发展"工艺知识"的传统，同时又没有强大的专业协会保驾护航，所以它特别容易被政治导向或领导人的突发奇想所左右。

虽然这种积极响应式的文化在过去可能有利于我们开展工作，但在近几十年里，学校因应对全新的社会需求所承受的压力正成倍增长。我们需要和人数急剧增长、具有特殊需求、身患残疾以及英语水平有限的儿童群体一起工作。与此相对应的问责制就需要不断升级，随之而来的测试和数据收集的工作也在不断增加。美国公共教育也是高度政治化的，而且随着选民对由他们选举产生的政治家和校董事会成员提出越来越多的要求，教育政治化也将进一步加剧。各种各样的议题被转化为新的且互不相关的优先事项和方案，由学校或地区加以实施。

这些情况已经导致许多教育工作者从采取主动、适当的回应转为被动的反应。学校和地区管理者不得不对学校日常管理中出现的紧急问题作出更快的反应。捣乱的学生、愤怒的家长、忧心忡忡的董事会成员，以及要求马上参加的中央办公室召开的会议，这些都会分散和稀释领导者的工作重心。许多需求和它们引起的反应与教学改进没有任何关系。

如果问公立学校的管理人员或教师，在他/她的地区什么是首要任务，几乎每一个人都会给出同样的答案：提高考试成绩。这种回答本身就是对外部责任的一种被动反应，而不是为了有效改进学生的学习过程。如果你进一步问他们有没有两三个措施来实现这个目标，你很有可能会看到他们满脸困惑或一张罗列着20个互不相关的方案或活动的列表。

简而言之，无论是教师还是学校或地区，如果设立了10个优先事项那就等于没有优先事项。而且，如果没有一套定义明确、综合相关的策略来改善学习、教学和领导力，换句话说，就是没有这样一个系统，那就很难想象领导者除了被动反应之外还能做些什么。没有明确和重中之重的优先事项，或者这些优先事项和改善教学没有直接关联的话，提高学生成绩的目标只能是空中楼阁。

简而言之，无论是教师还是学校或地区，如果设立了10个优先事项那就等于没有优先事项。

在任何一个组织中，成功的变革进程都离不开明确的目标和有的放矢的努力。许多地区声称，他们的目的或任务就是改善教学和教学领导，然而从人力和财政资源分配的审计表单上看，他们宣称的工作重点与时间和资金的使用方式之间几乎没有形成恰当的配比。

相比之下，阿尔瓦拉多和芬克在第二区的行动表现出了其政治意愿和勇气，他们通过联合与调整将整个组织团结起来实现共同目标。当宣布提高读写能力即为唯一的工作重点后，他们在头5年里的所有行动、措施都是为了实现这一承诺。调整的结果包括：

- 所有主要会议以及专业发展方案都必须有助于发展及实现共同愿景，即在所有年级和所有学科开展行之有效的读写教学。
- 每个教师通过学习成为一名读写教师。
- 所有校长学习如何帮助教师成为读写教学专家。
- 地区资源中用于这一优先事项——实现读写教学的专业发展——的配比稳步上升。

第二区所有教职员工和管理人员都能全面了解并理解这一工作重点、主要改进策略、在执行这些策略中各自承担的角色，以及这些策略如何帮助他们实现目标。在集中精力持续提高读写水平教学的5年之后，该地区所有学校的考试成绩都有了显著提高。然后，他们成功将改进读写教学的策略转而用到数学这门科目上，并且只花了两年时间就取得了明显优于从前的成果。为成人学习及不断改进打下扎实基础，这就有效地打破了被动反应的模式，使他们能不断前进。

练习4.1："被动反应与目的和重点"诊断

目的和重点是指你是否有一个被所有人理解的、明确的重点目标。请注意，这和你在实现目标方面做得有多好并没有关系。需要考虑的一般性问题包括：

1. 地区或学校是否有明确的工作重点？
2. 整个系统中是否所有人都了解这一工作重点？
3. 我们是否能够抵制工作重点中的细枝末节以免它们分散我们的注意力或拖我们的后腿？

下面列出了处在数轴两端的系统分别可能呈现的样子。使用数轴上的数字来评价你的学校或地区是更靠近"被动反应"还是"目标与重点"。

被动反应	目标与重点
• 对教学改进缺乏重视。	• 明确教学改进的重点。
• 没有制定明确的改善学习、教学和领导能力的策略。	• 制定明确策略用以改善教学与学习。
• 对外部压力的反应过于积极。	• 根据与教学改进策略的相关程度对外部压力进行评估和过滤。
• 优先事项过多——不知道什么是最重要的事。	• 系统中的所有人都了解并理解主要改进策略、他们需要做什么，以及如何实现组织目标。
• 多重策略、措施之间缺乏关联性。	• 调整策略、时间、资金和专业发展，使其成为步调一致的整体，从而服务于改善教学和学习。

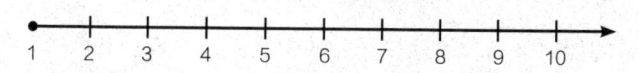

```
1  2  3  4  5  6  7  8  9  10
```

当你回顾练习4.1时，你会想到哪些例子可以说明你的学校或地区的目的和重点？等你对你所在的地区或学校进行评分后，我们希望你翻到附录，并与你所在地区或学校的其他人一起使用这个练习的小组版本。我们发现，当个人分享他的评分、观点和理由时，这些练习能发挥其最大效能。

顺从转变为积极参与

在官僚文化中，与被动反应密切相关的就是顺从的态度。这种顺从的趋势同样具有其历史原因，同时，这也是可以理解的。在20世纪中，美国公共教育将规模较小的学校及地区进行合并，组成越来越大的行政单位。由此形成的组织结构等级化非常明显，由教师向校长汇报工作，校长再向地区管理者进行汇报。事实上，与大多数白领职场文化相比，教育界更注重规则和流程，在许多方面，教育界更像是一家工厂，而不是一家公司。直到20世纪70年代，许多（美国）地区仍用时钟和打卡来记录教师每天的出勤情况。在一些公立学校，教师仍然需要在每天进校时签到，离校时签字并登记离开时间。在一些地区，校长必须获得许可才能离开校舍。总体而言，在新的汇报制度和问责制度的重压下，官僚主义和因顺从而产生的回应能力有所提高。

也许是天性使然，很多教育工作者都看重"和谐共处"。提出质疑，甚至鼓励批判性思维，从来都不是公共教育的特质。事实上，由于大多数教职员工大会和行政管理层会议都被用来宣布政策措施以及其他"行政要务"，在学校或地区的日常安排中很少或根本没有时间组织教师讨论专业问题，或就此展开辩论。相反，和学校或地区改进工作相关的新倡议、方案或策略通常以一种希望能"毫无异议地接受"的方式传达给校长和教师，作为回报，学校可以在课程决策上获得一些发言权以及在课堂上获得高度自主权。

这种顺从文化也许能在一定程度上提高管理效率，但无法形成知识探索和积极参与的氛围，而它们是促成真正的、可持续的改进所必需的。一个高度官僚化的文化看重的是照单全收而不是进行不断的辩论和讨论，当被告知需要执行新的方案或项目时，教师和校长可能会表现得很"顺从"，而不是接纳许多质疑甚至反对的声音。因此，他们可能会尽可能地少做事或采取"观望"态度。资历较深的教育工作者大多见证过太多来了又去的教育改革，他们通常只是在会议上安静地坐着，自言自语一句："这个，也一样会成为过去。"

1998年，当薇姬·菲利普斯成为兰开斯特的地区主管时，她发现自己参加的会议上没有人发言。我们可以想象她所看到的与会者的肢体语言——彬彬有礼的表情、十指交叉搁在桌上的双手或者双臂抱胸靠在椅背上，看上去有一种防范的意味。即便被问及他们有何见解或意见，校长和教师也没有变得稍微积极些。菲利普斯总结说，这代表了整个地区普遍存在的不安和不信任感。他们在等待新的主管告诉他们该怎么做，他们担心一旦给出她不想听的答案就会被她抓住"小辫子"，这些都是他们基于之前的经历得出的合理假设。

菲利普斯相信，要缩小该地区和其他地区之间长期存在的学业水平差距，就需要每个人提出中肯的意见，每个人都能提出他能设想的最佳方案，她努力营造一种集思广益的氛围，鼓励与会者进行提问、对话和尊重性的辩论，使之成为会议的常态。她认识到自己在会议上的行为有关键作用，因而有意识地通过发出参与发言的邀请、强调所有人的投入为何如此重要，并减少在此类对话中可能出现的地位差异，着手建立一个大家可以毫无顾虑积极参与的学习环境。

事实上，由哈佛商学院的艾米·埃德蒙森针对团队学习开展的研究指出，预测是否真正积极参与投入的最强指标是团队内部的心理安全（或信任）水平。埃德蒙森发现，小组成员会不动声色地评估学习所需的相关行为（例如提问或公开从错误中学习）可能产生的人际关系风险，并相应地调整他们在会议中的行为。安东尼·布雷克和芭芭拉·施耐德关于学校改进工作中的信任感的研究与埃德蒙森的发现是一致的。菲利普斯在寻求建议、创造一个平等对话的环境，以及以身作则、展示自己积极求知等方面所发挥的作用都有助于打破过去的陈规旧俗。

这并不是说菲利普斯都听别人的，而自己不作任何决定。事实上，她提出了一项举措,在全区范围内将以玩乐为主的半日制幼儿园改为全日制,对所有儿童实施以学习知识为导向的教学方案。在公布决定时,她概述了这项举措的依据,引用了一项为期20年的研究作为关键佐证。当她确信这一改变势在必行后,她就决定对所有力图劝阻她的声音置之不理。不过事实上,她颇为自豪地告诉我们,当时有一位经验丰富的幼儿园老师在一次会议上站起来公开反对菲利普斯的这一决定,不过最后她在持保留意见的前提下同意尝试一下。6个月后,这位老师跑来告诉菲利普斯,她在这段日子里目睹了被给予机会的幼儿园孩子能学会多少事情,以及她想如何帮助培训其他幼儿园的老师。虽然这个决定是由菲利普斯拍板的,但允许自由提出不同意见的举措反而能激励那位对新方案持有怀疑态度的老师竭尽全力,如果她只是被动地"顺从"了这项决定,那么随之而来的结果往往就是敷衍和懈怠。

因此,积极参与其中并不一定意味着全盘接受。相反,它意味着创造一种文化,在这种文化中,共同探讨从而解决问题成为组织各个层面的规范准则。积极参与教育改进工作意味着在教师会议上所有教师就各种教学策略进行深入思考和广泛探讨。在区一级,这意味着在校长会议上大家共同学习和讨论真正的专业挑战和在教学实践时遇到的难题。积极参与要求领导者建立学习模式,积极表达不同的观点,并将这些差异作为学习的资源。它要求人们公开分享哪些策略在课堂上是有效的,哪些是无效的。故而它需要一套规范,从而为人们提出建议、质疑以及尝试新想法创建必要的心理安全感。这些行为形成了一种每个人都能积极参与的文化,而这种文化的特征就是对地区(或学校)共同的教学和学习目标抱有强烈的个人责任感和集体责任感。

请看练习4.2，以确定你所在的学校或地区在数轴上的位置。我们希望你通过使用附录中的小组版本来思考并分享你在个人练习中的信息。

练习4.2："顺从与积极参与"诊断

当你评估你所在的学校或地区的参与程度时，这里有一些一般性的问题可以起到引导作用：

1. 这个系统中的所有人对于教学改进目标的参与度有多少？你是怎么知道的？

2. 是否存在只有高层才有决定权的情况，还是在整个系统中人们都能真正感受自己投入到了实现教学改进目标的努力中？

3. 与实现自己的目标或与他人共同拥有的目标相比，人们在努力实现别人的目标方面做了多少工作？

4. 人们是否有成效地积极参与了会议？

下表展示出了指向数轴两端的一些具体指标：

顺从	积极参与
• 期望教师和校长能"顺从"地执行任务；没有任何可以产生对话和通过协作制定决策的机制。	• 就组织战略和目标进行富有成效的对话和辩论。
• 交流往往是单向的。	• 交流是多向的。
• 文化特征显示为顺应规则和流程。	• 文化特征为对地区的策略和目标具有强烈的个人责任感和共同责任感。
• 教师和校长不敢承担风险，对于成功案例和失败案例不加以调研分析。	• 专业对话以从专业挑战中学习为重点。

```
•———|———|———|———|———|———|———|———|———|———▶
1   2   3   4   5   6   7   8   9   10
```

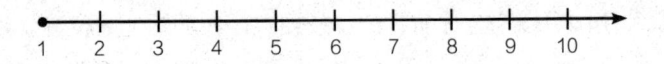

从孤立到协作

无论在美国公立学校还是私立学校,教育工作者一般都是各行其是。事实上,这一职业一直以来的吸引力之一就是教师在决定使用何种教学方法以及在课程方面享有高度的自主权。而校长在管理学校上也享有相当的自由度。所以只要教育工作者看上去能够遵循现任领导者的决策,他们就可以在课堂管理或学校管理上"自作主张"。在许多方面,教育工作的组织方式与上个世纪相比并没有发生实质性的变化。原本只有一个教室的学校仅仅是被合并在了一个屋檐下,尽管一名教师不再承担每个年级所有科目的教学任务,但他们还是整天和孩子们待在一起,几乎没有机会与同事一起工作,当然,也没有这样的意愿。学校以及中央办公室的管理人员可能需要参加更多的会议,而这些会议往往只与组织的行政管理有关,而与教学和教学领导力有关的问题似乎没有机会被摆到桌面上一起讨论。

> 事实上,现代社会中几乎所有其他职业都已经过渡到各种形式的团队合作,然而大多数教育工作者仍然在单打独斗。

就业人员在教育系统各级别的这种孤立状态在很大程度上阻碍了他们学习和改进教学实践能力。事实上,现代社会中几乎所有其他职业都已经过渡到各种形式的团队合作,然而大多数教育工作者仍然在单打独斗。即便是在20世纪60年代荧幕上的"独行侠"形象,例如律师佩里·梅森和

内科医生马库斯·韦尔比，现如今也已转变成群策群力的群像，例如电视剧《急诊室的故事》中的医生团队或《犯罪现场调查》中的侦探天团。可是这种转变并没有在教育界出现。就像在《为人师表》中由爱德华·詹姆斯·奥莫斯扮演的杰米·埃斯卡兰特和《死亡诗社》中由罗宾·威廉姆斯扮演的约翰·基丁一样，老师们更愿意在自己的岗位上独立工作。

然而，我们看到，如果想要改进学校和地区各个层面的工作表现，势必需要团队协作，在此过程中产生新的学习，并解决在适应性工作中出现的不可避免的实践问题。"专业能力"指的并不是教育工作者必须知识渊博、不会犯错以及有绝对的自制力，而是指我们有足够的知识并且能意识到我们知道什么以及不知道什么（正是因为这样所以才需要学习）。团队协作型的教育工作者能够提出问题，请求帮助，分享他们的实践活动，并从同事那里获取意见（参见练习4.3）。在适当的情况下，他们能够暂时把自己的专业知识搁置一边，以便能更好地接受新的思维方式，即便这么做可能会打破他们以前固守的、或许是非常重视的观点。他们之所以这么做是因为他们提出的问题能服务于更大的利益团体，并最终使所产生的改进措施能够覆盖整个地区的所有学生。这里的立足点是所有成年人要对所有孩子负责。我们遇到的任何一个问题都不是我们一个人的问题。四年级的某位老师可能遇到一个让他/她颇为头痛的难题，而这个难题可能也在困扰他/她的同事。四年级教师通过何种方式成功地解决了这些问题将对来年接手同一批学生的五年级老师产生影响。以此类推，影响会一直延续到高年级。

练习4.3:"孤立与协作"诊断

这里需要思考一下与协作有关的一般性问题:

1. 会议的重点是否是学习、教学和领导力?
2. 组织会议的人员是否拥有并使用对话和询问的技能?
3. 人们在会议上会分享实践中遇到的问题吗?

下表展示出了指向数轴两端的一些具体指标:

孤立	协作诊断
• 教师和管理人员都是单独开展工作。	• 教师和管理人员的工作是以学校为平台的公共事业。
• 没有共同解决问题的机会或紧迫感。	• 教育工作者共同解决阻碍有效教学的问题。
• 在系统中好的领导和教学只是偶发行为,优秀的实践案例很少得到推广。	• 具有教学和领导实践的标准,标准是统一且具体的。
• 成年人对于协同工作几乎没有期望。	• 对于共同协作的性质和目的具有明确一致的期望。

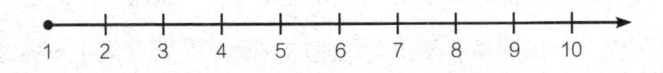

1　2　3　4　5　6　7　8　9　10

成年人需要通过共同协作来解决在实践过程中遇到的核心问题,只有这样他们才能发展专业能力,或者至少为建立实践标准、打下扎实的知识基础作出贡献。分享实践中遇到的问题有助于提供明确和探索实践标准的手段,这些标准之后可以用于某一堂课堂教学或某个学生。提出实践中遇到的问题就能避免个人单枪匹马地应对问题。相反,协同合作使教师能够分享在与学生日常互动中作出的尝试以及成功案例。

在我们介绍一种新的可以提升专注力、参与度和协作能力的组织工作方法之前，请先回顾一下一系列诊断练习（练习4.1、4.2和4.3）。在它们的帮助下更好地理解动力的大小，并沿着从动力流失到动力产生的连续过程来定位、评价你的学校或地区。思考一下你自己的案例和证据，想想如果要在最需要注意的地方取得进步需要做些什么。

产生系统性变革的动力

创造新知从而教授所有学生新技能，与此同时还要继续教授目前正在教的学生，这项工作的难度可想而知。被动反应、顺从和孤立相互影响，不断加强，由此形成了一个阻挠适应性变化的系统。如果模糊不清或数量过多的优先事项分散、割裂了一个组织的工作，那么这个行业中固有的孤立性就会加剧。没有明确的优先事项和工作重点，学校和地区就没法共同学习、解决问题。顺从会阻碍成年人开启和领导改进教学工作所需要的动力；没有目的和方向的工作或学习基本上无法使人产生足够的动力。

与此相反，这些特征的对立面指向能为适应能力创造动力的实践和行为。高效能的学校和地区在学习、教学和教学领导力方面一直拥有明确的目标和工作重点，积极的参与度和协同合作的工作方式。

创建实践社区

描述目标和重点、积极参与和协同合作的理想特质是相对比较容易的一件事。描述这些特质如何有助于建立一个具有更大适应能力的学校或地区也不是一件难事。难就难在如何将这些特质融入实践中。学校的默认文化更倾向于抵制这些特质。因此，将目标和重点、积极参与和协同合作注入一个系统，这无疑对个人以及组织的理念和行为都提出了挑战。

　　改变学校文化以及学校的工作方向不是靠喊两句口号就能完成的，推动变革、让动力在数轴上一直保持"往右"的前进势头，需要的不仅仅是领导的个人魅力。将目的和重点、积极参与和协同合作的特质导入学校系统的一种方法是让教育工作者运用一种组织形式，这种形式正越来越多地被应用于不同的行业。这种组织形式，也就是温格和斯奈德所说的实践社区，它由专业人士构建的网络组成，旨在发展社区成员的能力，创建新知，交流知识，推广最佳实践，并解决"实践问题"。在学校建立类似的实践社区，教师、管理人员和变革领导者在各自的小组中开会讨论他们的工作实践，从而促进所有参与者建立明确的目标和工作重点。

　　实践社区里的成员拥有共同的热情、参与度和对团队目标的认同感。社区为专业人士提供学习、成长和提高技能的论坛，以此激励人们积极参与。参与者成为具有实践标准的社区的一分子，通过协同合作来解决实践中遇到的真正问题，这样有助于进一步提高效能，而效能是与工作成就感以及学生提高学习效率紧密相关的一大因素。此外，实践社区从根本上打破了美国学校教育工作者之间的极端孤立状态，促进了直接扎根于我们专业实践中的协同合作。

教师实践社区

　　许多国家领导人和组织都在大力推广教师协同合作的理念，以此作为教学改进的关键策略。里克·杜富尔和安·利伯曼还有其他人将"专业学习社区"描述为教师聚在一处分享想法和互相学习的一种方式。"基础学校联合体""（美国）全国学校改革学院"和哈佛大学的"零点计划"创建了一个名为"重要的朋友群体"的机构，以帮助志愿者教师团队讨论他们的工作。

也许教师通过协同合作改进教学实践的最完善的模式就是詹姆斯·施蒂格勒和詹姆斯·希伯特在《教学差距》(*The Teaching Gap*)中所描述的课堂学习过程。20世纪60年代，W. 爱德华兹·戴明牵头在日本推广全面质量管理方法——一种旨在提高产品和服务质量的策略。现在日本采用了类似的逻辑，把改进教学实践的主要责任分配给了教师。教师按照年级或学科内容组织团队，定期举行会议，讨论学生在学习过程中遇到的问题，并且通过协同合作开发更能有效满足学生需求的课程。教师们轮流讲授示范课，相互观察，共同反思。他们不断完善每一堂课，直到看到学生获得了他们所期望获得的学习成果。只有看到这样的成果后，他们才会进一步与同事分享、推广自己的经验，然后再应对下一个新的实践问题。

斯蒂格勒和希伯特认为，课堂学习过程很好地解释了为什么大多数日本学校的教学水平始终高于其他国家，它为教师提供了机会，让他们能聚在一起探讨、创建与教学技能相关的新知，从而制定教学实践的标准。这种以学校为基础的专业发展被公认为是教师工作的一个组成部分，据报道日本教师对此高度重视。如果一个课程学习过程与学校和地区的工作重点相关联，例如提高学生的读写水平，那么实践社区可以帮助维护和支持目标与重点。

在这里我们可以学到一些与全面质量管理效果类似的经验。早在20世纪60年代，日本人就迅速采用了戴明提高产品质量的策略。直到80年代美国企业发现自己的市场份额已被日本人抢走后才开始采用戴明的这套可以提高员工参与度的秘密武器。在知识经济中，企业发现，如果员工能更积极主动地参与服务或产品的改进过程，那么随之而来的就是士气、质量和生产力的进一步提升。同样,以学校为基础的专业发展为教师、学校还有他们的服务对象——孩子们带来了巨大希望。

为了使这些教师实践社区行之有效,他们必须运用真实的学生数据开展讨论。数据应按授课教师进行分类,这样做的目的不是暴露某位教师所教的学生成绩较差,而是发现哪些老师所教的学生的成绩远远超过平均水平,并向这些教师学习他们的经验。以我们最近采访的一所学校的两位地球科学教师为例。在可比较的学生群体中,其中一位教师所教的学生在该州统考的及格率为92%,而其他老师教的学生中只有49%通过了考试。为什么会产生如此不同的结果?如果我们不看学生的学习成绩,我们怎么可能知道"有效教学实践"是真正有效的呢?虽然面对真相可能会让人心生抵触,但如果我们不知道努力带来何种结果,那么我们将无法改进。

领导力实践社区

尽管教师的实践社区现在越来越普遍,但面向学校及地区领导的实践社区——我们称之为领导力实践社区——却并不多见。领导者之所以需要自己的实践社区有以下几个原因。首先,很少有校长或地区主管接受过如何成为教学领导者的专门培训,甚至都没有接触过如何进行有效监督的培训。领导力实践社区让校长有机会提出和讨论与监督教师有关的实践问题,同时社区也为中央办公室的管理人员提供讨论校长监督问题的机会。

其次,领导力实践社区也是一种超越"零星卓越"的策略,在地区与地区间创建更大规模的联盟,保证系统内绩效标准的统一性。通过将自己的实践公之于众进行持续讨论从而规范行为,领导者期望将这些行为带到整个系统的教师实践社区中。此外,当领导者经常有机会展示与整个学校改进相关的案例研究,并且能够通过讨论最后确定整个系统中最为有效的策略时，系统上下就能力往一处使。领导力实践社区既是发展领导者个人能力的策略，也是在整个系统中持续产生更高绩效的策略。

> 领导力实践社区既是发展领导者个人能力的策略，也是在整个系统中持续产生更高绩效的策略。

密歇根州的大急流城地区就是一个典型案例。作为地区教学改进战略的核心组成部分，具备学校领导者经验的中央办公室管理人才被赋予了一个全新的重要角色——"教练"。他们每个人都有责任为所在地区的校长及其学校提供支持，培训他们的领导力，使学校的教学取得显著进步。一开始，人们对这个新角色以及其在"在整个系统中推动改进"可能产生的潜在影响充满了激情，不过，时间一长，教练们开始对自己的角色和工作效率感到沮丧和困惑。教练们互不相关，分头独立工作，徒劳地想解决训练过程中层出不穷的新问题。

为了打消这种日益增长的挫败感和困惑，最后教练小组决定通过共同协作创建一个能够指导他们工作的书面框架。除此之外，他们开始利用两周一次的集体讨论和专业发展来关注具体的实践问题，例如如何向学校教学改进小组提供有关学校计划的反馈；如何确定和利用现有的地区资源来打造学校层面的能力；以及如何让学校工作人员对教学改进工作有更深入的了解、拥有更多的自主权、明白这件事势在必行。通过起草以下文本（参见"后退一步的咨询"），每个人分享了他们面临的困境以及这个"教练实践社区"通过讨论努力确定的有效解决方案。小组成员承认眼前有更多的工作等着他们去完成，因为他们要互相开发并发展技能，从而产生并制定教练实践的标准。他们已经开始锁定讨论中提出的他们所面临的具体难题，这与地区教学改进目标的优先事项直接挂钩。其结果就是教练们为了能成功扮演好这一难度极大、时不时令人沮丧的角色，他们获得了全新的动力和投身其中的激情。

后退一步咨询：建立实践社区的起草文本

后退一步咨询是建立在一些学习原则之上的：

- 为了使强大的小组学习成为可能，所有成员必须承担一个重要角色，并保持积极性。
- 紧迫感和动力可以推动小组开展学习，紧迫感即为有重要的事情有待完成，但没有足够的时间去做。
- 咨询顾问说得越少，学习的机会就越大。

以下就是其工作原理。假设咨询时长为一小时。

步骤一：咨询顾问提出议题、问题、目标或计划。（10分钟）

步骤二：咨询顾问对小组不清楚的地方进行答疑。（5分钟）

步骤三：咨询顾问"后退一步"，成为一个安静的观察者。咨询顾问的工作就是保持沉默，同时积极观察，可以通过记笔记的方式记录成员的想法和小组内部的反应。小组应像项目负责人一样推进项目，并思考以下问题：

- 他们想怎么做？
- 他们会避免做什么？
- 他们如何重新构想这个项目？（35—40分钟）

> **步骤四**：咨询顾问重新加入谈话，告诉小组成员他/她在整个倾听过程中的感受，旁观其他人临时性接管这个项目的感受，他/她是怎么想的，以及他/她学到了什么。（5—10分钟）
>
> **步骤五**：最后，小组共同反思讨论的意义，确定任何已初见雏形的实践原则。
>
> 从我们的经验看，顾问往往惊讶地发现原来坐下来什么都不做是非常具有挑战性的。这就告诉我们用不同的方式经历同一件事或要改变我们的想法有多么困难。我们可能在构建这件事上投入了过多的时间和精力，却没能保持开放的心态，或者索性对新的想法听而不闻。

后退一步咨询的互动方式可以产生从咨询者角度出发的高效能、高参与度的小组讨论。大多数人发现这种体验是新奇的、有收获的、可移植的：即使在不同的环境下，他们也愿意再次尝试。这种体验所发挥的作用部分来自这样一个事实，即协同合作性对话是建立在人们在其专业实践中各自遇到的有意义的困境之上的。这些困境变成了每个人参与其中的案例研究，为调查、反思、倾听和学习创造了机会。

作为在法律、医学和商业中常见的教学工具，案例研究对于促进领导力实践社区的成员学习而言具有非常宝贵的价值。例如，我们看到校长团队以他们监督的教师为案例展开讨论。这些案例研究为他们的同事提供了一个学习机会，同时也为校长和作为研究对象的教师提供了支持。有时，校长们甚至在督导会议上通过角色扮演来提高自己清晰有效地与教师沟通困难信息的技能。助理主管和其他中央办公室主管也可以与他们合作的校长和学校开展案例研究。康涅狄格州学校改革中心和华盛顿比尔与梅琳达·盖茨基金会资助者的工作表明，地区主管也在持续进行的实践社区中大获裨益，他们一起走课，一同针对地区工作开展案例研究，并讨论领导这项工作的难点所在。

与在其他行业发挥作用的方式不同，教育领导者的实践社区最终不能仅仅只是"志愿者"的舞台。虽然志愿服务是推广实践社区的最初策略，但最终必须让社区成为我们在学校和地区开展工作时所切实使用的方式。因此，学校和地区管理者需要具有创新思维，思考如何推进开展实践社区，同时不会在不经意中强化教育界一味顺从的行为模式。我们的经验表明，在这一过程中的第一步并不是单方面地告知大家该怎么做，而是领导者自己以身作则，让所有人看到自己是如何学习、如何实践的。经过一段时间后，实践社区就能改变教育界普遍存在的被动反应、顺从和孤立的传统文化。

在本章中，我们主要研究了目的和重点，积极参与和协同合作产生的动力，以及它们在改进我们学校教学工作中所能起到的作用。我们展示了在实践过程中这些动力产生的积极作用，提供了数轴右侧更为生动的画面。然而通往"右侧"的道路并非一路坦途。我们共同经历过的困境关乎一个组织作为整体所面临的挑战。在第五章中，我们将进一步研究个人对于这个工作的影响，也就是教学改进过程中所需要的内在工作。虽然变革领导者必须关注更为宏大的组织的系统性职能，但关注组织内部的每个人、关注他们如何理解教学改进过程，关注他们对改进的进程与成功所作出的贡献，也同样重要。

CHAPTER FIVE
第五章

个人改变免疫系统

在第四章中，我们研究了目标和重点、积极参与和协同合作所产生的动力，以及它们在改善学校教学系统中所起的作用。我们关注的焦点是组织及其文化特质。现在我们希望把领导力融入这个系统中，也就是作为领导者的你，这将成为推动变革的最大资源。虽然变革领导者必须关注更加宏大的组织的系统性职能，但他们也必须关注内部的每一个人，关注他们如何理解改进过程以及他们自己对改进进程和取得的成功所作出的贡献。

关注对抗行为

在第三章练习3.1中，我们要求你说出一个为了改进教学所作出的个人承诺。我们还要求你对照特定标准检查你的承诺，以增大它成为有力目标的可能性。现在你心中有了这样的目标，你也勇敢地迈出了下一步，即列出一张表单，上面罗列了所有违背这个承诺的行为（练习3.2）。我们知道要创建这张列表不是一件简单的事。现在是时候思考你作出的承诺和违背承诺的行为了，这将帮助你在个人和专业的反思中再前进一步。当你在思考的时候,我们也会通过以下的文本方框向你展示一位高中校长是如何完成这个过程的。

> **雪莉的故事**
>
> 我们曾与一所高中的校长雪莉一起工作,她承诺要围绕教学实践开展开诚布公的支持型对话,让所有教师都参与到学校建设中。正如雪莉所设想的那样,这些对话是否能获得成功显然将在很大程度上取决于学校是否拥有以目的和重点、积极参与和协同合作为特征的文化。
>
> 然而,她看了一下自己的行为表单,雪莉发现她在无意中让自己的学校停留在了数轴的左侧,且难以挪动。例如:
>
> - 她提出了一个新的课程,却没有提供相应的支持能使授课老师加以学习并将其变成自己得心应手的课程。
> - 教师会议上的议题过多,分散了对于教学改进的关注度,从而未能在广大教师中形成强有力的目标感。
> - 当在教师餐厅无意中听到关于同事就教学实践发表的负面评价时,尽管她意识到这些言语可能会破坏协同合作的信任感,却未加制止。

当你回顾和你的承诺背道而驰的行为清单时,你可能注意到的第一件事就是其中一些行为会让你(以及你的学校或地区)处于数轴的左侧,例如说,这一行为更接近于被动反应而不是目的和改变。仔细查看这张清单,这些行为可能会对你所在的组织文化产生何种影响?你如何把三条数轴联系起来？现在我们要求你完成练习5.1，并给你的承诺和行为打分，分数范围为1—10分。

练习5.1：评估你的承诺和行为

如果你的承诺得以实现，它在多大程度上代表了（或导致？或产生？）学校文化将是重点和目的、积极参与和协同合作？以1—10为分数范围进行打分，1在左边，10在右边。

被动反应	1 2 3 4 5 6 7 8 9 10	目标与重点
顺从	1 2 3 4 5 6 7 8 9 10	积极参与
孤立	1 2 3 4 5 6 7 8 9 10	协同合作

你的行为

你在练习3.2中列出的行为在多大程度上阻碍了你朝着目标与重点、积极参与和协同合作的方向前进？请按以下分数范围进行打分。

被动反应	1 2 3 4 5 6 7 8 9 10	目标与重点
顺从	1 2 3 4 5 6 7 8 9 10	积极参与
孤立	1 2 3 4 5 6 7 8 9 10	协同合作

如果你的承诺显示你可能带着你的学校或地区往数轴右侧移动，但你的行为却拽着你留在左边，你肯定特别想要解决这些行为上的问题，这样的话你就能朝着你的目标更进一步。然而，正如我们之前提到的那样，如果只是治标不治本，那么即使获得成功，也只会是昙花一现。虽然看起来有点有违常理，但我们还是希望在你采取措施前先缓一缓。

> ……如果只是治标不治本,那么即使获得成功,也只会是昙花一现。

进行更深入的观察

当你阅读本书时,你会用到这个承诺和你的行为清单来更深入地剖析你的个人理念和行为。练习5.2可以帮助你跟上进度。完成这个练习的第一步非常简单:把你的承诺(练习3.1)直接复制到第一栏中,并在第二栏中列出你的行为(练习3.2)。

练习5.2:审视自身:你的四栏免疫系统图

1	2	3	4
承诺	正在做什么/没有做什么	隐藏的/矛盾的承诺	大假设

接着让我们进入第三栏。看一下你在第二栏中创建的行为列表,然后想象一下如果你的行为与之截然相反会产生什么样的结果。在这一想象过程中,你是否会隐隐产生不舒服的感觉?请在第三栏中写下不适的感觉或担心。如果你想象自己不做你正在做的事,你会感到不安吗?如果是的话,

这就是一种非常重要的感觉,它将你与阻止你去做第二栏事情的强大能量联系在了一起。正是在这种令人产生不适的地方,也就是心理学家和哲学家所说的"失衡",你才能开始感觉到一种新生的自身变化的可能性。

> **雪莉的故事——第三栏**
>
> 雪莉试图想象她是不是可以:
>
> • 在新课程设立过程中为教师提供充分的支持和专业发展的机会。
>
> • 对干扰教学改进会议的事务说"不"。
>
> • 与教师开诚布公地讨论他们的午餐对话以及同事关系。
>
> 当她思考这些行为时,各种不舒服的感觉开始涌上心头。例如,当雪莉想象如果在新课程设立过程中为老师提供足够的支持和培训会是什么样子时,她意识到自己在担心此举需要为老师的成败担责。她写道:
>
> 作为教学领导,我担心我需要为教师的成败担责。

找到隐藏的矛盾承诺

下一步是一个概念上的举措,这有点棘手。我们在实践中发现这些担心或不安是非常强大的,以至于它们适用于另一种和第一栏中相矛盾、相抵触的承诺。要注意的是,这种相矛盾的承诺和你通常以为的承诺并不相同,事实上,你可能甚至都没有意识到它是一种承诺。与第一栏中我们"拥有"的承诺不同,相矛盾的承诺是"拥有我们"的。它不像第一栏承诺会让你想站上屋顶大声喊出来。它少了一点崇高伟大,多了一些真情流露。

所以，为了帮助你迈出这一步，首先请在第三栏的担心或不适下方画一条线，然后写下这句话：

我也想致力于……

现在思考一下用什么样的语言来表达一个新承诺，这个承诺使你可以免于面对那些担心和不适。例如，如果我担心别人可能会看低我，那我就作这样一个承诺"不冒这个险，别人会看不起我"。没有人愿意把这些相抵触的承诺记录在案，但承认它们的存在是至关重要的一步。

没有人愿意把这些相抵触的承诺记录在案，但承认它们的存在是至关重要的一步。

雪莉的故事——相矛盾的承诺

在第三栏的担心之下，雪莉写道：

我承诺我不会为改善教师的教学实践负责。

一开始，你可能会觉得说出一个相矛盾的承诺会适得其反，但是理解这一自我保护承诺背后的逻辑依据实际上是非常甚至是极其有成效的。因为它与你在第一栏写下的承诺发生了直接冲突，这也许是你很难获得任何支持的原因。如果你害怕这样的后果，为什么还要改变那些第二栏里的行为呢？再者，如果你继续第二列的行为，你为什么还期望能实现第一栏里的承诺呢？既然我们已经看到相对于第一栏的承诺而言第二栏的行为是如此无效，而对于第三栏承诺而言第二栏的行为不仅有效而且极为高效，在这种情况下我们怎么能想象我们可以轻而易举地改变第二栏的行为呢？！

将第一栏和第三栏的承诺摆在一起看，就构成了我们所称的改变免疫系统，它就像生物体的免疫系统一样，它保护我们不去做可能会（或看起来）让我们冒风险或损害我们利益的事情。

既然我们已经看到相对于第一栏的承诺而言第二栏的行为是如此无效，而对于第三栏承诺而言第二栏的行为不仅有效而且是极为高效，在这种情况下我们怎么能想象我们可以轻而易举地改变第二栏的行为呢？！

确保你的第三栏承诺能帮助你创建一个强大的情绪免疫系统图。当你重读这个承诺的时候，你不仅会感到胃部一阵抽搐，而且还应该清楚这个承诺是具有自我保护性质的，以及你罗列在第二栏里的行为是完全说得通的。

与另一个人合作能帮助你在这项被公认的高难度工作中取得进展。

当你根据这些标准检查了你的表单后，我们希望你和一位值得信赖的同事一起分享一下你已完成的练习5.2，这位同事最好也已完成了第一到第三栏的填写。要求你与他人分享这些信息（请参阅下面方框中的指南），并不是要把你变成众矢之的。相反，我们相信与另一个人合作能帮助你在这项被公认的高难度工作中取得进展。此外，协同合作往往能激励成员之间

互相负责，使每个人都能集中注意力，并在整个过程中不断前进。

> **分享你的矛盾承诺**
>
> 在与同事分享你的第三栏承诺之前，请确保你们两个已经针对以下准则达成一致：
>
> - 你的合作伙伴不是监督你或被你监督的人，因为我们不希望这段合作关系会变成一段评估关系。
> - 另一方的作用或责任并不是指出你可能没有考虑到的其他隐藏的承诺或担心。
> - 另一方的作用或责任也不是把你填写的内容与他/她的经历作比较。
>
> 不过，以下是你的合作伙伴（或你）的责任：
>
> - 仔细倾听对方说的话。
>
> 帮助你打磨、修改你填写的内容，使它符合之前列出的标准。（即，它听起来是不是一种与崇高伟大背道而驰的自我保护？这是否与第一栏的承诺相抵触？现在第二栏中的行为是否都能说得通？）

我们为什么要鼓励你们写下这些相互矛盾的承诺，然后彼此分享呢？为什么要让自己陷入这种尴尬的境地呢？因为我们确实相信（同时我们的经验也证实了）如果你能看到你是如何以及为什么让自己避免发生改变，你就更有可能去实现改变。我们认为，让你的工作更公开化会增加你继续这项工作的可能性。至于如何继续这项工作我们将在第六章中进行讨论。在本章中，我们要做的就是通过理解你的内部免疫系统是如何形成的从而更深入地看待这个问题。正如爱因斯坦所说的那样："问题的形成往往比解决方案更重要。"当然，我们最终是想要帮你"解决问题"，但是如果你一开始就只是片面地看待问题（例如，只是着手解决第二栏的行为），那么你在实现目标的过程中将会屡屡受阻。

……如果你能看到你是如何以及为什么让自己避免发生改变，你就更有可能去实现改变。

现在，让我们再来拜访一下亚瑟。你可能还记得，亚瑟致力于通过创建一个严谨教学的共同愿景，将他的地区从"良好"提升为"优秀"。虽然他通过与其他人协同合作成功地制定了这一共同愿景，然而在他迈出下一步的过程中其个人努力并没有获得预想的效果：要求其他人对其特定角色所设定的行动负责。他反思了自己的行为，发现自己经常推迟召开与负责推进工作人员的重要会议，并且在教学实践之前对教学环节描述中任何可能存在的模糊点进行过度审查，这些行为都阻碍了他朝良好愿景更进一步。

作为一个善于反思的人，亚瑟开始思考如果他想停止对改革进程的阻碍，让所有人都能为他所在地区的共同愿景承担责任，他会产生何种担心或不适。亚瑟意识到这是一段前途未卜的旅程，在前进过程中具有潜在的个人和政治风险。在结果未知的情况下，他真的想带领地区朝这个方向发展吗？如果和他一起工作的所有成员发现有时候他其实对自己在做什么并不十分确定，那该怎么办？如果最后产生了不好的结果，又该怎么办？地区从来没朝着一个统一的目标共同努力过。这不仅是工作量巨大的问题，更重要的是事情很有可能不按照计划进行。他将带领组织进入一个费钱费时费力且跳出舒适圈的变革过程，而这些付出可能不会带来任何与之相匹配的重大改进。认识到这些担心恐惧其实也在告诉亚瑟，事实上，他也不愿冒险被视为失败者。第三栏填写完毕后，他的免疫系统图如表5.1所示。

亚瑟很容易就能看出他的第三栏承诺和第一栏承诺是如何相互抵触的。如果他决定在完全有把握能成功走完这段旅程前不再前进一步，那么他就不可能冒险使他的地区从良好变成优秀。亚瑟可以从他第三栏承诺看到第二栏的行为是完全说得通的。如果在没有十足把握之前他决定不再往前迈进一步，那么他当然不会让其他人对变革的实施承担责任，不会安排会议讨论下一步该怎么做，并继续推迟付诸实践新的教学。在传统的学校领导风格中，亚瑟需要成为组织中的唯一领导者，其他人不能参与到适应性变革的过程中，这在以往是一种有担当的行为。然而，对于新的领导风格——一种朝着目标与重点、积极参与、协同努力方向迈进的风格——而言同样的行为只会起到反作用。虽然亚瑟有着良好的意愿，希望能带领自己的地区朝着协同合作、目标与重点、积极参与更进一步，然而他也意识到，在应对第二栏的行为之前，他需要对第三栏里的内容进行更深入的反思。

表5.1 亚瑟的四栏免疫系统图

1	2	3	4
承诺	正在做什么/没有做什么	隐藏的/矛盾的承诺	大假设
我致力于通过创建严谨教学的共同愿景带领我的学区从"良好"提升为"优秀"。	我没有让其他人承担责任。 我在拖延召开重要的会议。 我在仔细审查关于教学的描述，而不是在帮助别人创建教学。	（我怕别人会发现我并不清楚自己在做什么。我担心我会把组织带上一条错误的道路。我担心事情不会按计划进行。） 我努力不让别人发现我不确定如何实现目标。 我努力不让别人发现对于下一步该怎么走我没有太大把握。 除非我有十足的把握知道如何成功地走完这段旅程，否则我将努力不会把地区工作向前推进一步。	

REFLECTIONS
回 顾

　　我们在以上两章中的目标是帮助你了解并克服常见的阻碍适应性变化的组织和个人问题。我们探讨了组织可以采用何种方法来帮助创造、激发推行变革的动力，如何从被动反应转向目标和重点，从顺从转向积极参与，从孤立转向协同合作。实践社区——一个人们可以在其中发展能力、创建新知并且相互交流知识、将最佳实践举一反三以及解决实践问题的网络——在最需要的地方提供实践知识和支持。因为个人内在因素也很重要，所以我们进而描述了如何明确让你对变化和成长产生排斥心理的各种顾虑和不适感。

　　在接下来的两个章节中，我们将把组织和个人作为系统进行多层面的研究，只有这样才能在改进工作中取得成功。

系统地思考

CHAPTER SIX
第六章

教育创新与变革中的系统性思考

在前面的章节中，我们使用了"系统"这个词来说明构成组织或变革的各要素之间是相互关联和影响的。这种思考方式最早是在20世纪50年代末由麻省理工学院的教授杰伊·福里斯特引入，直到1990年随着经典著作《第五项修炼》(*The Fifth Discipline*)的首次出版才开始广为人所知。在这本书中，彼得·圣吉提出了一个系统思考的框架，并将之作为他所说的学习型组织的基础。这本开山之作中所提到的系统思考力现在已经在许多行业中得到了广泛认可并被付诸实践。然而，它在教育界的应用却不多见。

系统是一个"能被感知的整体，组成它的因素'团结一致'，随着时间的推移不断地相互影响，并朝着一个共同的目标努力"。系统思考就是把这个"整体"记在心里，即使在处理应对各个不同部分时也同样如此。这种思考方式指出，如果用简单的线性因果关系来解释事情可能会忽略这样一个事实，即今天的果可能会成为明天的因，进而影响系统的其他各个部分，这种认识与其说是充满逻辑的，不如说是更贴近自然规律的。这种思考方式上的转变，以及要理解工作各部分之间内在联系的必要性，对于变革领导者而言是一个巨大的学习新知的挑战。它要求我们解决一系列问题：

- 变革领导者如何能够形成自己和他人都能理解的更为宏大、全面的变革进程图景？
- 变革领导者如何明确已被确认的问题的成因？
- 变革领导者在哪里发现这些成因？
- 一个领导者如何建立一个共同的成功愿景，这种愿景是前后一致的，是真正属于所有人并能激励所有人的？

这种思考方式指出，如果用简单的线性因果关系来解释事情时可能会忽略这样一个事实，即今天的果可能会成为明天的因，进而影响系统的其他各个部分，这种认识与其说是充满逻辑的，不如说是更贴近自然规律的。

这些问题很难分开单独回答，而领导者也几乎没有足够的数据可以一次性回答全部问题。如果没有明确的答案，甚至连一些深思熟虑后的猜想也没有的话，就很难制定出周详全面的变革策略。现在需要的是一个分析框架，通过这一框架理解学校和地区在变革过程中具有的内在关联的部分或因素。在本章中我们将探讨领导者发展和实践看待"整体"的新方法。

4C系统思考法

我们提供了一种对学校和地区变革的挑战和目标进行系统思考的方法，我们将其称为4C，即能力、条件、文化和背景。当我们引领你逐一走过这些组成部分时，我们希望你能熟悉每一个组成部分所代表的想法以及你所观察到的各组成部分之间的关系。让我们先从能力开始，因为一个人的技能发展是变革工作中最显著同时也是最为人所知的领域。之后我们将继续进入其他你不太熟悉的变革竞技场并了解教学改进的策略。

我们在第二章中提出的变革目标——改进教与学——依然是这项工作的核心。当我们在讨论4C的时候，我们会问，为了使学校或者地区全面实现这个目标，领导者需要考虑些什么？

能力

大多数教学改进都把工作核心放在专业发展上，以此作为培养能力的一种方式。在学校转型的背景下，我们将能力定义为能影响学生学习成效的技能和知识库。有技能、有能力的教育工作者是完成这项工作的基础。分布于系统各个级别的教师和行政管理人员需要不断获得专业发展机会从而持续地发展他们自身的能力。这完全不是一个刚出炉的想法。但是我们已经开始意识到能力培养作为单独存在的策略所具有的局限性。即便我们已经把工作重点放在了改进教学上，发展、培养教育者的能力对于学校变革而言是必要但远远不够的。只有当专业发展是有针对性的、融入日常工作中的并且是持续不断、经过精心设计以及相互合作的，在这一前提下能力发展才是最有效的。这也正是系统开始发挥作用的地方，实施这种专业发展必然会牵涉到系统的许多部分。

为了更好地说明这一点，我们想介绍一下路易斯和奥尔西娅，他们的故事表明了学校和地区的系统性特质。路易斯是在弗兰克林高中任职的一名九年级英语教师，他所在地区的学生读写能力普遍比较低，而教师也几乎没有接受过如何在中学阶段教授读写的培训。经过大量研究和多次讨论，地区领导决定通过教授写作来提高学生的读写水平。他所在的地区将所有英语教师集中起来参加"作家工作坊"的培训,这项教授写作的综合策略已经实施了三十多年。路易斯和他的同事们了解了让学生经常写作、和学生进行一对一对话的重要性,而不仅仅是在作业或试卷上涂满叉叉。他们学习如何选用相关的写作主题以及动员校外读者来激发学生的学习动力。

等到培训结束后,路易斯心情比较复杂。一方面,他为能尝试这些新的写作教学方法感到兴奋。他认为这些做法非常合理。另一方面,当想到要将这些新思路付诸实践所要面对的现实问题,他又觉得有些力不从心。路易斯有130个学生,他一个月能批阅几次130份的作文呢?一对一的对话同样如此。路易斯尝试了几次,并且认识到一对一对话的价值所在——这既是教授写作的新方法,同时也能更好地了解什么样的写作主题更能激发学生的写作热情。然而问题是每人次的对话都要耗费15分钟以上的时间。他在每天的计划时段内能进行几次这样的对话?如果他把所有的时间都用来进行一对一对话,那他哪来的时间备课?最后,他开始让学生在小组中大声朗读他们的作文,这样他们就能从同学那里得到评价和反馈,但这个环节也让路易斯颇为沮丧。学生们很乐意朗读自己的习作,但是轮流朗读同样需要时间。在路易斯的课堂上时间变得异常珍贵,因为他还要讲授所有需要讲解的内容。

奥尔西娅是路易斯所在的弗兰克林高中的校长。他们的地区已经开始认识到教会校长如何监督教学改进的必要性。能力培养除了指英语教师进行写作教学的培训外,还包括培养校长如何成为教学改进领导者的能力。奥尔西娅以及她所在地区的其他学校的校长都参加了如何走课的培训。校长们也一直在观摩并讨论教学录像课,奥尔西娅对进入教室并判断教学实践中最重要的事项更加自信了。她正在学习更强大的监督技能,这比她之前所掌握的如何一丝不苟填写评估表格的技能要高效实用许多。她亲眼看到了自己用在课堂上的时间是如何切实地给予教师帮助，进而使学生从中受益的机会大大增加。她为自己有可能有效地应用这些新技能从而领导教学改进感到兴奋。

当奥尔西娅准备安排时间进行走课时，她马上意识到了问题。她所在的地区非常重视及时回复家长和中央办公室的电话及电子邮件。此外，该学区的考试成绩近年来处于一个比较稳定的阶段，因此奥尔西娅需要花时间确保所有教师都已达到州一级的标准。该地区还强调了提高高中学生出勤率的重要性，并希望学校管理人员花更多时间找到逃学的学生和"身在曹营心在汉"的学生——即来学校的目的只是跟朋友见面而不是来认真学习的学生。奥尔西娅明白如果她要在监督教师方面扩大自己的影响，那么电话和电子邮件就不会得到及时回复，学生每天的出勤率也不会得到改善。她还知道，在一个月的时间里，自己沟通、合作到的少数几位老师的技能可能会有所提高，但代价是学校整体的考试成绩可能会受到影响。当她不急着巡视教学大楼的时候，是否应该冲到办公室去接电话和回复电子邮件？是否该指定她的助理校长和部门主管来确保课程大纲里的所有内容都在课堂讲解中被覆盖？或者在课堂上花费更多的时间来更深入彻底地帮助一些老师提高教学水平？她不可能面面俱到。她开始思考如何才能厘清自己最高级别的优先事项，以及在她的工作环境中还可以改变哪些方面从而使她能够专注于最重要的事情。

条件

对于路易斯和奥尔西娅来说，他们想进一步发展、有效利用新能力的机会被强加给他们的工作条件严重破坏了。我们将条件定义为围绕学生学习、时间、空间和资源有形安排的外部结构。例如：

- 与孩子、同事、家长、社区相处的时间
- 对角色和责任有明确的期望，与评估、规则和政策、协议相关联的学生成绩
- 规模和结构，包括实体设备的大小、实体设备的布局、师生比例、年级之间的过渡

路易斯在实现教学目标的过程中遭遇了几个与时间有关的挑战：批阅学生作文的时间，学生们相互"研讨"写作的时间，以及他与学生进行一对一讨论的时间。对于路易斯而言，运用他的新技能来改进教学，其中一个可能需要改变的环境就是他所教授的学生人数。然而，尽管他所在地区的领导迫切地想要提高学生的写作水平，并支持在"作家工作坊"培训上所做的投资，但他也在苦苦应对近期的预算削减，现阶段无法为小班授课分配资源。

让我们假设一下，如果这个地区意识到阻碍"作家工作坊"推进的原因是时间问题，他们决定对这一教学条件进行改变，于是他们将英语和历史合并为两节连上的课程，以此减少路易斯每天见到的学生人数。现在路易斯每天在90分钟教授65名学生，而不是用45分钟教授130名学生。然后，学区进一步要求"循环教授"九年级和十年级，这样一来，路易斯可以在两年里教授同一批学生。突然之间，没有额外的投入，路易斯两年负责教授的学生总数从260名下降到65名！路易斯欣喜若狂。在他的教学生涯中，学校的教学环境第一次允许他可以好好了解他教的学生。现在他可以开始尝试运用"作家工作坊"学到的新技能了。路易斯体会到了一种前所未有的成就感。

与此同时，该地区还采取措施改善条件，让奥尔西娅能充分运用她习得的新技能来改进教学。首先，可能也是至关重要的一点，地区主管得到学校董事会的批准，厘清校长应该发挥的作用以及她应该承担的职责。中央办公室申明，改进教学是首要任务。地区领导鼓励校长将更多的管理权下放给其他行政管理人员，以便他们能有更多时间走进课堂，通过这种方式来全力支持校长发挥好教学领导的作用。该地区甚至为每所学校指定了一名监察员，这些人员在经过培训后专门处理日常投诉和不太严重的违纪事件。对权责进行分类并获得支持后，奥尔西娅的工作条件发生了彻底改变。她不再需要一直敞开办公室大门，即时处理每一个危机。相反，她每天可以安排两个小时走进课堂，以应用、锻炼她改进教学的新能力。

条件代表着时间、空间和金钱的可视化安排和分配。而我们在下一个部分中将要探讨的文化指的是无形但强大的意义和意识形态，整个系统中无论是个人还是群体都固守着这些意义和意识形态。

文化

我们将文化定义为与学生和学习、教师和教学、教学领导力以及学校内外关系状况相关的共同的价值观、理念、设想、期望和行为。文化是指在整个系统中个人和群体都秉持的无形但强大的意义和意识形态。当前的文化阻碍了奥尔西娅和路易斯进一步理解和应用他们习得的能力。当他们准备用新开发的能力、利用改善后的条件来积极影响学生的学习时，他们又遇到了新的困难。

路易斯急于和其他人文学科的教师就学生的作业交换一下意见，他认为他们或许应该制定统一的评分标准以便评估学生的习文。然而，教师们认为他们的部门会议纯粹是在浪费时间，而之前让会议主题更具有实质性意义的尝试也受到了教师们私下或公开的抵制。路易斯还注意到许多同事似乎不信任学校管理，甚至彼此之间也缺乏信赖关系。在教师休息室里，总能听到一些资历较高的教师抱怨校长、家长，或孩子们的不良行为。在学校这种孤立的、缺乏尊重、严重打击合作意愿的文化中，路易斯感到越来越沮丧。他知道奥尔西娅怀有积极改进教学的愿景，但不知道她是否会因为资深教师的牢骚抱怨而打退堂鼓。这似乎是一个恶性循环，路易斯想知道如何才能打破它。于是他回到了自己的课堂，在那里，他可以创造一种相互尊重、共同承担责任的文化。

奥尔西娅也想知道她该如何影响一些资深教师的理念、行为以及整个学校的文化。此外，她现在已经在课堂上花了很多时间，她观察得越多，就越意识到在提升教师教学能力水平方面的问题可谓层出不穷。和教师开会的最好方式是什么？需要首先强调哪些教学技能最为重要？这些问题都没法在为期两天的校长培训中找到答案，就算有，奥尔西娅当时也不一定能够完全领会。她准备尝试新的方法，不过她没有向同事寻求帮助，而是保持沉默。在她所在的地区，校长们都不会寻求帮助，甚至不会承认作为领导者他们对自己要承担何种责任有任何疑问。各所学校的校长之间不仅很少有真正意义上的互通交流，而且很多人都将他人视为竞争对手，他们都想获得地区主管的关注、最高的考试成绩、新项目的特权，或地区分配给"受垂青学校"可以自由支配的资源。奥尔西娅开始意识到，这个地区的文化是一种相互孤立和互相争夺的文化，只有声称自己知道所有答案的校长们才会得到奖励。当她心灰意懒地坐在某次地区管理者会议上，看着大部分的时间都被用来宣布公告时，她突然意识到其实她正在自己的学校复制同样的文化。她决定与路易斯和其他教师代表合作，至少将自己学校的文化转变成一种更具合作精神、更重视探究和学习过程的文化。

奥尔西娅知道，如果想让学校的大部分孩子在学业上有所建树，仅仅在弗兰克林高中创建一个更具合作精神的教职员工学习文化是不够的。她很清楚她需要更多的合作关系，例如与家长们协同合作。她和她的教师们需要更清楚地了解学校毕业生所需要的技能——我们称之为教与学"环境"的两大要素。尽管如此，奥尔西娅离开会议时还是很兴奋，因为她要开始着手改变她所在学校的文化了。她知道那里才是她必须开始的地方。

环境

另一个影响到路易斯和奥尔西娅工作的因素也是影响我们所有人在学校和地区工作的因素，就是我们身处的社会、历史和经济环境。所谓环境，在这里我们特别是指所有学生要成为成功的工作者、学习者和公民所必须符合的"技能要求"，以及学校或地区要满足的来自家庭和社区的特殊愿望、需求和关注的事情。正如我们在第一章中所讨论的那样，我们的学生正在为未来的知识经济做准备，而这将与20世纪70年代甚至和我们今天所处的世界截然不同。理解环境就意味着对学生来自什么样的世界，又将为什么样的世界做好准备有更深入的了解。

环境也指我们开展工作的更大的组织系统，以及组织系统的正式和非正式的需求以及期望。对一所学校来说，它的环境可能是一个地区；对一个地区来说，它的环境可能是一个州；而这个州则存在于联邦政府管辖的环境中。我们需要理解所有这些背景信息，以帮助我们理解并且决定需要开展什么样的工作来改变学校和地区文化、环境以及能力。我们或许也需要反过来去影响我们工作环境中的要素。图6.1说明了4C之间的相互依赖性。

第六章 教育创新与变革中的系统性思考

```
环境：理解全球、州和社区的现实情况，并且重新思考学生需要知道什么样的知识
```

- 班级、学校、地区的**文化**
- 学生、教师及管理者学习和教学的**条件**
- 改进教与学
- 教师和管理者的**能力**

图6.1 4C的相互依赖性

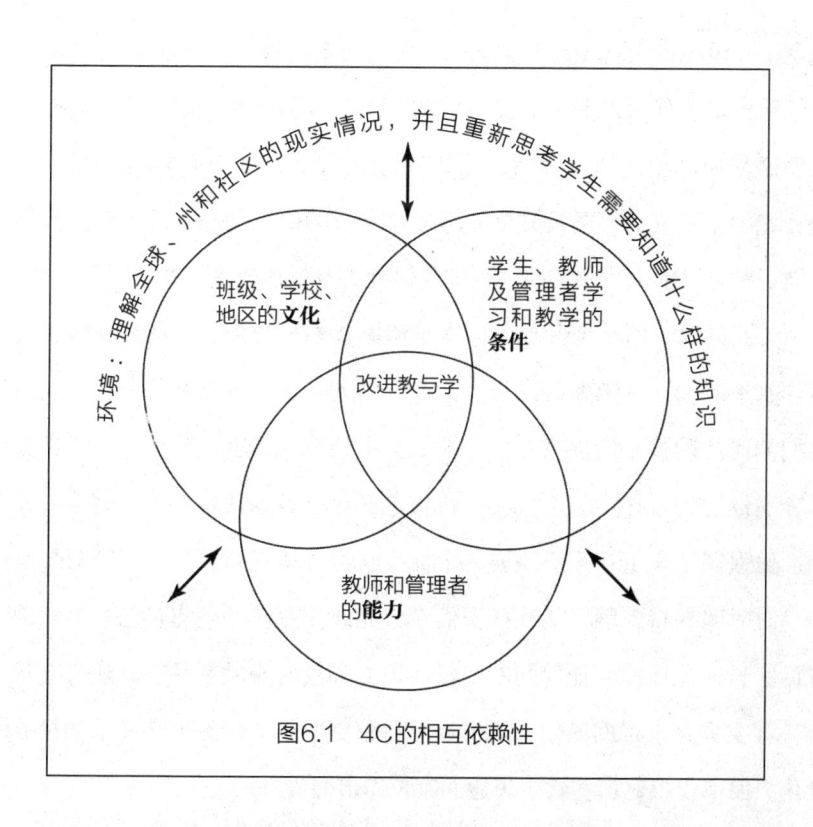

奥尔西娅努力想在她的学校创建一种更具合作精神的文化，她特别关注创建实践社区，以此取代或者改变那些部门会议；而路易斯和同事们正在想办法制定评估学生作文的统一标准。他们想知道标准是否制定得足够高，另外，他们还想搞清楚现在大学希望学生的写作能力达到什么样的水平。位于城市另一边的社区大学一直诟病该地区高中毕业生的写作水平，声称近半数高中毕业生的文章需要大幅修改，针对这种情况，路易斯经过奥尔西娅的批准后在人文学科教学部组织了一支团队，花一天时间去该所大学观摩课堂，并和那里的教授进行交谈。团队成员惊讶地发现，学生存在的问题远远不是仅靠写作技巧的培训就能解决的，许多上了大学的学生

甚至不知道该如何在小论文中组织思路，清晰地表达论证过程。除此之外，对于学生缺乏研究及学习方法的问题，大学教师同样深表焦虑。这些发现促使路易斯和他的同事开始讨论如何通过课程学习加强学生的分析能力，并在课程中建立更多需要独立思考才能完成的研究项目，这也进一步加强了他们对自己能力发展的关注，即如何能更有效地教授读写及写作。

与此同时，路易斯和他的同事希望家长能配合他们一起重视孩子们的写作水平。在秋季学期的家长会上，全体人文学科的教师与家长一同讨论他们如何帮助孩子们提高写作水平，其中最重要的就是要求孩子经常和父母分享他们的习作内容。人文学科教学部建议奥尔西娅给家长写信。在信中，她强调了学生在家里需要一个良好学习环境的重要性，每晚需要有两个小时时间保持安静，能让孩子们专心完成作业。她还将自己的电邮地址告诉家长，让他们有任何问题或任何担心都及时与她联系。她还成立了一个咨询委员会来帮助他们在学校创建一种更能回应所有家长需求和担心的文化，而不仅仅对那些敢于表达的家长作出回应。

通过这些方式，路易斯和奥尔西娅逐渐意识到了其工作的环境的重要性。通过与大学老师的交谈，路易斯更好地了解了他的学生最需要什么样的技能——他们必须做好准备进入新的世界。奥尔西娅和她的教师团队通过倾听父母的意见，采取更积极主动的方式与父母一起合作，以更好地理解甚至积极地影响学生所处的环境。

我们在图6.2中看到了路易斯和奥尔西娅在能力、条件、文化和环境四个方面所遇到的挑战。虽然他们的旅程刚刚开始，但实际上已经经历了一些非常关键的变化。同样重要的是，他们已经开始意识到在工作中的某个因素会如何影响另一个因素，正是这种认知反映了系统思考的核心。

图6.2 弗兰克林高中的4C分析

环境
- 社区大学学生写作能力欠缺，作业需要大幅修改
- 家长的关注和支持学生的能力

文化
- 学校或地区认为所有事情都很重要，没有将提高学生写作水平明确定为优先事项
- 学校、地区存在孤立性
- 教师不信任管理部门，彼此之间也缺乏信赖

条件
- 班级规模过大，很难兼顾学生个体情况
- 没有时间走课
- 管理要求和危机处理事宜过多
- 学生写作没有统一的评估标准

能力
- 九年级教师缺乏读写教学的技能
- 校长缺乏向教师提供有意义反馈的技能

中心：改进教学，提高学生的读写水平

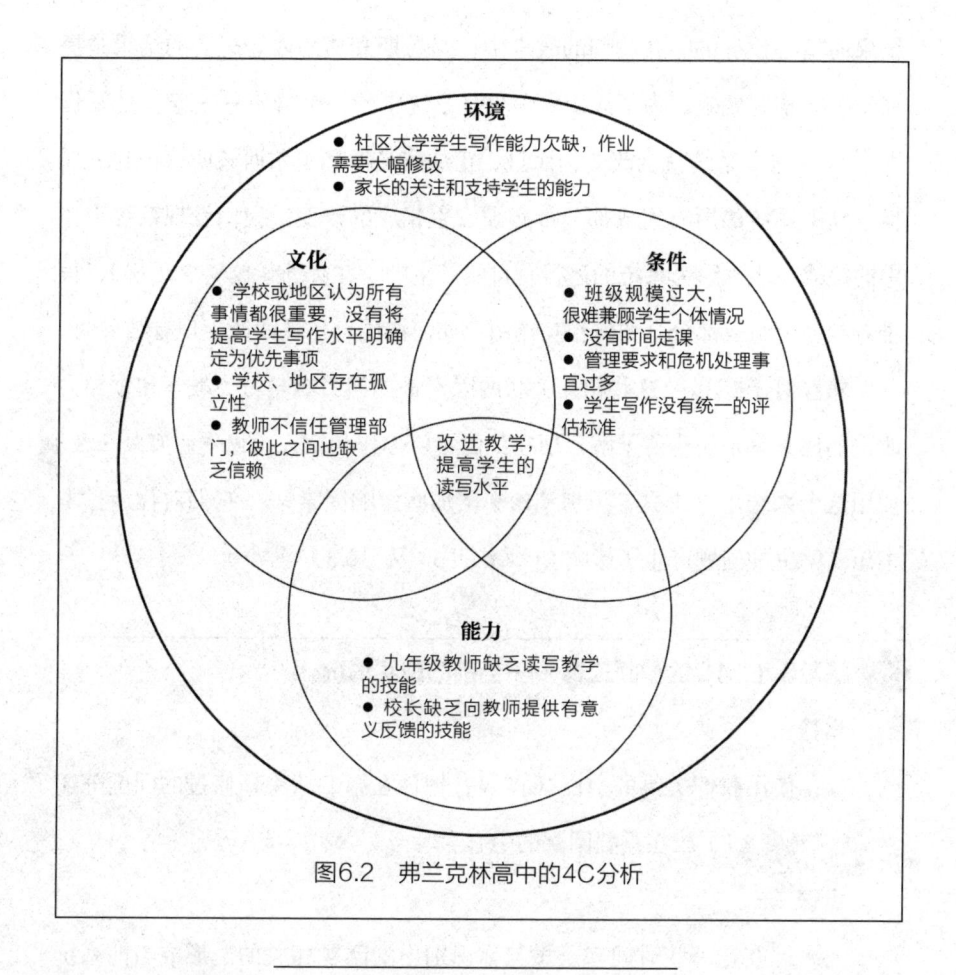

你的系统——任何系统——都是为了产生你现在看到的结果而精心设计的。

系统思考的另一个方面是，一个系统依靠自身产生的动力，以及所有组成部分协同合作，以保证其顺利运行。这些部分的相互作用自然产生了结果。事实上，你的系统——任何系统——都是为了产生你现在看到的

结果而精心设计的。在我们的故事中,路易斯和奥尔西娅想要的结果是提高学生的学习成效。为了改变哪怕只是系统中的一个特质——学生的写作水平——这个系统就会改变,而且,正如路易斯和奥尔西娅所认识到的那样,整个系统的所有组成部分都必须发生相应的改变。我们发现系统工作中的挑战在于,因为系统的运行是自然产生的(在你开始改变它之前),很难看到各个组成部分是如何相互作用、如何协同合作从而产生现有结果的。

随着对于4C以及这些相互关联的因素是如何影响学习、教学和领导力改进的任务有了初步的了解,现在我们希望你作为个人(或你的实践社区)使用这个系统思考工具,识别和诊断出那些影响因素——它们对你通过本书想要解决的问题产生了影响。(见练习6.1及图6.3)

练习6.1:4C的诊断工具——当前的现实情况

步骤一

使用我们提供的空白4C图表,把你在第二章中精修过的问题陈述(见练习2.1)放在重叠圆圈的中心。

步骤二

现在花一些时间来反思与你识别出的问题相关的、形成当前系统的成因。你可以以下面的问题作为开始。

能力

我们在以下方面做得如何?

- 战略性思考
- 明确学生的学习需求
- 收集和解释数据

- 协同合作
- 给予和接受批评
- 产生富有成效的分歧
- 进行反思并及时做出修正

条件

在创建及维护以下方面我们做得如何？

- 用于解决问题、学习、谈论挑战的时间
- 具有相关性及方便使用的学生数据
- 评估标准一致性
- 明确每个人工作中的优先事项和重点
- 地区层面及学校层面的支持

文化

我们会如何描述：

- 我们对所有学生的学习成绩抱有的期望值（一向很高？中等？较低？或者根据不同学生抱有不同的期望值？）
- 我们学校的待议事项（多且无关？频繁变化？稳定、有持续的工作重点？相辅相成、具有关联性的措施？）
- 地区及学校领导与教师之间的沟通（命令式？以服从为导向？积极创建互帮互助、共同参与的沟通机制？）
- 同事之间的关系（缺乏信任？彼此信任？）
- 针对"对学生的学习负有责任"这一观点教师和管理者所持意见（指责他人？看到各种成因，包括自己？）

环境

我们在以下方面做得如何？

- 了解学生的家庭情况并与学生家长一起工作
- 清楚地看到学生在职场、社会和持续学习方面需要的核心能力

步骤三

现在，在适当的圆圈或圆圈的重叠部分（见下页）添加简要明确的描述，说明你所在的学校或地区所具备的与你想要解决的问题相关的优势。我们建议你可以回顾七个原则的诊断练习（第二章的练习2.2）和你在第四章中完成的三个连续的诊断练习（练习4.1，4.2和4.3），并将你的回答视为当前系统的促成因素。

步骤四

使用不同的颜色，在适当的圆圈中插入描述，列出为解决问题你需要克服的弱点或挑战。

这个练习对于开始制订计划有很大帮助。例如，路易斯和奥尔西娅的分析（如图6.2所示）是他们学校在推行改进工作初期迈出的重要一步。一旦你完成了这个练习，我们建议你花些时间考虑一下在诊断工作中出现的任何新见解或新问题。例如：

- 你对问题的理解是否有任何改变？
- 你是否发现应对问题的新方法？
- 你的诊断是否开始表明有些工作必须在进行其他工作之前完成？

你觉得自己是否已经准备好回答这些问题了？如果没有，你还需要知道什么？你是否需要收集有针对性的数据，以便将促成4C的各种因素绘制

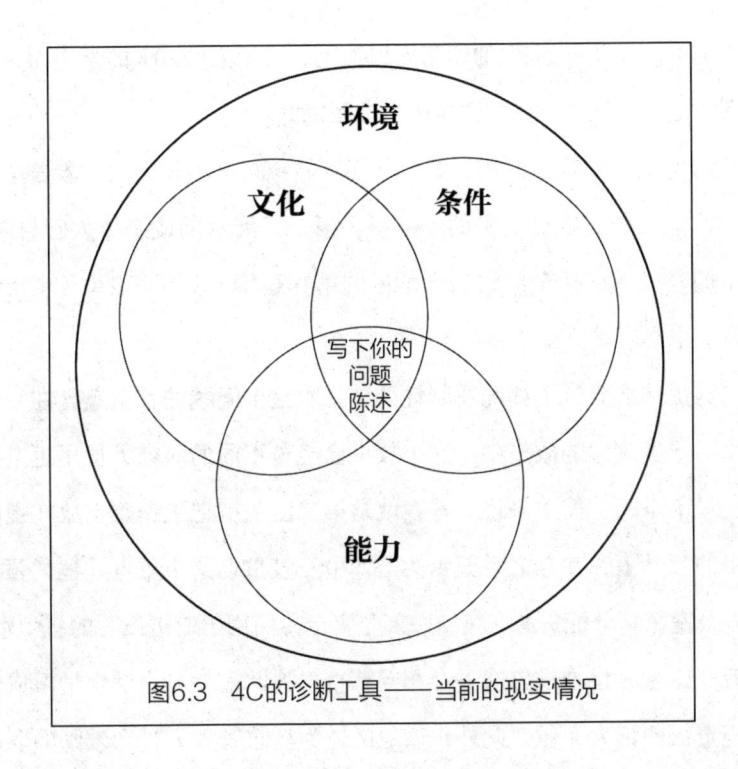

图6.3　4C的诊断工具——当前的现实情况

（图中文字：环境、文化、条件、能力、写下你的问题陈述）

成一幅更扎实、具体的图画？你会如何收集这些数据？下一步你准备怎么做？一个真实的案例可能会在你处理这些问题时有所帮助。

开始转变：运用4C

在第二章和第四章中，我们曾简要提到了地区主管安东尼·阿尔瓦拉多和他的助理主管（之后成了他的继任者）伊莱恩·芬克的工作。现在我们将对此进行更深入的探讨，以说明变革领导者如何使用系统思考来指导教学改进。

在2003年全市重组之前，第二社区是纽约市32个地区之一，22000名学生的背景可谓五花八门，其中白人占29%，非裔占14%，西班牙裔占22%，亚裔为34%，以及不到1%的印第安原住民。对于大约20%的学生而言，英语是第二语言，且近一半的学生来自贫困家庭。

从20世纪80年代末开始，第二区便开始推行一项长期的、覆盖全系统的教学改进工作。在接下去的十年里，第二区展示的成果令人瞠目结舌，其学生的考试成绩从全纽约32个学区的第16位攀升到了第2位（仅次于一个以白人中产阶级为主的地区）。

究竟是什么成就了如此戏剧性的结果？这个问题的答案蕴含在一个情节丰富、干货满满的故事中，这个故事已经被不同的研究人员用更全面的方式记录了下来。简单来说，答案就是第二区坚持把工作重点放在提高读写水平的教学上，并在之后五年的工作中一直贯彻这个重点。地区领导从中央办公室重新分配资源，拨出一部分资金专门用于改进读写的教学水平。领导者开始全方位推进打造一个相互尊重、彼此信赖、为学生学习成效共同承担责任的强大文化。此外，该地区还为行政管理人员和教师的职业发展——以读写教学为重点——建立了密集的基础设施。

领导者开始全方位推进打造一个相互尊重、彼此信赖、为学生学习成效共同承担责任的强大文化。

PS 198是第二区的一所小学，在那里发生的故事让我们看到了阿尔瓦拉多、芬克和该校校长是如何通过系统化工作重新打造这所学校的。它也可以帮助我们更好地了解4C之间的相互关系。

在环境中工作

在20世纪90年代，PS 198小学的学生大都来自贫困家庭，其中超过90%

的学生有资格享受免费或减价午餐（全美学校通用的贫困指标）。该校在整个地区的阅读成绩一直排在末尾。1996年，地区主管安东尼·阿尔瓦拉多聘请格洛丽亚·巴克雷担任该校的新校长。巴克雷尽心工作，淘汰不称职的教师，引进了几名技术开发人员，又聘请了年轻的新教师。然而他们中很少有人能在学校待满一年以上。这份工作对格洛丽亚而言有些不堪重负，3年过去了，学校没有任何改变。大约只有25%的四年级学生在相对简单的标准化测试中达到或超过了该年级应有的水平。始终处于低谷的学生成绩和居高不下的教职员工流动率使PS 198在1998年被纽约州列入了"需要审查的学校"名单。如果情况不能在短期内得到改善，州政府将关闭学校。阿尔瓦拉多和芬克决定采取新措施来扭转局面，芬克开始每月去一趟学校。在接下来的六个月里，她制定了一套以提高学生读写水平为工作重点的变革行动计划。

芬克决定以读写能力为切入点开始推行改进工作并不令人感到意外。正如我们之前所提到的那样，第二区学校的改进工作——无论是教职员工的专业发展，还是在校长之间建立对话机制——其唯一的重点就是如何改进读写教学。地区领导认为，如果学生不能很好地阅读、理解和写作，那么他们肯定没有能力应付数学或科学教材里的文字说明。芬克也很清楚，如果同时关注科学、社会研究、数学技能，就没法让教师和学生专注于一件事，从而也就不能让读写能力有所提高。

改变教与学的环境

要提高学生的读写能力势必需要增加他们阅读和写作的时间。因此，芬克与巴克雷以及PS 198教师团队开始合作后做的第一件事就是研究学校的课程表。她没有强加给他们一个新课表，而是向巴克雷和全体教职员工提出了一个有待解决的问题：我们如何在一天中找出更多的时间用来开展读写教学和教师学习？他们一起制定了一张新的课程表，为学生每天辟出三小时专门用来锻炼读写，同时为教师匀出更多时间能在一起交流、谈论自己的工作。教师团队还决定让教授美术、科学、音乐等课程的"专科"教师一同学习如何教授读写课程，使他们成为这些读写课堂的后备军。芬克还为学校引进了两名阅读专家。

这些改变措施带来的直接结果是每个阅读小组每天都由一位老师带领完成读写任务，与之前每周一次相比频率大幅增加。芬克和阿尔瓦拉多还为PS 198小学的所有学生设立了一个暑期项目，让他们可以有更多的时间来学习。第二年，他们增设了另一个新项目，为迎接幼升小的孩子们做好准备。这些方案非常成功，之后在整个地区后进生较为集中的学校中得到广泛使用。

发展教师和校长的能力

当芬克开始分析学校的阅读测试数据时，她很快意识到四分之三的四年级学生都是和初级教师度过整个小学生涯的！这些经验不足的教师并不知道应该如何教授第二区大力支持的平衡阅读的教学课程。而且由于人员流动率依然很高，学校没有足够的人手能帮助缺乏教学经验的教师。芬克与工会沟通，建议设立一个"卓越教师"新职位，他们需要承担更多的职责，同时享有更高的薪酬。两位杰出的教师，同时也是该地区最好的读写课老师来到了这所学校，他们和普通教师一起工作，为如何开展读写教学树立榜样，同时悉心指导、培训他们的同事。在学校开辟的专业发展时间中，这两位教师和所有教职员工一起工作。

虽然在第二区提高学生的读写能力是一个不容辩驳的工作重点，但阿尔瓦拉多和芬克并不认为所有学校、所有学生都最好只通过一个课程来提高读写水平。正如芬克和我们团队一位成员所说的那样，"你不能站在一群校长面前说'所有学校都应该如何如何'，每所学校就像每一个孩子一样，都要面对和别人不一样的学习挑战。这是关于孩子们的学习，与哲学无关。所有的孩子都需要接受严谨的教学，但他们学习的方式并不相同，需要的东西也不一而足"。芬克与巴克雷、两位杰出教师和所有教职员工合作，调整地区的平衡阅读教学课程，从而适应PS 198小学孩子们的特殊需要。现在所有教师每天都要花半个小时进行单词研究（拼读法），同时还要学习与教授读写课程相关的其他内容。渐渐地，在学校内部和校外专家的支持下，他们都学会了如何提高教授平衡阅读课程的教学技能。

虽然改变卓有成效，但芬克和巴克里还是认识到，教师能力培养成功与否取决于是否有证据表明学生比以往学到了更多知识。所有学生使用相同的"分级"阅读课本，教师制定了统一的进度指标，为每个学生准备了图表用于准确显示每个学生达到了怎样的阅读水平。芬克走访了学校的每一间教室，每个月都和巴克雷讨论每个学生的图表。他们还根据学生的阅读进度，检查每位教师的学习计划，并根据需要进行修正。（这些在PS 198首创的做法最终被推广到整个地区。）

最后，两人通力合作一起开发巴克雷的领导能力，使她能指导她的教师团队，同时组织言之有物、有的放矢的教师会议。芬克告诉她负责地区的所有校长，"如果我不能指导你们如何指导你们的老师，那我就辜负了你们对我的期望"。她为巴克利提供时间，让她和其他校长一起参加学习小组，走访学校，并为她指定了该区另一位校长作为她的"伙伴"一起协同工作。

改变地区文化

正如芬克在早先评论中所表明的那样，学区清楚地认识到任何一所学校的问题其实就是所有人的问题。该地区的座右铭是"孤立即为进步的敌人"。阿尔瓦拉多和芬克帮助其他校长明白PS 198小学的奋斗经验是他们所有人共有的经验，学生的成功依赖于整个系统的通力合作。其他学校的校长知道财政拨款中有一部分资金未按比例分配直接拨给了PS 198小学，但他们和所在的校董事会都支持这个决定。他们协同合作一起研究开发新的领导和监督技能。每月一次的校长会议集中讨论与改进教学有关的问题，其中许多问题都是在他们走课时发现的。阿尔瓦拉多和芬克强调，该地区的文化必须将教师和管理人员关于教学改进的能力培养和学生的学习明确联系在一起。他们还有一个座右铭，"如果和教与学无关，那就什么都不是"。实际上，他们整个地区是由与不断改进教学有关的层层叠套的实践社区组成的。

> 他们整个地区是由与不断改进教学有关的层层叠套的实践社区组成的。

这些努力换来了什么样的收获？他们比之前预想的更加成功。在州政府对PS 198小学进行审查的两年后，它从审查名单上消失了。到了第三年年底，55%的学生在新设立的难度更大的读写测试中进入了前50%。他们的分数处于该地区的中等水平，该区成绩在全市排名第二，而且学生的读写能力正在逐年提高。2000年，格洛丽亚·巴克雷获得了州政府的表彰，因为在所有上了审核名单的学校中，她的学校取得了最显著的进步。巴克雷

教师团队中的两位老师被评为第二区的杰出教师。

阿尔瓦拉多和芬克作为第二区的教学领导所取得的成就依然是全区范围内系统性变革获得成功的少数几个范例之一。通过多年努力，他们创造了一种积极参与、不断创造新知的文化，他们制定了明确的工作重点，确立了被广泛认可和理解的为所有学生提供优质教育的共同承诺，教师们对于教学改进也都怀有良好愿景，在相互信任、相互尊重的基础上协同合作。这种文化上的转变为改变教学和学习环境以及各个级别教育工作者能力的可持续发展创造了动力。第二区的老师有时会抱怨工作辛苦，但他们同时也承认，从来没有一个地方能像第二区那样有这么多协同合作以及专业发展的机会。

我们讲述这个不同寻常的故事有这样几个目的。我们希望你看到这个事情是可以做成的。我们希望你在看到他们所取得的成就时能被他们的成功所吸引。我们也希望你从学校整个系统的角度了解他们是如何转变的，以及更大的系统——地区是如何成为学校所有改进工作的重要背景和有力支持者的，无论是学校还是地区，教师还是管理人员，他们每一个都有着不同且明确的分工，同时都专注于同一个目标。

我们还有另一个目的。我们希望你能准备好对自己所在的学校或地区做进一步的分析，这样你就能从发现的问题（我们称之为你当前所面临的现实情况）转向开始思考如果你所在的系统正在产生你想要的结果——覆盖所有学生，教会新的技能（你未来的图景），这时候你的系统会是什么样子。重要的是，从你的现状和未来的图景中你能看到形成如今结果的原因，以及为了得到你想要的结果必须具备的条件。我们也鼓励你开始思考如何从"这里"到达"那里"。为了帮助你做到这一点，我们将描画一张PS 198

小学的4C旅程。

　　图6.4的左半部分对你来说应该很熟悉。它类似于你为你所在学校或地区存在的问题所描绘的系统视图。（我们再次强调，如果你将这些信息用于自己所处的情景中，你将从这本书中获益良多！）你应该从他们的故事中认识到导致PS 198小学读写成绩比较低的成因——比如在低年级教授课程的教师没有足够的教学经验，以及授课方式单一不变。它简要显示了故事开始时他们系统的大致情况。

　　图6.4的右半部分是故事结尾时PS 198系统的简要情况，它显示了一个正在产生不同结果——读写成绩大幅提高——的系统的成因。我们称之为PS 198小学的未来图景，它代表了如果使用这个框架来指导改进工作所能产生的结果。我们将两张图并排放在一起，以显示两个系统中的差异，以及每个组成部分需要有怎样的差别才能产生不同的结果。

　　这张图简要概述了PS 198小学使用的改进策略，以及从原先的"现状图景"到"未来图景"的转变。这些策略代表了一些理念——这些理念指导产出了未来图景中的结果。它们是实现PS 198小学学生读写能力低水平转向高水平的关键行为。图表中包含了从故事中提炼的行为概述。

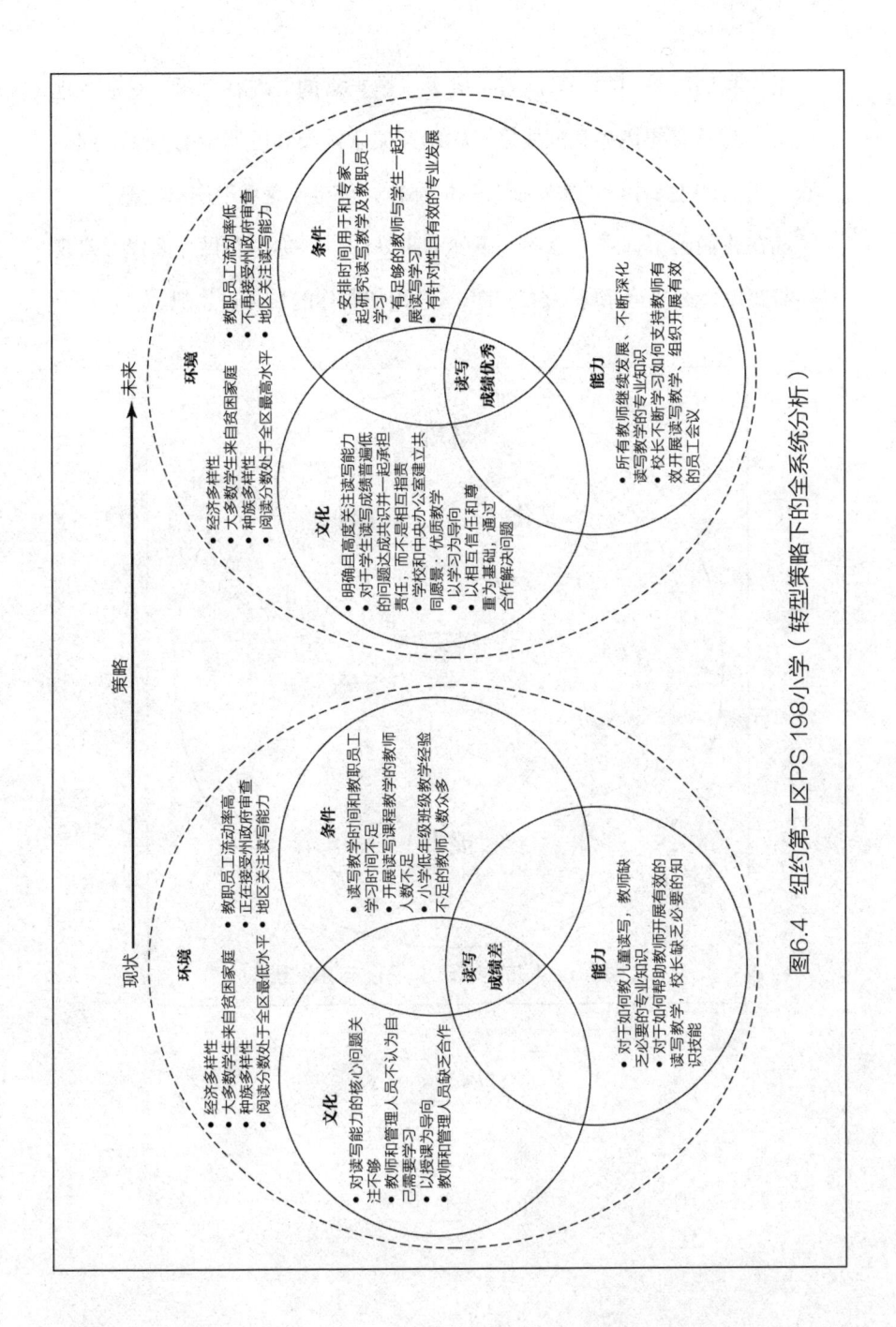

第六章 教育创新与变革中的系统性思考

未来

环境
- 经济多样性
- 大多数学生来自贫困家庭
- 种族多样性
- 教职员工流动率低
- 不再接受州政府审查
- 阅读分数处于全区最高水平
- 地区关注读写能力

条件
- 安排时间用于和专家一起研究读写教学及教职员工学习
- 有足够的读写教师与学生一起开展读写学习
- 有针对性目有效的专业发展

能力
- 所有教师继续发展，不断深化读写教学知识
- 校长不断学习如何支持有效读写教学，组织开展有效的员工会议

文化
- 明确目高度关注读写能力
- 对于学生读写成绩普遍低的问题达成共识和相互承担责任，而不是相互指责
- 学校和中央办公室建立共同愿景：优质教学
- 以学习为导向
- 重为基础，通过合作解决问题

读写成绩优秀

策略

现状

环境
- 经济多样性
- 大多数学生来自贫困家庭
- 种族多样性
- 阅读分数处于全区最低水平
- 教职员工流动率高
- 正在接受州政府审查
- 地区关注读写能力

条件
- 读写教学时间和教职员工学习时间不足
- 开展读写课程教学经验人数不足
- 小学低年级班级教学经验不足的教师人数众多

能力
- 对于如何教儿童读写，教师缺乏必要的专业知识
- 对于如何帮助教师开展有效读写教学，校长缺乏必要的知识技能

文化
- 对读写能力的核心问题关注不够
- 教师和管理人员不认为自己需要学习
- 以质课为导向
- 教师和管理人员缺乏合作

读写成绩差

图 6.4 纽约第二区 PS 198 小学（转型策略下的全系统分析）

正如我们所看到的，4C诊断生成了一个丰富的"现状"图，它形象地概述了当前具有的优势和挑战之间的相互关系以及和已明确的问题之间的关联。正如PS 198小学的策略所表明的那样，确定"现状"图只是第一步。

现在我们希望你进而思考一下你的未来图景、你正在做什么以及实现目标需要做什么。运用练习6.2和图6.5开始朝着你的目标进发吧。

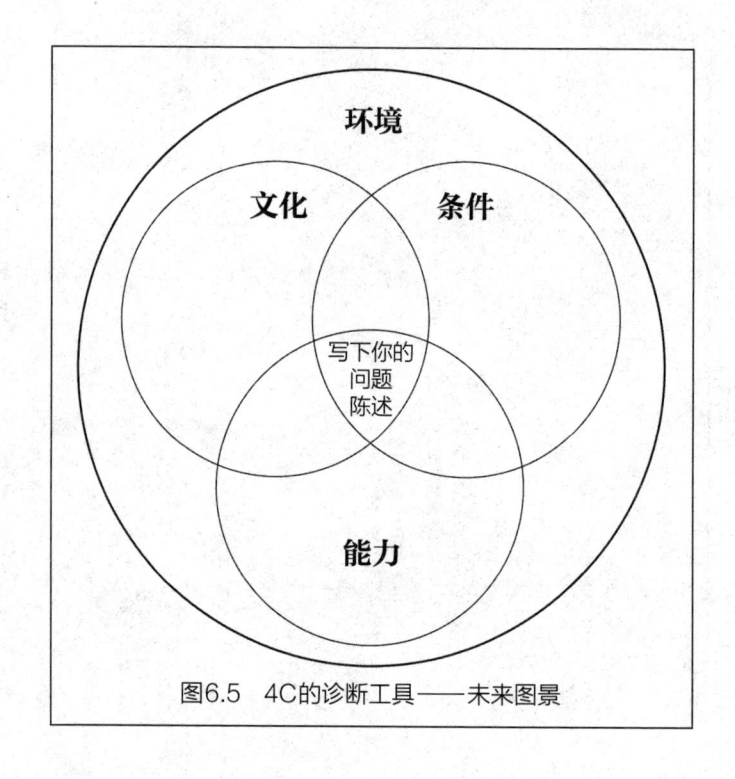

图6.5　4C的诊断工具——未来图景

策略	行动
只关注读写教学改进	明确允许学校只关注读写能力： • 分配资源。 • 只关注读写能力的专业发展。
把校长培养为教学领导者	地区助理主管每月走访学校，指导校长如何利用学生的阅读资料以及教师的个人学习计划与教师一起合作： • 本校校长与其他学校校长组成学习小组。 • 组织开展走课。 • 主持每月一次的校长会议。 • 给校长指定工作"伙伴"。
增加学生读写课程的学习时间	为所有学生创造暑期学习的机会以开始（针对幼升小儿童）或继续推进读写学习： • 让学校负责修改课程表，增加与学生一起培养读写能力的时间，并要求教职员工学习如何有效地开展读写教学。
重新分配资源	• 与其他学校和学校董事会合作，向PS 198小学发放所需的资金。 • 为PS 198小学提供两名阅读专家。 • 与工会合作，设立"卓越教师"职位。
基于数据作出决定	分析学生和教师的数据，获悉哪些教师教的哪些学生取得了什么样的成绩： • 开发"分级"阅读教材，用图表跟进学生的学习进展，以告知教师的策略。
在教职员工中开展合作关系	• 与学校合作，调整平衡读写教学方案以满足其需求。

练习6.2：通过4C朝目标进发

步骤一：创建成功图景

在本章前半部分的练习6.1中，你通过运用4C更系统地理解了你所在学校或地区正在应对的问题。现在是时候来看一下你的4C诊断工具的完整版了。

如果你所确定的问题（在你的"现状"图景的中间）已经解决了，那么成功会是一幅什么样的图景呢？换言之，你希望新系统能产生什么样的结果？在4C图表中间描述一下成功的图景。请尽可能精准、具体地加以描述。

如果你所确定的问题（在你的"现状"图景的中间）已经解决了，那么成功会是一幅什么样的图景呢？

步骤二：创建未来图景

通过逐一明确四个影响要素——能力、条件、文化和环境——中需发生的变化完成图表填写。也许你想重新回顾一下在练习6.1中提出的问题从而对未来会是什么样子作进一步思考，例如：我们应该如何描述……我们怎么才能……我们需要做好什么样的准备？

把这些变化填在最合适的圆圈里。有些变化并不完全属于其中的一个圆圈，如果是这样的话，就将它们安置在圆圈的重叠部分。我们希望你在完成这个图表的时候，尽可能避免任何遗漏，务必列出解决问题所需要的每一个改变。用真正的系统化方式来思考变化区域之间的关系。会存在什么样的关系，它们会引起其他区域什么样的变化？在某个区域中需要有意识地做些什么从而引发另一个区域的变化？

完成后的图表代表你的未来图景，这是你所期望的一个具有系统性和充满动力的未来愿景。这个图表应该有助于你发现为解决现状图中列出的问题你所需要的是一个什么样的工作图景。

现在，你手上有两张图可以帮助你弄明白你现在所处的位置和你想去的地方之间的距离。我们希望你积极思考观察到的结果或出现的问题，例如：

- 这些图表里有没有帮助我看清问题以及可能解决问题的方案？
- 图表上有什么亮点或惊喜吗？

步骤三：明确当前的策略

明确所有已准备就绪（或正在实施）、旨在帮助你解决问题并实现你未来图景的策略。换言之，明确你和其他人正在做什么，从而使你所在的学校或地区从目前的位置去到你希望它到达的位置，这在未来图景中已经有清晰的显示。在开始这项练习前，回顾一下第二区对PS 198小学采取的策略和行动可能会很有帮助。

步骤四：思考当前的策略

关于你所明确的策略，请思考以下问题：

1. 思考每个策略在多大程度上实现了对问题或解决方案的系统理解。这些策略针对的是问题的主要成因还是实现目标所需的主要变化？

2. 如果有多种策略，思考一下它们作为一个整体在多大程度上系统化地解决问题或者能应对实现目标要面对的主要挑战。

3. 你能否在当前的工作中找到存在的盲点？

4. 你的策略如何对你所发现的相关因素产生作用、施加影响？

5. 根据你的现状图景和未来图景，还需要哪些必要的策略？在我们探讨如何更具策略性地开展工作时，你对于上述问题的想法将提供一个重要的背景。

利用"4C"提升团队凝聚力

当你开始意识到共同的成功愿景可能会是什么样子，现状图景—未来图景这一诊断工具也可以用来更深入地理解彻底变革——究竟是重新创建还是改革——的必要性。大急流城公立学校曾在一次雄心勃勃的综合高中重新规划设计中使用了"现状—未来图景"的诊断工具。该地区的领导者想找到一种让所有相关方参与进来的方式（学生、家长、教师、高等教育领导者和商业伙伴）。他们在由不同群体参加的对话中使用这个工具来帮助所有人理解大急流城需要彻底重新规划高中的必要性。这一过程使每个人都能够了解不同群体对于高中困境的看法，并讨论要将高中转变为能够培养、支持和教授所有高中学生的地方需要做的事情。结果如何呢？他们获得了更深层次的重点和目标感，更多人愿意积极参与其中，他们切实感到自己对于问题和解决方案拥有真正的自主权，并在改造高中的努力中实现更大程度的协同合作。

我们将在第八章中进一步探讨变革过程是如何分阶段进行的。但首先，让我们先从个人、个体学习和个体成长的角度看一下系统思考。

CHAPTER SEVEN
第七章

探索创新与变革的"内部"系统

我们希望4C为你提供了一种方式去思考你所关注的地区在经历变化过程中的不同方面。我们将4C作为工作框架的一个原因是它提醒我们把地区视为系统,即一个复杂的整体,在这个整体中许多相互关联的特质共同作用从而产生你所得到的结果。正如我们之前提醒过的那样,人们很容易被其中的一个或几个特质吸引,或者专注于一个目标,例如改善人际关系,然而却不考虑这些人际关系应该带来什么样的结果。我们经常将成因视为一串需要应对的事物而忽略了它们是相互作用和相互强化的过程。对于我们大多数人来说,将组织视为系统是全新的体验。

我们在本章中提出的观点也是全新的,是不为你所熟悉的。我们经常只看到组织的一部分,对于个人同样如此。作为个体,我们也总会比他人更关注自己的某些部分。例如,在第一章中,我们要求你确定第一栏中的承诺。你可能已经想过,要让你所在的地区朝着提高教学质量的目标前进是一件非常困难的事。在这一思考过程中,你感到沮丧,忍不住抱怨。在思考如何清晰表述一个强大而重要的目标时,浮出水面的往往是你对自己及所在地区怀有的强烈的愿望和期许。在这一过程中，你和多数人一样大部分时间都在倾听你内心某些部分的声音，我们思考的通常都是自己熟悉的那些部分。

我们一直在要求你通过反思自身的其他部分来创建一个与你的承诺相关的更大的内部"问题空间"，在这个空间里你同样可以进行系统思考。你为自己的学校和地区所做的诊断以及规划都可以用在你自己身上。当你记录下有违第一栏承诺的行为、明确了如果你做出相反的举动并由此产生的担心恐惧以及在第三栏中写下与第一栏承诺相矛盾的承诺时，也许你需要更关注自身的其他部分，可能是你不太熟悉的部分。你扩大了你的问题空间。我们的四栏免疫系统图帮助我们发现的那些不为自己所熟悉的部分与我们经常锻炼的部分密切相关，并且同样强大。换言之，正如奥尔西娅意识到她正在创建的学校文化其实就是复刻了地区文化的基础部分一样，有时候在我们有意识付出的努力中，影响我们取得成功的恰恰是我们个体系统中那些不太被我们关注的部分。

深入地诊断复杂的内部系统

4C图表帮助我们通过将组织视为复杂的系统来诊断问题，同样地，这张图表也能帮助我们通过将自己视为复杂的系统来诊断个人的改变免疫系统。为了说明这一点，我们需要画两个箭头连接第一栏和第三栏。正如你在表7.1（第一次出现在第五章，如表5.1所示）中重温亚瑟的四栏承诺图时所看到的那样，这些承诺常常相互抵触。我们将向你展示亚瑟的图表加上箭头的含义：

这张四栏免疫系统图表也能帮助我们通过将自己视为复杂的系统来诊断个人的改变免疫系统。

表7.1：重温亚瑟的四栏改变免疫系统地图

1	2	3	4
承诺	正在做什么/没有做什么	隐藏的/矛盾的承诺	大假设
我致力于通过创建严谨教学的共同愿景带领我的学区从"良好"提升为"优秀"。	我没有让其他人承担责任。 我在拖延召开重要的会议。 我在仔细审查关于教学的描述，而不是在帮助别人创建教学。	（我怕别人会发现我并不清楚自己在做什么。我担心我会把组织带上一条错误的道路。我担心事情不会按计划进行。） 我努力不让其他人发现我不确定如何实现目标。 我努力不让别人发现对于下一步该怎么走我没有太大把握。 除非我有十足的把握知道如何成功地走完这段旅程，否则我将努力不会把地区工作向前推进一步。	

作为一个相互关联的复杂系统，亚瑟的四栏免疫系统图与最开始绘制时的意义有所不同。我们看到，他努力想创建的一个严谨教学的共同愿景需要他承担重大风险。因此，这一承诺被他同样强大且通常隐藏的承诺所

抵消，即他总是要表现出自己对于下一步怎么走，以及如何带领整个地区实现目标非常有把握。这两个承诺你争我斗，实际上相互矛盾、相互抵消，因此亚瑟在他的第一栏承诺的进展微乎其微，甚至止步不前。

如果将亚瑟个人理解为一个复杂的系统，我们就能明白矛盾承诺的存在并不会减少第一栏承诺的诚意。我们相信他和许多领导者一样，真心实意地努力想让他的地区取得教学改进所必要的进展。我们看到他必须承认隐藏的承诺——这些承诺同样强大且真实，只有这样他才能充分了解他在推行这项棘手的变革工作时所面临的风险。

我们希望你在重新观察亚瑟的免疫系统图时能更容易地看清这些复杂的动力是如何在你的生活和工作中发挥作用的。建立这样一种将问题扩大化的方式最初看起来可能不像是一项成就。事实上，这对你来说可能会产生比较消极的影响。原本只是简单地从你的生活中拔掉几根杂草，现在却变成了一大片盘根错节的藤蔓！但是建立对自身改变免疫系统的意识实际上代表着巨大的进步。在我们看来，只要能够看到你的改变免疫系统并将其牢记在心，就意味着你现在，也许是第一次，能够挖到这个系统的根部，然后将其彻底改变。只要挖得足够深，你就能打破两个相互矛盾的承诺间的平衡，进而你就可以朝着你的第一栏承诺前进。

> 只要能够看到你的改变免疫系统并将其牢记在心，就意味着你现在，也许是第一次，能够挖到这个系统的根部，然后将其彻底改变。

在我们向你展示如何打造挖掘工具时，你可以在第五章开始时绘制的

免疫系统图第四栏中输入你自己的版本（参见练习5.2：审视自身：你的四栏免疫系统图）。想象一下将亚瑟修改版系统图上的箭头移到你的系统图上（或者，在你的系统图直接画上箭头），你就可以通过连接第1栏和第3栏从而看到你的两个承诺是如何相互竞争同时相互制衡的。

大假设和免疫系统

命名为"大假设"的第四栏是支撑你内部免疫系统的关键因素。所谓"假设"，我们指的是你已建立起来的一种理解并解释你内部世界的方式。它是一种关于如果你以某种特定方式采取行动后会发生什么事的规则或预测。在大多数情况下，规则都是有积极意义的，并且应该适用于当前情况。但是，如果我们过于遵循这些规则，尤其当它们已经不太适用于其他情况时，我们就会遇到麻烦，有时候甚至是大麻烦！我们之所以将第四栏的假设称为"大假设"，因为正如我们所说的那样，是它们"拥有我们"，而不是我们"拥有它们"。尽管它们很强大，但我们甚至都没有认识到它们的存在，或者说我们没有意识到我们可以选择到底是相信它们，跟随它们，还是改变它们。

为了确定能让免疫系统正常运作的大假设，亚瑟采用了他在第三栏中所写的相反的内容，将"我承诺"替换为"我假设如果……"通过这样做，亚瑟改变了他在第三栏中每一个承诺的句子结构，如下所示：

亚瑟的第三栏隐藏/相矛盾的承诺	转变为	假设
我努力不让其他人发现我不确定如何实现目标。	→	我假设如果其他人发现我不确定将如何实现我们的目标……
我努力不让别人发现对于下一步该怎么走我没有太大把握。	→	我假设如果我让别人发现对于下一步该怎么走我并没有太大把握……
除非我有十足的把握知道如何成功地走完这段旅程，否则我将努力不会把地区工作向前推进一步。	→	我假设在没有十足的把握知道如何成功地走完这段旅程的情况下，如果我努力把地区工作向前推进一步……

接着，在第四栏写下他的"反向"承诺后，他在句子里加上"那么"一词以及他的结论。亚瑟这样写道：

我假设如果其他人发现我并不完全清楚接下去的每一个步骤，或者发现我一点没有把握，那么他们就会对我这个领导者失去信心，认为我是一个无能的领导者，在他们眼里我就是一个失败者。

将"大假设"落实成白纸黑字对亚瑟而言是一次了不起的经历。当他看着自己写下的文字，他意识到这些东西是如何蛮横地操控着他的生活的。在某种程度上，他经历了一些担心和焦虑，这是每当他想到如何应对他在第二栏里写下的行为时就会油然而生的情绪。他还想起了就职担任该区主管的第一天，那时他简要介绍了他被寄予的期望和他想要完成的任务。尽管他迫切地想要推进变革，心甘情愿地守在工作岗位上辛勤工作，但这项任务似乎极其庞杂繁复。每天夜里，在开车回家路上，他常常问自己是否有能力完成这份工作，这些疑问几乎淹没了他所有的信心。然后，只要这些念头一冒出来，他就习惯性地把它们统统推开。可是，现在它们又出现了，他心里的疙瘩一直都在。

可与此同时，一种如释重负的感觉贯穿全身。所有的恐惧、担心变成了纸上的文字，尽管他很清楚它们代表着与他为敌的一股强大势力，但他也已经开始意识到它们不见得会"一直这样"。它们是会限制自己的行动，但它们并非永久不变的，它们只是"我一直以来的生活方式"。他甚至开始了一种模糊但充满希望的想象，也许他可以冲破长久以来的方式，可以颠覆"大假设"里已经定好的那套规则。

假设限制了亚瑟对自己和对他的世界的看法。你自己的"大假设"会是什么呢？现在花一分钟时间，在练习5.2中写下你自己的"大假设"。

如果你的"大假设"让你也感到了亚瑟当时那种胃部抽搐的感觉，那么你很有可能已经找到了一个一针见血的假设。这是个好兆头！

如果你的"大假设"让你也感到了亚瑟当时那种胃部抽搐的感觉，那么你很有可能已经找到了一个一针见血的假设。这是个好兆头！如果没有，我们建议你根据以下标准进行检查，以便你能找到更有说服力的发现。"大假设"应该是：

- 说明为什么会觉得第三栏的承诺是必要的。（"如果我认为自己的大假设是正确无疑的，那么我在第三栏中的承诺自然也是正确的。"）
- 灾难性的结局。（结论应该让人感到那是一个灾难性的后果，也许就你个人而言这个结局就跟下地狱没什么两样。）

- 展示一个狭隘的世界。("我的大假设向我展示了一个理论上更广大的世界——例如，在这个世界里我让别人知道我对于要做什么并不十分确定——但我的大假设告诉我，我不能去那里！那里非常危险！所以我必须生活在一个更狭小的空间里。")

如果你的大假设不符合上述标准，那就花些时间试着做些修改。有时候，你只需要改变一下措辞，就能发现你写下的其实就是你的心声。为了更进一步，找个时间和你的伙伴分享一下你们各自的大设想。

即使是对大假设作出的细微修改也会对个人的行为和表现产生相当大的影响。

祝贺你！现在你已经准备好重新思考你和"大假设"之间的关系了，我们将在第九章探讨这个问题。我们暂时不谈并不是让你弃之不顾。在许多情况下，它能成为你生活中非常可靠、有用的向导。但是，它以某种方式妨碍了你实现第一栏中的承诺，这表明你也许需要了解一下这个承诺在哪些方面可能过于笼统或过于死板，又或者有点夸大其词。根据我们的经验，即使是对大假设作出细微修改也会对个人的行为和表现产生相当大的影响。这种个人反思和我们对个人假设的重构反映了在开展适应性组织工作时必经的过程，而这些工作对于真正的转变至关重要。

REFLECTIONS
回　顾

在第六章中，我们研究了组织和个人的系统性特质。我们提供了4C框架用于理解实现地区或学校教学改进目标所需的能力、条件、文化和环境。这个框架可以帮助人们更好地理解彻底变革的必要性。此外，4C还可以支持与改革相对的重塑过程。

在第七章中，我们讨论了隐藏的承诺和改变免疫系统，进一步挖掘个人学习所面临的挑战。我们提供了四栏式改变免疫图表作为理解个体内部的复杂系统的框架，重点阐述了如何运用系统化的思考方式强力助推变革。

虽然我们已经指出这些新技能将有助于你开展彻底变革的工作，但我们还没有告诉你该如何实现变革，以及能为你带来并维系未来图景的变革过程是如何分阶段进行的。这些将成为第八章的主题。

在第九章中，我们将描述各种能帮助个人有策略地开展工作的方法，改变他们的"大假设"，进而摆脱自身的改变免疫系统。因为这项工作可能会让人望而却步，所以我们提供了一些坚实有力的手段来帮助你开展战略性工作，并调整你在变革过程中的前进步伐。

有策略地改善学校管理

CHAPTER EIGHT
第八章

更好地实现学校管理创新与变革

更具策略性地工作是什么意思？地区和学校如何从目前的现实情况转变到未来——那个他们想要的未来？他们如何具有策略性地使用数据、问责制和人际关系来克服组织中的变革阻力，从而产生有目的、有重点的积极参与和协同合作？一个成功且能自我维持的不断改进学习、教学和领导力的变革过程需要经历哪些阶段？第一个阶段是什么？哪些需要等一等？这些阶段都是什么样子的？

通过参与变革过程的各个阶段，领导者为系统化改革朝着更宏大的目标与重点、积极参与和协同合作的方向发展奠定了基础，想要获得成功的改变这三点至关重要。

系统改变的各个阶段

在我们的变化生态学框架中共有三个阶段：准备阶段、设想阶段和实施阶段。我们系统性改进教学的七个原则中的第一条——关于利用数据来理解变革的问题和紧迫性，是前两个阶段——准备和设想阶段——的基本立足点。其他六个原则是产出的结果，也就是第三阶段——实施变革——的目标。

1. 在准备阶段，教学改进的领导者为未来的变革制订计划。他们创建一个共有的认知体系来理解：

- 进行变革的必要性和紧迫性
- 不断变化的世界，以及为帮助学生在这样的世界中成功，系统中的教育工作者应当承担的责任
- 教育工作者需要采用不同的方式相互合作以履行这些责任

2. 随着设想阶段开始，对于变革的理解和紧迫性也随之扩展到更大规模的学校或地区。这种扩大意味着地区变革参与者要承担更大的责任，搞清楚他们必须如何调整自己的角色从而有效地支持学生学习。参与者彼此间的信任和尊重不断加深。

3. 在实施阶段，改进教学是重中之重、是压倒一切的优先事项。变革重点集中在那些行之有效的教学实践以及需要改进的地方。所有的教育工作者都会定期提供并收到关于自己需要如何工作才能更好地实现教学目标的信息。教育工作者之间的这种交流不仅依赖于同时也促进了更大程度上的协同合作、专业上的相互尊重和彼此信赖。

这三个阶段各有不同，每个阶段都涉及学校和地区重新规划的三个关键方面，我们将这三个方面称为变革杠杆。

变革杠杆：数据、问责制、人际关系

每一个变革杠杆——数据、问责制和人际关系——在变革获得成功所要经历的三个阶段中都发挥着至关重要的作用。数据是指我们手头上现有

的或能收集到的所有与学生在学校获得成功、健康成长直接或间接相关的质与量的信息。这不单单指学生在学习成绩、在校表现方面的信息，尽管这部分是核心，同样也指与教职工和他们工作的组织相关的信息。从统计数据中我们可以获取重要信息，并且这些信息具有一种"数字不说谎"的说服力。但是我们经常发现定性的数据（例如在和学生及教职员工进行小组访谈时得出的在校经历方面的信息）在阐明和交流重要观点方面特别有效。看着和我们住在同一社区的这些脸庞，倾听他们的故事、希望和见解，我们在深受感动之余也感到了这份工作背后所负有的道德责任，让我们看到了这些信息不只是单一平面上的数字，而是立体的，活生生的，有血有肉的。这些故事、这些脸庞还有这些声音一直如影随形地伴我们左右，而单纯的数字则很难让人铭记在心。最重要的是，更多更好的数据可以帮助我们定义与提高学生学习成效相关的各种问题，并跟踪变革工作带来的变化。

> 这些故事、这些脸庞还有这些声音一直如影随形地伴我们左右，而单纯的数字则很难让人铭记在心。

责任意味着彼此之间相互理解，正是这份理解界定了学校和地区的教育工作者需要对什么事、对什么人负责。这些是人们对系统中其他人的共同期望，详细解释了人们可以依靠做什么来帮助所有学生学习新技能。纵向问责制是自上而下的制度，通常指领导者如何对下属的工作承担责任。在纵向问责制中，人们的期望往往是服从，而不是讨论。良好的纵向问责制度对学校系统的运作是非常必要的。然而，如果只依靠纵向问责制，那

就很难产生新的专业知识，也很难实现工作表现上的改进。横向问责制就不一样了，它是交互式的，而且具有相关性，因为它建立在相互关联的基础上——个人和群体都知道在哪些方面他们可以相互依赖。横向问责制的推行主要依靠组织上下共同的承诺、工作使命感以及相互尊重。因此，它不太需要制定正式的规则，也不太需要界定权责界限。横向问责制通常是在不断讨论、解决问题的过程中产生的，而这也是实践社区的特征。创建一个明确对什么人、对什么事负责的制度，同时具备必要的跟踪进度的手段，是提高任何系统工作成效的关键要素。

人际关系是指不同的个人和群体在积极参与帮助所有学生学习的过程中彼此之间的态度、感受和行为的质量。如果期望教育工作者能承担起变革过程中的风险，不断地相互学习，共同承担责任，积极投身于教育学生、服务社区的事业中，那么相互尊重和彼此信赖的关系是必不可少的。在布雷克和施耐德的著作《信任学校》（*Trust in Schools*）中，他们阐述了信赖关系在学校成功推进教学变革中所起的关键作用。布雷克和施耐德所说的"相互关联的信赖关系"中包含有尊重、能力、个人对于他人的敬重以及正直。他们的研究表明，学校中相互信赖与学生学业成绩提高之间的关联性高于其他任何因素。

数据、问责制和人际关系的杠杆在变革的各个阶段发挥作用并为不同的目标服务。例如，根据我们的框架，数据收集和解读从变革领导者开始，然后逐步扩大到更大的范围。问责制的形式最初倾向于纵向式，然后慢慢开始侧重于横向问责制。信任和尊重逐步加深，彼此之间的关系进一步加强，新的沟通方式和专业学习的方式开始形成。到了实施阶段，三大变革杠杆中的工作重点都高度集中于教学改进。到了后期阶段，三个数轴上所显示的三个阶段的动向都一致向右行进。

参与系统变革的个人往往会觉得很难明确划分其工作的各个阶段。这些阶段代表了一个长期的、周期性的、持续改进的过程的不同时期，这些阶段经常会相互重叠或重复出现。因此，你不必确定工作中不同阶段的具体特征。不过，当你往后退一步，从稍微远一些的距离看一下更宏大的变革模式和过程的时候，你会发现各阶段之间的区别还是很明显的。

人们发现在他们总是在实施阶段开始推进变革工作，这很常见。也许你所在的学校或地区已经沿着变革路线稳步前进，并且已经完成了一些对于夯实基础而言非常重要的工作，不过其他方面的工作可能尚未得到足够的重视。对于你们中的大多数人来说，我们认为我们描述的工作要素会带来过程中的一些修改，但不会全部推倒重来。

我们并不是想说在准备和设想这两个阶段要求你们什么也不做，不能采取行动或进行任何干预。事实上，以试验某种变革措施或领导策略为目的的试点项目通常会产生很有价值的成果，它能使人们了解如何优质地规划和实施重塑工作。我们再次强调，这项工作是具有反复性和周期性的。有的读者可能会发现下面的图表在标明进度时很有用，但同时也会发现各阶段之间的边界模糊不清：在实践中，各个阶段重叠交织。我们希望你能

阶段和杠杆

杠杆	阶段		
	准备	设想	实施
数据			
责任			
关系			

不断探索各阶段之间的关系以及杠杆之间的关联。

策略性行动转变

重塑系统的三个阶段如同一个框架，用来理解并形成取得成功必经的路段和先后顺序。在我们对每个阶段进行说明时，我们将在数据、责任和人际关系的背景下探索该阶段需要制定的策略和开展的特定工作。我们为每个阶段提供一个诊断练习，以帮助你确定你所在的学校或地区正处于变革的哪些阶段。不过需要注意的是，我们在诊断练习中的指标只是用来加以说明，它们并不完整。

为了使你更生动地理解这三个阶段相对抽象的概念，我们通过之前有幸合作过的两个地区发生的故事来加以说明比较：纽约的科宁-佩恩提德波斯特地区和密歇根的大急流城地区。科宁是一个拥有6000名学生的远郊地区，而大急流城则是一个规模更大的城区，拥有超过24000名学生。这两个故事都历时两年半的时间，在这段时期内，每个地区都制定了属于自己、适合自己的独特策略，通过精密复杂的方式收集并且使用数据，加强教学改进的问责制，建立互相信赖的人际关系，以此作为覆盖所有层面的实践社区的基础。我们花时间来讲述这两个故事有以下几个原因。首先，我们希望通过故事来告诉你无论地区位于何地，规模是大是小，变革过程都会具有一定的相似性，但同时我们也想强调在公众参与度方面，"较好的"的远郊地区和那些学生学业水平普遍较低的地区还是存在一些差异。

为整个系统的改变做好准备

重新打造学校和地区不是技术层面上的工作，它不能由组织高层下达命令来加以控制。相反，它是适应性的工作，需要人们的头脑、心灵和行动发生改变。它要求学校和地区的所有个体时刻牢记共同目标，高度专注于同一项工作，经过认真思考积极主动地参与其中，为了共同的目标（三个数轴的右侧）协同合作。要让学校、地区和个人以新方式开始工作，那就需要领导者让社区和教育工作者为接下来的转变做好准备。为了产生变革所需的大量动力和紧迫性，人们需要充分理解他们为什么需要开启这段旅程。这种认知也可以让那些最初怀揣远大理想进入教育界的工作者们重新燃起斗志，他们在之前漫长的岁月中已经丧失了信心，要么变得逆来顺受，要么变成了撞钟的和尚。

为了产生变革所需的大量动力和紧迫性，人们需要充分理解他们为什么需要开启这段旅程。

为变革做好准备还需要建立一个领导者团队，负责推行及随时监督变革工作。重塑学校和地区是一项劳心劳力、繁冗复杂的工作。因为没有既定的工作路线可循，在开展这项工作的过程中需要对不明确、不清晰抱有宽容度。作为一个团队，领导者必须协调不同的观点，并看到变革更远大的图景。

尽管在推行变革的过程中领导者没有一份清单可以简单地"划掉"已经完成的工作，但是哪些结果显示已经成功完成这一阶段是可以确定的，包括：

• 领导者能清晰表达对于改进所有学生学习和教学过程的深刻理解和紧迫性，并且需要制定一套系统的改进教学的方法。

• 领导者需要有计划地在教师、家长和社区中激发更强烈的紧迫感、对于教学改进的充分理解和主人翁意识。

- 一个有代表性的督导委员定期召开会议帮助指导教学改进的过程。

由于变化杠杆——数据、问责制和人际关系——在准备阶段发挥着特殊且重要的作用，因此我们将对每个变化杠杆进行更深入的讨论。

用来理解变革必要性和紧迫性的数据。 在准备阶段，收集数据以便了解不同个体的想法和感受，使大家理解问题并对之后的艰苦工作萌生紧迫感。为了达到这些目的，数据必须在逻辑层面和情感层面都具有说服力，触动个人努力工作的意愿，以产生并保持工作所需的热情与能量。

正如我们在第二章中提到的那样，许多学校和地区通常会用"捉迷藏"的方法来采集数据。关于学生学得怎样的数据少之又少，或者老师、家长和社区没法广泛知晓或理解这些少得可怜的数据。又或者，数据发布得太多，多到让人不知所措，使大家对于这么多数据究竟有何含义、其中哪些才是最重要的感到困惑。我们的经验表明，跟踪并公布一些关键性的数据点是更深入理解变革以及产生变革紧迫性的第一步。确定究竟哪些数据点才是关键则取决于每所学校、每个地区的具体情况。

例如，当科宁-佩恩提德波斯特地区在2002年开始在全区范围内推行教学改进计划时，地区以及整个社区都普遍认为他们是一个情况"相当不错"的远郊地区，他们的创新教育实践也远近闻名。教师们大体上了解整个地区和所在学校在全州统一考试中的表现处于一个什么样的水平。然而，几乎没有人知道其中一些关键数据显示五分之一的高中生在九年级到十二年级之间辍学。而全区大约只有60%的高年级学生符合拿到高中文凭的条件，该州计划在两年半后发布新规定，要求所有学生必须获得高中文凭后才可毕业。因此，为了帮助人们更好地理解在这个地区哪些工作是行之有效的、对达到这一标准是有用的,哪些不是,就需要共享并探讨相关的关键数据点(包括一些关于小学和中学测试结果的数据,其中的关联性简直令人惊讶)。

在明确定义了他们所需要的结果(并未付诸实现)后,地区领导者开始讨论创建一个以不断改进教学为重点的系统的必要性,这一系统将作为最有可能提高学生学习成效和毕业成绩的总策略。为了生成关于这个策略的"现状"数据,行政委员会(由该地区所有中央办公室和学校管理人员组成)填写并讨论了七条原则诊断练习的小组版本(见第二章,练习2.2和附录)。

同一年夏天,在地区新任主管伯特·布莱克上任后,大急流城也开始了全区范围的教学改进工作。他做的第一件事就是熟悉该地区学生的成绩数据,这些数据与科宁地区大不相同。州统一考试的分数普遍较低,尤其在阅读方面,高中的辍学率更是高得让人吃惊。大急流城的教育工作者们已经意识到摆在他们面前的问题非常复杂,正因如此,布莱克才被引进到该区。然而,这一认识并没有被摆到桌面上正式、公开地讨论过。另外,虽然每所学校都对其考试成绩的数据有一个总体上的了解,但很少有学校能一窥全貌,整体把握该地区问题的严重性或数据的全面影响。布莱克在使用数据促进理解变革的必要性、激发变革的紧迫感上采取了与科宁地区截然不同的方式(所需时间和资源相对更少)。布莱克决定将首次公开探讨大急流城地区学生成绩的数据,而他们的工作应该从提高学生的读写能力入手,这就明确了他要与他人分享哪些数据。众人认识到社区面临的严酷现实,这立即激发了他所需要的系统上下的紧迫感。把人们聚集在直观且具体的数据周围,使他能够凝聚所需的能量,从而集中力量着手改进学生的读写能力。

为解决同一问题共同承担责任。 在准备阶段，变革领导者也开始建立新的问责制，旨在对解决系统内存在的问题共同承担责任。人们努力打破一种由来已久的观念——学生学习成绩不理想是"别人的错"。如果只看到别人的错，一心为共有的问题找替罪羊，那么就不会有人去改变他/她的理念或行为。也没人会承担责任。反之，当领导者开始揽下这些问题，对学生的成绩负起责任时，他们会以一种不同的、更有成效的方式来解决问题。共同承担责任、共同应对问题的心态转向更深层次的参与，从而带来新的目标感、使命感和投身改变的承诺。

当领导者开始揽下这些问题，对学生的成绩负起责任时，他们会以一种不同的、更有成效的方式来解决问题。

科宁学区的领导层做出了这样的转变。他们没有找谁来担责，而是把他们面临的问题——提高学生成绩的必要性——归结为一个不断迅速变化的社会所带来的必然结果，在这个社会中，高中辍学的学生将不可能找到一份体面的工作、拿到中产阶级的薪酬。当时的地区主管唐纳德·特朗布利认为需要从头到尾重塑已经跟不上时代的系统。他说这是"一个全新的挑战，它是每个人共同的责任，不是某个人的错"。他明确表示，问题不仅仅出在老师身上，所以需要改变的也不仅仅是老师。他公开表明系统中的每个人，包括中央办公室，现在都对问题和如何解决问题负有责任。他和该地区的其他人启用了一句我们在领导团队研讨会上经常使用的口号："不丢人，不责备，不找借口。"他还表明如果缺少家长和社区的积极支持，就

不要指望教育工作者能激励所有学生去追求成功。

这种转变和大急流城非常相似。事实上，布莱克校长也将提高学生的阅读能力这一挑战定义为"不丢人，不责备，不找借口"。每当他分享学生的成绩数据时，他都特别强调这个世界日新月异，所以现在所有的学生都需要提高读写能力才能在这个世界安身立命。布莱克还成立了一个地区领导者团队，以身作则，先从改变自身做起。当小组第一次讨论他们希望带来怎样的改变时，他们开始认识到他们都要为这个问题负责，他们不能再接受这样的结果，他们所在的地区能够实现这个伟大的目标，他们有能力解决这个难题，他们有责任传递这个信息，有责任推动整个地区的教学改进工作。

为互信关系建立基础。在准备阶段，领导者必须开始建立起能够推行新工作方法和沟通方式的人际关系。系统中的许多个人和群体也许没有多少在一起有效开展工作的经验，但他们必须学会协同合作。在某些情况下，可能因为之前的历史问题，导致系统内部互不信任，存在种种猜疑。建立信任和尊重是朝着共同目标协同合作的必要条件，也是学校和地区最终能否获得成功的关键变量。

科宁地区负责"突飞猛进项目"的领导者很清楚一点，如果他们想让所有人都积极投身到变革过程中，那就必须要积极培养互信关系。他们创立了一种协同合作、公开透明的方法来规划和执行一项需要数年才能完成的措施，以便系统地改进教学和学习。他们认识到有必要制定新的策略，建立更为紧密的家长与社区之间的合作关系，以提高学生的学习成效，增强社区对教育工作者的信任感。在该项目推行初期，该地区成立了一个督导委员会，由中央办公室的主要管理人员、几位校长、学校董事会主席和科宁法人基金会（该项目的赞助者）的董事组成。项目运行的第一年，在若干顾问的大力支持下，该团队每隔几周召开一次会议，规划策略，评估项目取得的进展。会议对社区中所有人开放，会议记录向公众发布。会议中的对话既能促进与会者互相学习，也有利于决策的形成。在一起工作的过程中，团队建立了高度的开放性、相互之间的信任感和尊重感。经过反复讨论，综合大量信息和不同的观点，最后达成一致意见从而形成决策。个别委员会成员负责与没有列席督导委员会的团体（例如教师协会学校代表、社区负责人及传媒）会面，探讨"突飞猛进项目"需要什么，并回答问题。

在大急流城，当布莱克第一次接受地区主管这一职务面试时，该地区明显缺乏信任与希望的现状让他震惊。他知道他必须着手修复与工会的关系，尤其是学校与工会以及地区办公室与工会之间的关系，同时在教育工作者之间建立更紧密的联系，只有这样他们今后的工作才有可能取得成功。当他呼吁所有人关注学生的读写能力问题时，他强调该地区需要用一种新方法开展工作。他特别谈到如果他们要给孩子带来最大利益，那么就必须建立信任、尊重和公开的制度。只要一有机会他就会重复这一观点，最重要的是，他言行一致。例如，他知道全区每个校长的名字，并出席每一次校长会议。在新学期开学第一天，他给校车司机送去咖啡和甜甜圈，还参观了每一所学校的校舍。在此期间，他鼓励人们参与讨论，并主动要求人们向他提出尖锐问题，他会礼貌地加以回答。他还强调了在教授大急流城学生的过程中每一位教职员工的重要性，不仅是在教室里进行课堂教学的老师，还有食堂的员工、体育教师、校车司机和工会主席。这些行动，加上他的"不丢人，不责备，不找借口"，对在整个地区建立信任关系而言至关重要。

在准备阶段，领导者团队尽力了解目前存在的问题的性质，进而负责并指导变革过程。当奠定这一基础后，领导者便进入下一个阶段，让更多的教育工作者和社区成员参与到变革过程中，努力理解21世纪的社会背景。在这个过程中，他们让所有成员体会到变革势在必行，并开始让所有参与者明白他们的努力会带来什么样的成果。

在练习8.1中你可以看到你所在的学校或地区在为改变做准备的过程中处于什么位置。

练习8.1：变革阶段诊断：准备阶段

使用数轴上的指标来帮助你评估你认为你所在的学校或地区处于准备阶段的哪个位置。这些指标只是说明性的，并不完整。

准备阶段

为取得领导层理解和激发紧迫感的**数据**

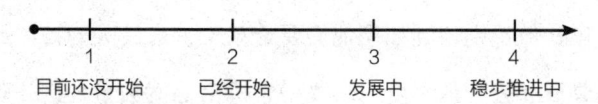

```
    1           2           3           4
目前还没开始  已经开始    发展中     稳步推进中
```

准备阶段的数据指标：

- 领导者团队创建了一系列触动人心的相关数据，这些数据能让人产生必须马上开始变革的紧迫感（它们可以激发人们的智慧和激情来改变现状以及他们自己的个人行为）。
- 收集当前的定性和定量数据，然后进行整理、综合，以产生改变或解决具体问题的紧迫感。
- 领导团队充分理解学校的现状与21世纪对高中毕业生要求之间

的差距。
- 领导层制订明确计划——如何利用那些触动人心的数据让整个社区了解当前面临的具体挑战。
- 领导者团队负责监管数据系统总目录，以了解当前数据对于需要用到数据的人而言是否有用、是否好用（例如，是否可以访问整个系统的数据？通过何种形式收集及分发数据？需要使用数据的人是否具备有效使用数据的必要技能？）

解决共同问题的**责任感**

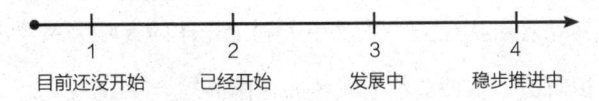

```
●———┼————┼————┼————┼——▶
    1      2      3      4
  目前还没开始  已经开始  发展中  稳步推进中
```

准备阶段的问责指标：

- 在经济和社会不断发生急剧变化的大环境下，公开检验学校当前的办学状况，在整个学校和地区改变教育工作者感到自己处于被批评、被责难的状态。
- 整个系统的教育工作者开始明白，培养适应21世纪需求的学生是一项重大挑战，迎接这一挑战并且找到解决方案是所有教师和管理人员的共同责任。
- 组建领导者团队的目的是监督、指导和守护整个变革过程。
- 领导者团队清楚并认同采取下一步措施的必要性，能让足够多的变革参与者（学校内部和社区成员）理解这个问题。
- 领导者团队对于毕业生需要掌握什么知识和技能有统一的认知，这种认知开始为下一步措施提供必要信息。

与同事和社区建立信赖关系

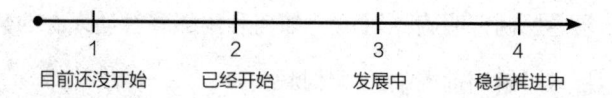

```
        1           2           3           4
    目前还没开始    已经开始     发展中     稳步推进中
```

准备阶段的人际关系指标：

- 领导者团队对成功推进变革需具备的文化层面的特质有共同的理解（即合作、承诺和积极主动；重新设计是效率文化的基石，"不丢人，不责备，不找借口"使这些基石岿然不动）。
- 领导者在团队工作中应用了这些价值观。
- 领导者团队让整个系统中不利于合作的人际关系浮出水面并加以解决，以便能够开发新的合作形式。
- 领导者团队与教学改进变革参与者中的团体领导者（例如教师协会、家长团体、社区成员、企业）建立新的建设性关系，并与他们为推进变革一起努力。

设想整个系统的变革

在设想阶段，领导者帮助教育工作者和社区成员理解变革的必要性和紧迫性。这些共同参与者们开始关注他们需要如何调整自己的角色从而帮助学生在21世纪取得成功。他们发现他们必须以新的方式开始更为紧密的合作。变革领导者为自己组建实践社区，在那里他们越来越关注持续不断的改进教学和学习。他们用这种和以往截然不同的、有明确重点的方式开始工作，有意识地为整个学校和地区的领导和教师树立榜样。

成功走完这一阶段的可确定的成果包括：

- 大批教师、家长和社区成员理解改善所有学生学习成效的必要性，同时他们积极参与到设想解决方案的过程中。这包括更深入地了解所有高中毕业生在21世纪的职场、学校和社会中立足所需要知道的东西。
- 教育工作者理解培养所有教师教学技能、培养管理者必要技能使他们成为教学领导者的重要性。优质教学的具体愿景正在形成。
- 创建清晰明确的地区目标和策略，工作重点是改进教与学。
- 越来越意识到需要在各级开展更加团结紧密的协同合作，认识到信任和尊重的必要性，从而支持新的、更加重要的合作形式。

为促进全社区理解和激发紧迫感的数据。在设想阶段，变革领导者努力向范围更大的社区传达对变革的理解，激发他们的紧迫感。这样一来，所有的教育工作者都对目前存在的问题有了更深入的认识。在理想的状态下，这会产生支撑变革整个过程中所需要的意愿和能量。运用创新的方法、具有针对性地、有策略地使用数据，以使社区将关注的焦点集中在这项工作核心——孩子们身上。在学校和地区，教育工作者通过收集的数据来评估他们在多大程度上就专业标准达成了统一，统一的专业标准可以推动集体行动，帮助定义优秀课堂。

运用创新的方法、具有针对性地、有策略地使用数据，以使社区将关注的焦点集中在这项工作核心——孩子们身上。

科宁地区"突飞猛进项目"督导委员会的首要任务之一就是制作一份有关该区学生成绩的一页纸说明,这份资料需要突出学校系统各级别的主要差距和面临的挑战。但是委员会很清楚他们需要更多信息来创建一种推行更为广泛、更为彻底的变革的紧迫感。在将高中数据提交给管理者之后,特朗布利现在不得不跨出颇具风险的下一步——向教师和社区公布这些信息和其他关键数据——他们中的大多数人之前都认为公立学校的情况还算不错。特朗布利在项目实施第一年一开始走到了他所有员工和董事会成员面前并借用了"真人条形图"的概念(即兰开斯特的地区主管薇姬·菲利普斯使用的方法),他让10个学生并排站在讲台上,在解释了20%的辍学率后他让两名学生坐下。他告诉底下的观众,在剩下的8名学生中,目前只有5名学生达到了即将实行的州毕业标准,接着要求剩下8名学生中的3名坐下。接着他转向观众说:"我们现在走的一条路是要把我们一半的学生落下——他们会是谁的孩子呢?"

特朗布利的真人条形图充分调动了人们的理性判断和情感因素,大幅提升了他们的共同理解,并强调了改变的迫切性。而他的下一步走得更远。督导委员会通过学生小组访谈收集定性数据,并向教师、家长和高中学生所在社区播放经过编辑的录像带,让大家一起讨论这些校园反馈。听到学生们希望能与教师建立更紧密的关系,希望在课堂上学到更有实践意义的知识和更积极的学习经验,教师和家长都深受触动。将定量和定性数据结合在一起,人们更清楚也更为信服地认识到该地区为什么必须进行系统性的变革。

第一年快结束的时候,科宁行政委员会也开始收集数据,以检验对优质教学的定义是否一致。委员会里的每位成员都对我们在第二章中讨论过的十年级英语课程进行评分。委员会的评分范围实际上与其他群体的评分范围大致相同：从A到D不等。这一事实说服委员会成员开始工作，创建一个共同的高质量教学愿景。

在大急流城的准备阶段所明确形成的对学生读写成绩普遍较低的认知推动了改进工作的启动，并将读写能力的提高设为该地区的优先事项。地区领导团队中的一些成员随后开始研究他们的学生数据和八年制学校目前实行的教学实践。通过这两个数据源，他们更深入地了解了他们现存的问题（在这一阶段如何使用数据的一个特征）。他们得出了这样的结论——提高学生的读写能力是教师所面临的前所未有的挑战，因此他们需要新的教学方法。

他们成立了一个包括教师和行政管理人员在内的读写能力委员会，专门研究、挑选有效的读写教学模式；他们在几个月内组织举行了专业发展研讨会，并让指定年级的教师一同参加。年底，读写能力委员会收集了课堂数据，用来检验专业发展对教师的课堂实践、教学态度和学生表现产生的影响。他们从教师那里得到了积极的反馈，这也激励他们明年加倍努力。地区领导者团队还同所有校长一起交流了所取得的成果，并明确表示工作重点不会改变，提高学生读写能力的工作将继续推行。

与此同时，布莱克扩大了社区参与覆盖的范围，他和学生家长以及社区成员会面，将该地区的工作重点确定为提高读写能力。他呼吁商会和当地大学也一同参与进来。通过坚决贯彻以"不丢人、不责备、不找借口"的方式推行提高中学生读写能力这一工作重点，他在全社区内建立了对这项工作的理解，这是设想阶段的一个特征。

奠定相互关联责任制的基础。 早先接受并建立自身问责制的变革领导人要尽力帮助整个社区的教育工作者和相关人士达成共识，明确该地区将对什么事、对什么人负起责任。这个共识有助于增强目标感，明确社区需要朝着什么目标努力。与此同时，学校和地区的教育工作者应认识到作为个人，为了能使地区实现目标，他们应该对什么负起责任。通过这样做，横向问责制的种子开始生根发芽。通过不同角色之间的公开对话，教育工作者和社区成员不停探索他们作为个人以及作为集体必须做什么才能使他们的工作覆盖到所有学生。

当时科宁地区的督导委员会决定成立一个由教师、家长、社区和工会领导组成的具有广泛代表性的社区咨询委员会，新形的问责制开始在该地区发展起来。咨询委员会的职责是检查该项目的进展情况，就接下去马上要推行的公众参与运动应采取什么策略为督导委员提供意见。该运动是督导委员会在项目进入第二阶段的重要举措。这项公众参与计划旨在将改进学习和教学的紧迫性扩散到更多、更大的人群中，更清晰地说明知识经济中所有学生需要掌握的新技能，并为学生能获得成功建立更明确的共同责任感。

督导委员会在全社区范围内组织了小组讨论，也叫焦点访谈小组，由经过培训的协调人员负责主持讨论。许多家长、教师和社区成员自发协助小组讨论，他们接受培训，学习对话的指导方针，例如如何为讨论引入主题、在小组中如何安排问题顺序以达成关注问题焦点的一致性，以及整理主要话题的脚本摘要。最终，超过140人成为焦点访谈小组的协调员，全社区中大约有1800人参与到了小组讨论中，其中包括该地区所有的教育工作者。提出的讨论问题有：

1. 当我们思考今天的教学问题时，我们的社会在过去的25年里发生了哪些我们需要了解的重大变化？

2. 考虑到这些变化，为了能让科宁地区所有高中生为今天和明天的世界做好准备，我们希望他们能知晓并能做到哪些事？

3. 我们如何评估学生的表现才能知道他们已经掌握了我们希望他们掌握的技能？证据有哪些？

4. 我们的学校和课堂需要作出哪些改变才能让所有学生掌握这些技能？

5. 社区如何提供帮助？在这个过程中社区如何提高参与度？

这一过程中最重要的成果之一是一系列界定明晰、广而告之的目标和优先事项，该地区同意对这些目标和优先事项负责。对问题5的讨论还有助于形成对结果的共同责任感，同时也有助于理解教育工作者、家长和社区成员在帮助所有学生取得学业成功上各自发挥的作用和担负的责任。另外，教师焦点访谈小组就改进的七条原则进行讨论，包括对地区的每所学校以及地区整体在每条原则上所做的工作进行评价，由此产生了对改进教学问责制的新期望。

而同样在这个阶段的大急流城，其工作重点是提高学生的读写能力，学校校长的工作重点亦是如此。布莱克与地区领导者团队合作，帮助他们了解自己在改进过程中所起的关键性作用。领导者团队反过来帮助校长们理解他们需要扮演什么样的角色。领导者团队的成员组织召开了两个月一次的校长会议，让校长们了解他们需要做什么，并培养他们开展这些工作的能力。通过这么做，他们帮助校长（尤其是六年制学校的校长）明白为什么需要在整个地区推行一种教学模式，以及学生在学业上的成功如何取决于连续多年、学有所得的读写教学。校长们开始意识到他们需要让学校里的所有教师对开展新读写教学模式负起责任。

  与此同时，由于挑战的难度极大，过程非常复杂，同时又要在如此大范围的区域内完成数量庞大的任务，领导者团队和读写能力委员会有些不堪重负。经过重新评估后，他们发现工作量太大，而其中又缺少必要的协调。他们马上调整了自己的任务和时间节点，让所有工作都能更集中于提高学生的读写能力。通过这么做，他们更加清楚自己应该做什么以及他们可以要求别人做什么，而这就是一个更强有力的问责制度。

  发展更多互相信任和尊重的人际关系。在设想阶段，必须加深信任和尊重，因为改进工作的成功取决于个人和团体之间对话的质量。关于问题性质、不同的解决方案以及在改进工作中责任分配的重要对话都需要全身心投入的热情以及积极倾听的能力，尤其当出现分歧时，这两点就显得格外重要。以真诚坦率和相互尊重的方式消弭彼此的差异，最终群策群力地找到解决问题的办法，形成成功变革所需要的决策。随着信任不断增长，对话的质量也会逐步提高，这就更有助于激发更多人积极参与，实现真正的协同合作。

  随着信任不断增长，对话的质量也会逐步提高，这就更有助于激发更多人积极参与，实现真正的协同合作。

  由于焦点访谈小组为人们提供了一个探讨重要问题的安全空间，科宁地区人与人之间的关系正在不断优化。结构化格式的对话特别强调每个声音都要被听到，这样的过程就成为培养尊重的沃土。许多社区成员认为这样的对话富有成效，并且觉得在地方政务，尤其在和教育相关的事务上需

要促进更多相互尊重的对话——而不是激烈的争论。家长和社区成员也能够直言不讳地指出科宁地区的教育工作者在过去并不把家长说的话放在心上，在他们眼中，学校有时候更像是令人望而却步的堡垒，而不是敞开大门、欢迎大家的社区中心。当人们有机会可以公开讨论这些问题，社区和教育工作者之间就开始萌生了一种新的信任关系。教师们说，在学校里进行的小组讨论为他们提供了用一种全新的方式重新了解彼此的大好机会。在他们的评价中，许多人都说为教师焦点访谈小组预留的这一天是他们在该地区拥有过的最好的专业发展经历。这些对话有助于激发所有变革参与者明确更宏大的目的和重点，产生积极参与和协同合作的意愿。

虽然焦点访谈小组帮助科宁地区许多层面的人际关系往前迈出了一大步，但管理人员认识到行政委员会会议上的交流并不十分顺畅。他们要求一位咨询顾问对委员会的每个小组群体进行一系列保密访谈，其中包括小学校长、中学校长和中央办公室行政管理人员。经过这些访谈，顾问发现学校校长和中央办公室管理者之间的信任度明显偏低，而且他们之间的讨论需要指导准则或团体规范。值得赞扬的是，管理人员要求在年终研讨会上分享采访时的信息（不透露姓名），这样他们可以就如何建立信任以及更强的问责意识展开讨论，并在会议上进行更具成效、包容性更强的对话。每个小组都写下了他们认为自己应该对什么负责，以及他们需要从其他小组那里获得什么样的帮助从而完成自己的工作，然后各小组互相交换意见。委员会还就一整套群体规范达成一致，他们认为这些规范能使今后的讨论更具成效。这些措施在很大程度上提高了讨论的质量以及委员会每个成员，特别是新加入的管理人员的参与度。

大急流城领导者团队成员之间的关系同样在设想阶段得到了发展。他们开展了有难度的自查和评估。该团队承认,他们没有真正利用彼此的专业知识,也没有积极地从多种视角来看待问题。相反,每个成员都倾向于捍卫自己的立场,没有及时解决团队中出现的分歧,而是将这一任务推给了地区主管。这种坦诚的自我反思也使团队进一步理解他们需要如何以身作则来领导改进工作。于是他们一致同意大家力往一处使,积极合作,通过充分讨论来解决他们在改进工作中遇到的困难。新目标的设立并没有马上让团队充满动力,但他们对于自己正在努力想要实现的目标有了更清晰的认识,同时这也是使他们能够全身心地投入变革工作中必不可少的关键一步。

当团队开始将两月一次的校长会议重点放在实践问题上时,他们再一次开始讨论彼此的关系模式。同样,在一开始,大家似乎都不习惯通过集体讨论、合作来解决问题,会议的领导者有时会回到从前的旧模式中,"告诉"校长该怎么做。不过他们很快就认识到,如果他们要发展更高层次的合作和参与,他们就必须设法改变根深蒂固的行为和理念。虽然这样的认知是团队在进步、成长的标志,并且第一阶段不太可能实现,但是领导者也很清楚,如果公开讨论那些他们自己都不太清楚的事情,以及他们需要多少帮助,可能会让他们陷入尴尬的境地,而这也就说明团队中需要建立更多的信任关系。他们再一次努力进一步加强彼此的信赖关系。

为了评估你所在的学校或地区在设想阶段中做得如何,请参见练习8.2。

练习8.2:变革阶段诊断:设想阶段

使用数轴上的指标来帮助你评估你认为你所在的学校或地区处于

设想阶段的哪个位置。这些指标只是说明性的,并不完整。

设想阶段

为取得社区范围的理解和激发紧迫感的**数据**

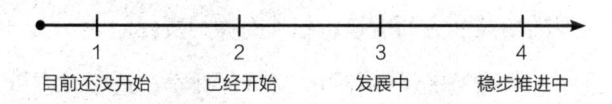

```
●————————————————————————————→
1            2            3            4
目前还没开始   已经开始     发展中       稳步推进中
```

设想阶段的数据指标:

- 在社区范围内实现更为广泛、公开、透明的数据共享(与学校系统运作相关的定性和定量数据集,例如,学生学业成绩指标和学生学习参与度指标)。
- 大多数参与者了解该地区需要实现的目标与当前现状之间的差距。
- 公正公开地评估地区内的教育工作者协同工作的情况,地区对话和行动的重点是地区如何作为一个系统进行运作的。
- 根据目前的教学实践收集数据(例如开展走课)。

为以人际关系为纽带的、互惠的**问责制**奠定基础

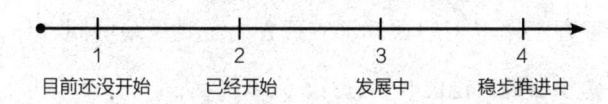

```
●————————————————————————————→
1            2            3            4
目前还没开始   已经开始     发展中       稳步推进中
```

设想阶段的责任指标:

建立了一些明确的地区目标和策略,并以改进教学和学习为工作重点。

- 社区清晰深刻地认识到目前高中毕业生所掌握的和能够做的事情与他们为了能在21世纪获得成功所需要掌握和能够做的事情之间存在差距。

- 社区教学改进相关方已经聚集在一起开始帮助制定目标和改革工作的重点。
- 社区教学改进相关方形成一种意识：他们在帮助所有学生掌握必要的新技能方面应该承担什么样的责任。
- 进一步明确地区领导者团队对社区教学改进相关方负责。
- 教师和行政管理人员开始认识到系统内每个人都需要改进自己的专业实践。

加强互相信任和尊重的**关系**

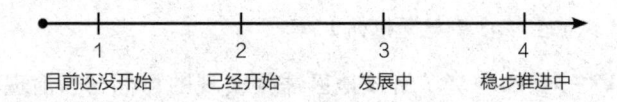

```
●————————●————————●————————●
1          2          3          4
目前还没开始  已经开始    发展中    稳步推进中
```

设想阶段的人际关系指标：

- 地区及其组成团体之间的直接沟通和积极合作模式已经形成。
- 学校层面加强了教师之间的合作。
- 全区工作会议的讨论质量有所提高，为所有教育工作者参与到协同合作以及富有成效的工作中创造了机会。
- 教育工作者了解在教学实践方面需要更多协同合作，跨年级、跨学校的讨论已开始进行。
- 学校层面的会议更直接地集中在教学和学习问题上，会议上通常会树立教学实践的优秀示范。

实施全系统范围的变革

一旦变革领导者为以下事项打好坚实基础：更加明确问题的定义，强调变革的紧迫性，确立更加清晰的期望结果，初步认识这项工作包含的内容，这就意味着领导者已经做好进入实施阶段的准备了。在这个阶段，改进开始稳步进行。改进的顺利进行要依靠前几个阶段制定的实施计划和策略、持续的监督以及根据需要对计划和策略的及时调整。

为了能给持久的成功奠定基础，领导者需要不断地推进并关注组织性实践活动，这些实践应和每一堂课的教学、学习有着直接或间接的关系。系统性改进教学的七个原则促使教育工作者从简单地认识到他们想要解决什么问题（准备阶段）和设想成功可能会是什么样子（设想阶段），到帮助学校和地区推行新的方法从而使教学实践以及学生的学习成效得以改进（实施阶段）。这些原则将继续推动三个阶段的进行情况朝着数轴右侧移动，产生更清晰的重点和目标，使所有相关者更投入地参与其中，并在教育工作者之间创建新的合作形式。

与持续改善教与学相关的数据。重塑学校和地区的工作——或任何适应性的冒险——很少是沿着一条笔直的大道一路通到底的。即便是经过精心设计规划的策略也不见得都能产生预期的结果，变革领导者需要持续不断地检查数据以评估正在推行的策略是否有效。这些策略的实际结果一旦和预期结果之间出现了差异，就需要重新修正，以便更好地改进所有学生的学习成效。变革领导者还需要运用数据来帮助辨别和强化关于变革本身的所有知识。领导者必须认识到变革的某些方面可能会重复性出现，牢记组织的系统性特征，且必须具有为实现目标在必要时及时作出调整的灵活性。

科宁地区采取了许多措施来更好地利用数据。在2003—2004学年，每所学校的团队都接受了由一位校外顾问主持的拓展培训，学习如何理解和使用学校的考试成绩数据，以指导教学的持续改进。一个由中央办公室管理人员组成的小组还利用州统考数据来确定课程在哪些方面可能需要作出改变，以达到州一级的标准。在整个2004年，管理人员组织召开与学校团队和十二年制教学委员会一同参加的会议，就学校考试成绩数据和州统考考试数据分享他们的分析结果，以便能更好地调整、指导工作。

从2004年开始，为了收集各级教学质量数据，科宁开始在全区范围内开展走课活动。为了进一步确立优质教学的统一标准，每所学校每月召开一次全体教师会议，大家使用书面材料讨论改进教学和学习的策略。在2004年年底，该区的每位教育工作者都加入小组，讨论学校层面进展得比较顺利的部分，以及作为教师他们在哪些方面可以做得更好。这些在变革"中期"检查中得到的数据之后被用来修正学校和地区层面的专业发展策略和优先事项。

大急流城的读写能力团队在变革的设想阶段所收集的课堂数据证实了他们的想法——培养教师教授读写的教学能力是一项卓有成效的策略。尤其值得关注的是，数据显示新的教学方法在广大教师中引发了教学热情和积极乐观的情绪，因为他们看到了自己的教学如何能让更多的学生获益。核心领导团队开始设计新的一到六年级读写能力的评估工具和学校层面查看学生学业表现数据的方案。领导者团队希望收集学生的表现数据，以便教师能够及时了解新的教学方法对每一个学生是有效还是无效的。到2004年秋季，地区要求所有小学开始使用这些工具，并强烈建议每所小学成立改进小组以有效地使用这些新工具得到的数据。领导者团队为学校提供支持，为他们提供训练有素的教练，教练负责解释应该如何使用这些数据从而更好地指导教学。地区领导者小组还承担起了新职责——监督一年级到六年级读写能力培养的教学质量和在全地区推行的效果。要做到这一点，他们需要数据来帮助他们监测教师是否能通过教学改进让学生获得学业上的成功、校长是否具备支持教师的能力，改进小组是否对全校数据进行检查，以及策略在整体上是否成功。他们在整个系统中找出能够准确反映上述表现的特定类型的信息，并且开始定期收集和解读这些数据。

持续改进教与学的共同责任。随着每一个教育工作者开始了新的课堂实践并通过新的方式进行合作，他们的责任感也随之增强，并能更有意义地指导个人和群体的行为。管理人员和教师对自己需要对什么负责以及为何要负责有了更深刻的理解。横向问责制呈现出更为清晰的面貌，并得到了专业教育工作者的认可。他们都具有高度的集体使命感，诚实正直。不仅公众对他们，他们彼此间也同样抱有很大期望。现有的专业文化得到加强，整个学校或地区形成了更强大的协作能力。

到2004年8月，科宁地区已经朝着目标迈进了一大步，他们建立了一个协调一致、连贯统一的系统，成员们共同承担改进教学的责任。尽管"突飞猛进项目"的推出使学校董事会成员和地区领导层发生了重大变化，但它意味着地区将持续重视改进所有学生的教与学。管理委员会在那年的夏季研修中花了一些时间将过去一年里实施过程中落实的不稳定的事项编纂成一套公共协定，他们承诺对自己和彼此负责。这些协定包括：

• 所有成人会议（包括学校层面和地区管理人员层面）将继续讨论教学问题。

• 我们将制订一项计划，通过以文本为基础的研究，把对优质教学实践的认知转化为在每一所学校推行的最佳教学方法，是否成功以学生成绩是否提高为衡量标准。

• 管理委员会将在每月举行的两次会议中（不是每月一次）继续共同

学习，并与全体人员一起进行这项工作。

- 小学和中学校长将在各自的会议上交流他们做了哪些工作。
- 所有管理人员将继续定期走课，并扩大到跨年级的走课（也就是小学和中学的管理人员一起观摩不同年级的课堂教学）。

2004年，在科宁地区开始出现了其他形式的横向问责制。语言艺术教师经过反复打磨为写作教学制定了新课程，并特别说明他们将如何对教授这门课程负起责任。他们还一致决定将学生的习作汇编成作品集，并一起探讨本年级以及不同年级写作水平的标准。中小学数学教师对考试成绩数据进行了项目分析，这让他们重新审视自己的课程，共同确立了数学课的教学要求——推行讲解更清晰的数学教学方法从而使学生取得更好的成绩。

当大急流城的核心领导者团队承担起了对没有取得足够进展的学校采取干预措施的责任后，团队里的成员越来越觉得沟通时必须直截了当，尤其当沟通对象是那些对读写课程策略持有异议的校长们。虽然核心领导者团队一直认为校长在变革中所起的作用非常重要，也不遗余力地要将校长培养成他所在学校内有力高效的变革推动者，但领导者团队并没有要求校长们对教学改进工作承担责任。于是他们开始制定措施，在继续支持校长的同时也能有效对他们进行追责。

这些事例都着重说明了无论是横向问责制还是纵向问责制，都必须以适当的方式加以推行。横向问责制并不是在否定监督的必要性，也不是在否定有利于强化集体价值观和目标的组织架构和变革进程。在最理想的情况下，所有教育工作者都能接受挑战——让所有学生掌握新技能，并自觉主动地为达成目标所要求的标准承担责任。这种责任感不是与生俱来的，而是必须经过培养才能形成。领导层必须有意识地、清晰明了地激励所有成年人朝着这个方向进发直到养成这样的行为习惯。然而，就像大急流城的情况一样，有时候监督凌驾于促进之上，不过领导者必须清楚这只是权宜之计，如果长此以往，这种做法势必让组织停留在一味遵从的状态。故而领导者必须在每个阶段都要磨炼他们的平衡感和判断力，并对他们的期望和寻求的结果了然于心。他们必须认真思考实现这些目标需要采取的问责措施。

人际关系促进教与学。在实施阶段，之前两个阶段中已经开始出现的信任在不断增强和加深，这就使教育工作者能够以新的方式协同合作，而在过去这些方式被认为是不可能的。如果学校和地区要从根本上打破教育工作者之间彼此孤立的工作状态，并帮助建立一个以实践标准为基础的教学模式，那么基于信任的人与人之间的关系是必不可少的。这种新的关系形式可以确保领导者能与分工不同的人一起工作，以此促进必要的可以造福所有学生的教学变革。

> 如果学校和地区要从根本上打破教育工作者之间彼此孤立的工作状态，并帮助建立一个以实践标准为基础的教学模式，那么基于信任的人与人的关系是必不可少的。

在整个科宁地区，工作关系质量发生深刻变化的指标非常明显。朱迪·斯塔普斯在2003年开始担任科宁地区的主管，她定期与协会领导会面，与他们一起合作，积极主动地明确问题、解决问题。他们通常是围坐在圆桌边，在破纪录的短时间内完成合同谈判。"突飞猛进项目"执行委员会

在该项目进入公众参与阶段后进行了重组,他们开始让协会主席与中央办公室和代表教师诉求的学校管理人员一起参加会议。他们每周都要召开会议,评估措施的推进情况,并根据需要及时修正完善或制定新的策略,从而成功创建了一个共同学习、携手并进的高效领导力实践社区。

在过去几年中,学校的管理人员很少在会议上发言,而且也从不讨论他们在领导工作中遇到的问题,然而现在他们定期参加会议,一起讨论领导过程中的挑战。全区范围的课程会议从前只是用来相互指责,现在则是由教师和管理人员共同主持,并且能高效完成手头上的任务。越来越多的老师开放自己的课堂,以便和同行们就教学实践展开讨论,他们变得不那么害怕有人走课了,而且开始录制他们的课程。科宁地区各级之间都加深了信任,这就为所有教职员工更愿意用实践社区特有的方式参与协同合作奠定了基础。"突飞猛进项目"计划不再被仅仅视为地区开展的又一个项目,而是代表了一种持续推进教学变革的强大的新的合作方式。

在大急流城的成年人之间也能看到不断加深的信任关系。领导者团队继续利用会议群策群力地解决改进工作中遇到的难题。他们越来越善于把实践中的问题带到小组中,每个人轮流提出自己在工作中遭遇的挑战,促进小组成员进行真正的有意义的对话。在校长会议上也能看到这样的改变。也许最有说服力的就是许多校长在校内建立了实践社区,这样一来教师们就可以通过使用学生数据学习如何采用新的读写课程教学策略来协同合作,从而改进他们的教学实践。

当负责监督小学教学计划的中央办公室领导在多所学校进行走课时,他们都遇到了热情邀请他们观摩课堂教学的教师,同时这些教师对中央办公室管理人员在观察什么也深感兴趣。事实上,有些教师希望能听到关于自己的教学情况以及学校推行的读写教学模式的真实反馈。在许多人看来,这种开放性对大急流城的专业文化来说是全新的,这也反映了他们在准备和设想阶段的工作取得了积极正面的成果。

要评估你所在的学校或地区目前实施阶段的情况,请参见练习8.3。

练习8.3:变革阶段诊断:实施阶段

使用数轴上的指标来帮助你评估你认为你所在的学校或地区处于准备阶段的哪个位置。这些指标只是说明性的,并不完整。

实施阶段

持续改进教学的**数据**

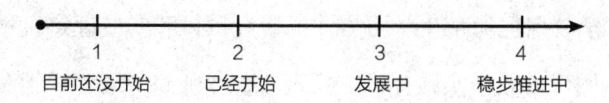

```
        1          2          3          4
    目前还没开始   已经开始    发展中    稳步推进中
```

和实施阶段数据相关的指标:

- 建立数据收集系统和数据分析系统,以监测教学改进策略的实施情况和产生的影响。
- 在地区层面使用数据来确定最佳做法,从中获得成功经验。
- 管理人员和教师不断收集和分析与教学质量相关的数据。
- 在每所学校,教师团队经常使用诊断性数据来完善学校的评估和目标,监测学生的进步,并不断改进教学。
- 学校教学质量和效度评估依赖于学生成绩和参与度(及考试成绩、升学率、辍学率等)等多样化的数据来源。

持续改进学习和教学的共同**责任**

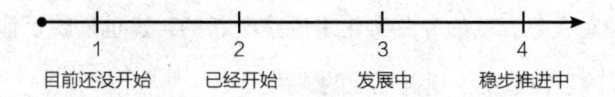

```
●─────────●─────────●─────────●──────▶
1          2          3          4
目前还没开始  已经开始    发展中      稳步推进中
```

实施阶段的问责指标：

- 地区领导层建立并开始启用对校长的教学领导能力进行频繁、严格和有针对性的监督机制。
- 学校领导层建立并开始启用对课堂教学进行频繁、严格和有针对性的监督机制。
- 学校层面的教师监督机制和监督内容与地区改进工作的重点保持一致。
- 学校根据对学生学习方式的研究测试和实践理解，建立了清晰明确的教学实践标准。换言之，教师和管理者对于有效教学实践的组成要素有了统一界定。
- 通过不同的年级和学校等级（小学、中学、高中）明确和调整对学生学习成效的期望和责任。
- 所有教育工作者都更加了解自己对什么负责，这些更加趋向一致的期望构成了横向问责制的基础。
- 地区层面和学校各年级的所有专业人员对自己工作和角色与教学改进之间的关系都有了清晰的认知。

新形式的工作信任**关系**

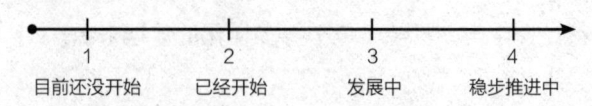

```
●─────────●─────────●─────────●──────▶
1          2          3          4
目前还没开始  已经开始    发展中      稳步推进中
```

实施阶段的人际关系指标：

- 学校进行重组，为促进教职员工之间的协同合作提供必要条件，同时为学生创建具有个性化的学习社区。
- 随着整个系统的相互信任感不断加深，专业性的工作关系变得越来越高效。
- 教师开始在同事中间公开展示自己的教学实践，努力提高各自的教学能力，同时制定一致和日益有效的实践标准。
- 学校对家长和社区成员开放，欢迎他们走进学校并更积极地参与改进学生学习成效的共同事业（例如，社区成员作为导师或家长参与其中，为学生提供在家学习的时间段和场地）。

既然你已经确定了你所在的学校或地区在这三个阶段中处于什么位置，你可以用你的评估方法生成更全面的画面，你可能需要增加某些措施或回头处理之前阶段中遇到的问题。你可以利用练习8.4中的问题和步骤来思考你的评估可能带来的结果。

练习8.4：回顾并修正你的策略

步骤一：

回答以下问题来反思一下你完成的阶段诊断（练习8.1、8.2和8.3）。

1. 哪些工作进展顺利？学校或学区有哪些工作获得成功并值得庆祝？
2. 哪些变化杠杆可能需要更多的关注？我们可能遗漏了什么？

步骤二:

回到你在第六章中创建的"现状"图景。根据你对数据、问责制、人际关系和变化阶段的新的认知,以及你对你的学校或地区在这些方面的评估,重新看一下系统性策略(目前正在进行的策略或计划中将要实行的策略)。请回答以下问题:

1.有没有需要修正的策略(正在进行中的或计划中要实行的)?如果有,是哪些?为什么?

2.什么是更有效的策略?花点时间解释一下为什么这个策略会更有效。

3.为了制定更有效的策略,接下来该做什么?

4.有什么证据显示是时候进入这项工作的下一个阶段了?

步骤三:

使用以下模板来厘清您对新策略或修订策略的想法。

杠杆	准备阶段		设想阶段		实施阶段	
	策略	行动	策略	行动	策略	行动
数据						
责任						
关系						

化零为整:教育转型的生态学

在过去的几年里,科宁–佩恩提德波斯特地区和大急流城公立地区通过一次又一次的会议逐步形成了越来越宏大的目标、工作重点,变革相关人员的参与度和协同合作的范围也在不断加深、扩大。科宁地区在第一年开展的全区范围的讨论帮助教育工作者和家长了解了教学和学习处于的新背景——家庭的性质发生变化，以及学生在未来职场、高等学校和踏入社会所需要的新技能。在大急流城，讨论的重点更多地放在21世纪所有孩子需要提高读写能力上，这使学校内的教职员工、家长和社区成员认识到该地区的教学情况没有满足大多数学生目前的需求。

两个地区的文化在变革过程中都发生了巨大变化。彼此信任、希望对方能开门见山地探讨分歧成为一种工作常态。无论是对学生还是对教育工作者，两个学区都开始抱有更高的期望，而这也同样成为地区文化的一部分。除此之外，两个地区还有效发展了管理人员和教师的专业能力以更好地推进教学改进工作，包括指出自己和同事在教学上的问题、评估和调整课程。

尽管如此，在变革进行到两年半的时候，两个地区的领导者都清楚，他们的工作还远远没有结束。当然，每个地区在工作中都达到了不同的门槛，并开始努力解决改进中遇到的新问题。在科宁地区，为了进一步发展教学和监督能力以提高每堂课的严谨性，更多的工作正有待完成。大急流城的领导者从一开始就将监督者需要知道什么、做什么，以及中央办公室需要提供何种支持的图景明晰化。科宁地区另一个长远目标是为每个年级的学生工作制定表现标准，这对于推进评估和定义教学"严谨性"的工作是非常有必要的。大急流城还没有准备好着手开始这项工作。两个地区的中央办公室管理人员认识到有必要深化各部门之间的合作，并花更多的时间走进学校。

科宁地区所面临的另一个挑战是要设计一个新的日程表，改善教师成人学习的条件，并为教师安排更多时间在学校里讨论教学工作以及如何使课程更有活力、更能满足学生的需求。科宁地区需要重启变革工作（因为2003年5月设施翻新计划失败而一度暂停），研究如何更好地改善中学教与学的条件，从而加强师生关系。重新构思这两所高中的架构可能需要开展另一个公众参与运动，而且全区家长都需要在学习如何更好地支持孩子的学习上获得一些帮助。而另一边的大急流城正面临前所未有的财政困境，需要学习如何在财政资金不断缩减的情况下继续推动改进优先事项。

科宁和大急流城的故事都说明了一个地区或学校的领导者团队在系统改进的过程中可能需要考虑到的问题。讲述这两个故事的目的并不是提供一张如何变革的处方，事无巨细地告诉领导者应该做什么。相反，他们代表了两种根据各自独特的问题、资源、目标和策略进行分阶段重塑的图景。没有一种方案能适用于所有地区和学校。领导者必须充分认识到，他们的工作是持续性的，学校转型必然是适应性的。策略不断地发生变化未必就代表规划方面有所不足，而是表明了一种不断探寻、验证和反思的文化，这种文化凸显了变革的生态性质，它鼓励应用能推动变革进程、带来持续改进的工具。

这两个故事同时也说明了变革的各阶段是会反复出现的，当新的观点、机会、挑战出现时，必须不断地思考、再思考这些阶段中的工作。例如，科宁地区明白他们的第二轮措施代表了一定程度的变化，在实施阶段前需要更扎实的准备和更清晰的设想。最重要的是，这种认知表明他们充分掌握了积极参与、目标和重点以及协同合作的含义，且他们通过分阶段开展工作，保证了这些概念在每个阶段中都能付诸实践，确保了工作顺利开展。

衡量成功和高风险考试成绩的挑战

截至目前，无论关于科宁地区还是大急流城我们都没有提到考试分数，也几乎没怎么提到有关提高考试分数的事。之所以不提有以下几个原因。首先，现在就开始期待这两个地区的考试成绩有实质性的提高还为时过早。在我们写这本书的时候，这两个地区改进教学和课程的工作还处于实施阶段，并且只进行了一年的时间。其次，虽然我们清楚考试成绩有多么重要，特别是"不让一个孩子掉队"法案提高了对问责制的要求后，我们已经看到太多地区把提高考试成绩作为工作目标，而不是仅仅视成绩为改进教学的系统性举措是否获得成功的指标。采取"备考"措施的地区可能会在几年内看到考试成绩有所提高，但是如果不关注教学和学习的实质性改进，那么平缓提高的势头很快就会戛然而止。

根据对考试结果进行项目分析，我们发现大多数地区的学生在推理、分析、解决问题和应用能力的考试项目中分数最低，仅仅让学生做更多练习、测试是无法显著提升这些更高端的技能水平的。从长远来看，只有通过系统地关注教学改进，学生这方面的成绩才能在一段时间后有所提高。在保证所有学生掌握新技能这件事上没有捷径可循。只要每个课堂都能持续把工作重点放在提高教学质量、创建具有严谨"思维"的教学方法和课程上，那么考试分数的提高将是必然结果。当然，这样的成果已经在几个表现最为出色的地区出现，就像我们在第六章中看到的那样，第二区就在其中。

西克莱蒙特地区为我们提供了进一步的证据。我们1999年开始在这个地区工作，当时只有46%的小学生——不包括接受特殊教育的学生——达到了所在年级应该达到的阅读水平。到了2004年，该地区包括接受特殊教育的学生在内，有81%的小学生通过了难度更高的阅读水平考试。该地区现在有一个连贯的战略要将这些成果推广到中学去。现在，西克莱蒙特地区成为全美最佳地区典范之一，它成功地带领郊区高中完成了转型。

  我们相信，西克莱蒙特地区所使用的方法在其他地区同样能获得成功。我们还相信，这些制定规划和设想的方法对于想要打破自身改变免疫系统的个人而言同样有用。正如我们将在第九章中进一步探讨的那样，随时关注这项工作中发生的循序渐进的变化同样重要，因为更清晰地看到你打破改变免疫系统的过程和变革进程中发生的改变将提升你自己的能力，并最大限度地推动你努力改变。

CHAPTER NINE
第九章

打破你的改变免疫系统

质疑以及想要改变一直以来被我们当成真理的假设并不是一件容易的事。我们常常一年又一年地抱着特定的大假设不放：它们植根于我们过往的经历和当前的身份。快节奏的生活，最后期限的压力，以及自身改变免疫系统的强大力量，都可能会阻碍我们实现自己的美好愿景和计划。思维习惯可能像行为习惯一样让人感到非常棘手。但是就像亚瑟所做的那样，你完全有可能改变它们。你或许还记得亚瑟的大假设是，"我假设如果其他人发现我并不完全清楚接下去的每一个步骤，或者发现我一点没有把握，那么他们就会对我这个领导者失去信心，认为我是一个无能的领导者，在他们眼里我就是一个失败者"。

抱着这个假设不放就相当于他不用冒任何风险，别人也不会发现他并不确定如何迈出下一步进而实现该地区的改进目标。虽然他有一些可能行得通的办法，但是没有一个计划是扎实牢靠的或能保证可以实现预期目标的。因为正确答案没有自动现身，所以地区的改进事业在半途停了下来。

不过最终亚瑟找到了摆脱困境的办法。我们稍后就会看到他是如何做到这一点的。现在先让我们来看一下他完成的工作。他走进学校，到几个教室进行走课。校长和其他地区领导人开始系统观察教师的教学实践并讨论他们所看到的情况。每个人都做了笔记，并按照一同制定的优质教学标准作出评价，相互分享、比较各自的观课感想。他们的谈话一开始有些犹豫，不过后来变得越来越主动积极，并且经常会引出新的问题，有时还会产生非常独到的新见解。

亚瑟越来越兴奋。虽然一开始他对走课计划以及就走课看到的情况如何开展讨论有点摸不清头脑，但随着走课的进行他的计划变得越来越清晰。每个月他都会反思他和其他人在改进教学方面学到了什么。他系统地记录了他对这个计划所抱有的希望和预期，他收集了哪些证据来证明这个计划是行之有效的，目前还存留什么样的问题和担忧，以及所有这些信息、数据能够告诉他接下来该做什么。"我仍然不清楚我们所要采取的所有步骤，"亚瑟解释说，"但我知道这并不要紧，即便我不能百分百确定事情会按照我设想的那样进行，我依然可以而且必须迈出下一步。冒风险就是这项工作的一部分，我不相信在如今这个时代会有哪个地区主管对下一步怎么走抱有百分之百的把握。所以我努力的方向不是万事确定好了以后再开始，而是对于应该承担什么风险以及如何承担做出更妥善的选择"。

亚瑟究竟是如何完成这些改变的？他经历了怎样的变化过程？为了完成这些改变，他是如何转换他的大假设的？在本章中，我们将以亚瑟的工作为例，描述个人改变所要经历的一系列步骤。

迈向个人变化的步骤

在描述个人变化需要经历的步骤时，我们将按过程顺序向读者展开这幅画卷。不过这与组织变革过程所经历的各个阶段不同，它们解释了领导力的变革会带来什么样的结果（如第八章所述），而个人变化的步骤则描述了为了实现你所希望的改变需要做什么。在本章中，我们将提供一系列的练习，旨在帮助个人打破他们的改变免疫力系统。这些步骤可以按照下表中所列出的顺序进行。我们发现，个人往往会重复一些步骤，随着对自己的改变免疫系统越来越了解，自己所作出的应对也会变得越发纯熟、准确。在实践中，人们通常会多次修改他们最开始出发时的那张系统图，将他们的承诺和假设描述得更加清晰，并添加新的相关假设。随着每一次重复，他们的系统图就会随着再次描述他们的内部系统而变得更加详实、强大。

个人改变的步骤

- 设定好指标，以确定代价和进度。
- 观察实践中体现的大假设。
- 保持警觉，质疑大假设。
- 给你的大假设写传记。
- 设计一个测试来检测你的大假设。
- 开始测试。
- 开发新设计和测试。

我们强烈建议你在开始这项工作之前和你的工作伙伴召开几次间隔一周或两周的定期会议，专门用来练习如何协调你们的行动。向对方汇报你正在学习什么，问对方问题，并互相进行反馈。我们相信，通过这样有意识地制定日程和机制，同时有一个合作伙伴促进你承担责任，你就能加快

打破改变免疫系统的步伐。

通过这样有意识地制定日程和机制，同时有一个合作伙伴促进你承担责任，你就能加快打破改变免疫系统的步伐。

设定指标以确认成本和进展

设计指标可以让你明确改变免疫系统工作的目标，并想象成功打破改变免疫系统会是什么样子。我们相信成功的愿景会增加你开展这项工作的动力。我们通过两种方法来定义胜利：

1. 大幅降低改变免疫系统给你和你的学校或地区带来的成本代价。

2. 在实现你的第一栏承诺方面取得了重大进展（长足进步）。

你需要更具体地描绘出进展的图景，但这样做的目的不是让你立即着手去完成它。免疫系统的概念并不像人们通常认为的那么简单直白。相反，这一步骤的目的是设定一个进行改变的背景，让改变的过程变得可视化。它能让你详细阐述你在第一栏承诺中呈现的未来图景。

在你的改变免疫系统一直保持不变的情况下，我们会先评估你目前的成本代价。例如，亚瑟马上就意识到自己的犹豫不决对他地区的改进工作造成了什么样的影响——停滞不前。"如果我们一味等待，"他承认说，"我们就会一直沿着老路走。学校的考试成绩继续处于还不错的水平，我也可能仍被视为一个还不错的管理者。大部分孩子还会继续学习，但仍有很多人不会。作为一个整体，我们不会变得更好。教师得不到更好的监督和专业发展。大部分校长还会像以前一样不知道如何更有效地完成自己的工作，也不清楚如何成为教学领导者。我们从未期待他们会这样做，也没有训练过他们这样做。最大的代价就是在我们等待的每一天里都有孩子没有尽其所能地学习，没有发现自己的潜力。这个地区的所有孩子原本都能学得更多，做得更好，对此我很有信心。所以我必须承认，如果我不采取行动，我就是在耽误孩子们，拖我们工作的后腿。这对我来说很难接受，但我知道，除非我做得更好，否则教学就不会得到改进"。

在这一点上，亚瑟已经确定了如下的成本代价：

- 地区改进计划停滞不前。
- 结果（学生学习和考试成绩）保持不变——没有进步。
- 教学和教师水平没有显著提高。
- 校长的领导能力没有明显提升。
- 耽误孩子们发挥潜能。

现在轮到你了。你如何评估如果继续你在第二栏中列出的行为和不作为所带来的成本代价？你不太可能量化这些成本，但可以描述一些不同类别的表现——例如对自身工作效率以及对组织变革进程的影响。成本代价呈现得越具体越好。尽量罗列出和亚瑟一样多的表现类型来确定成本代价。

成功地完成这第一步后，你（和与你分享个人免疫工作的人）应该意识到为什么着手打破改变免疫系统是如此重要。如果你正在一个领导力实践社区参考这本指南开展工作，当你整合了所有的个人成本代价后，你应该对以下两点有了深刻的认识：(1) 学校或地区正在为这些个人改变免疫系统付出巨大代价；(2) 如果能打破这些免疫系统，必将提高学校或系统获得巨大收益的可能性。现在我们就来说说这些潜在的裨益。

当被问及"成功"会是什么样子时，亚瑟觉得很难回答。他能想象教与学将得到大幅改进，也能想象校长能够有效地监督学校的教师。但在一开始，他很难想象自己会有什么样的不同。最后，亚瑟下定决心："首先，我认为必须开始采取行动。我不得不承认，开展走课活动对我来说很有难度。老师们会有一种防范戒备心理。工会肯定也有话要说。但无论如何，我的第一步就是采取行动，往前推进，承担风险，接受他们对我的抨击。我做的第一步是想象我感受到了各种各样的疑虑，我可能不会做任何大刀阔斧的事情，这样的话各方压力和抱怨不至于太多太大。我可能很清楚其他人——校长、董事会成员、中央办公室的人——会如何看待我。要我不去想这些事情还真的蛮难的。

"然后会怎么样呢？好吧，我想那就采取行动吧，即便我不能每次都明确知道需要做什么，我不会在这一点上纠结，总是举棋不定。我只知道我们必须开始行动，并且全力以赴。如果事情看上去不太对头，那我们就作出必要的调整。不过我乐观地认为我会比较享受这个过程——甚至非常享受——因为我们会仔细观察发生了什么，哪些方面变得比从前好了，学习如何进行改进，并承担这类事情带来的风险。这才是真正的终点线该有的样子。"

亚瑟的成功图景如表9.1所示。

表9.1 亚瑟的成功图景

第一栏承诺	向前迈出的第一步	终点线
我致力于通过创建严谨教学的共同愿景带领我的学区从"良好"提升为"优秀"。	采取行动,往前推进,承担风险,接受他们对我的抨击,但我不会做大刀阔斧的变革,这样的话各方压力和抱怨不至于太多太大。我依然有疑虑,也很清楚别人会怎么看我。我意识到不应该老是想着这些顾虑,但是很难不担心。	采取行动,即便我不能每次都明确知道需要做什么,我知道开始行动后我们就要全力以赴,然后我们不断地观察进展并做出调整。这些行为意味着我不像之前那么担心承担风险。

现在,想一想你自己的改变免疫系统,什么会让你朝着实现第一栏承诺的方向跨出飞跃性的一大步?什么能让你向前迈出明显的第一步?回答练习9.1中的问题。这样做能让你看到进展的变化过程,最终可以进一步具体化,成为"第一栏"进度的指标。

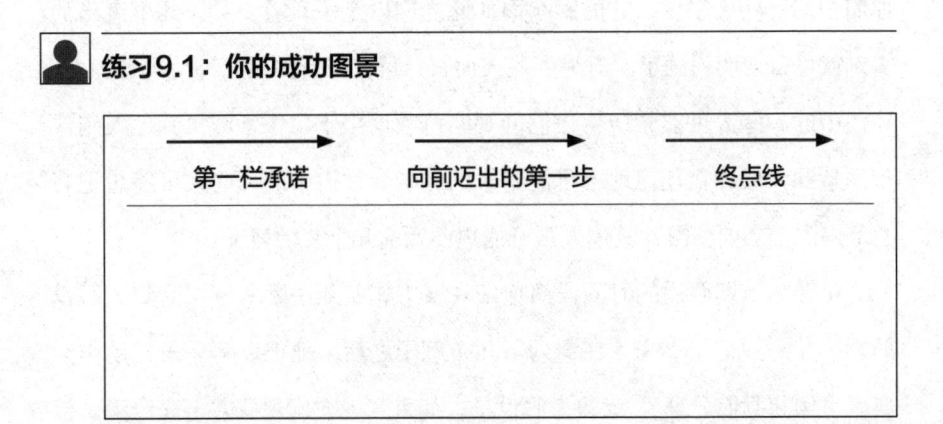

练习9.1:你的成功图景

第一栏承诺	向前迈出的第一步	终点线

合作伙伴的思考：

_____

_____

_____

_____

_____

_____

_____

观察实践中体现的大假设

如果你抱着自己的大假设不放，那么会发生什么事？又或者什么事不会发生？通过观察实践中的大假设，你可以随时关注到在工作中你能看到（或近期已经看到）的这些大假设所产生的影响。例如，影响你如何看待事物、感受事物、采取行动（或不采取行动）、做出选择、耗费你的精力。对你们中的一些人来说，它的影响面如此之广以至于只需要关注几个突出的实例就可以说明问题了。对另一些人而言，可能只有少数几种情况会发生。你们中的一些人可能希望将你们的观察范围局限于工作领域，其他人则希望注意到大假设在任何地方可能带来的影响。你们中的一些人可能想把观察范围限于当前情况，其他人则可能想回顾前几个月的情况。

亚瑟在为期两周的时间段内仔细观察工作实践中哪些方面受到大假设的影响并一一记录下来。在罗列了几个例子之后，他把以下一段互动作为典型事例和我们分享："我的大假设是，如果其他人发现我并不完全清楚接下去的每一个步骤，或者发现我一点没有把握，那么他们就会对我这个领导者失去信心，认为我是一个无能的领导者，在他们眼里我就是一个失败者。"他接着说道："我注意到最明显的问题就是我非常努力地在防止别人发现我并不清楚有些事情该怎么做。例如，我在和一位负责特殊教育的女士交谈，她最近刚被提升到现在这个职位。她问了我很多问题，例如她的工作能发挥什么样的作用，她可以期待什么，我对她以及和她有类似职务的人抱有什么样的期待。我一旦发现某个问题我能回答就迅速抛出答案。但我也意识到，其中有些答案非常模糊，而且我回答的时候语速很快，声音听上去越来越急促，语气也越来越生硬。我在暗示她我急着要去别的地方，可能要迟到了，她的问题影响了我之后的行程。（我确实要去别的地方，但离迟到还有一段时间。）她一边问问题一边想把我说的话都记下来，但我知道我没有给出她想要的东西。

"我没能告诉她其实她提的那些问题并不是每一个我都知道答案！她会怎么想？我甚至不能建议我们下次再聊。我开始紧张，觉得自己就是个骗子，但我不想让她看出来。可之后，当我开始把这段过程写下来的时候，我意识到我从来没有问她是怎么想的。我们之所以提拔她显然是因为我们觉得她很好，但是我根本没有谈及她的专业知识。我什么都没问！我满脑子只顾着我身上发生的事情，以及要表现出一个领导者应该有的样子。我只看到了她要我给她答案，告诉她该做什么，最让人抓狂的是，她本来可以帮我想清楚她该做什么。但我当时完全没有想到这一点。这件事让我彻底明白改变免疫系统会给我带来多大的阻力。"

你的大假设可能会带来不同的结论。在接下来的两周里，暂时不要改变你的行为或你的大假设。只要关注它在你生活中的影响，并且使用练习

9.2来记录。

练习9.2：在你行为中的大假设

留心观察如果抱着自己的大假设不放，那么会发生什么事？又或者什么事不会发生呢？在观察中写下两件事：(1)关于发生了什么事的细节和(2)它在你的工作中产生了什么影响。

观察	发生了什么？	你的大假设是如何在工作中显现的？

合作伙伴的思考：

保持警觉，质疑大假设

现在你发现了你的大假设在实践中产生影响的例子并与你的合作伙伴进行了分享，接下来就需要你留意任何可能质疑大假设真实性或其广泛适用性的经历了。因为大假设具有"毋庸置疑"的特质（导致我们很难去思考除此之外事情还可能会是什么样子），大假设其实就是在告诉我们，我们看到了什么，以及我们如何看待这个世界。它们使我们系统地关注某些数据，同时系统地避开或忽视其他数据。

（我们的大假设）使我们系统地关注某些数据，同时系统地避开或忽视其他数据。

在完成这个步骤的过程中，亚瑟开始关注他所在地区的一位校长。他说："这位女士确实是我们之中较为优秀的几位校长之一。她受到了全地区几乎所有校长的尊敬。她在教育系统里已经工作了30年，对很多事情都非常了解。我经常派新校长去她那里接受指导。她很擅长做这个工作，也非常乐意帮助新人。

"而我最近才开始真正注意到她经常谈论她正在学什么，哪些方面有待提高，以及新教师教会了她什么。她说话的方式和语气就像在表明她对什么都一窍不通是再自然不过的事。她坚信在她从事的工作中不断学习、不断提高是非常重要的。我特别尊重她这一点，相信其他校长也跟我一样。从她的例子我突然想到，不知道并不一定是件坏事，承认自己不知道，然后听取别人的观点、想法——如果做得好的话——实际上可以帮助你赢得他人的尊重。这一过程可以帮助他们接受这样的事实——有些事情他们不了解，他们还在学习。至少对于那位女校长而言就是这样的。这跟我之前的大假设完全不一样！我认为我也应该这么做——带着她的那份自信和信念。而且她的工作真的做得非常出色——没有人会质疑这一点——所以没有人会认为她有不知道的事情就等同于她有弱点。

"我不知道我怎么做才能像她那样。我不知道如何和'我不知道'和平共处。我无法想象在承认自己不知道后还能泰然自若，而且还能让别人也认为这样的我没什么问题。但经过认真观察她的做法，我觉得我应该以她为榜样。"

练习9.3：大假设面临的挑战

在接下来的两周里找机会搜索一些数据和经历——不管是在你的职场还是个人生活中——这些数据和经历会让你开始怀疑你的大假设是否绝对正确。你可能需要记下具体情况、和某人的互动交流以及当时的感受。不要有意改变任何与你的大假设有关的行为。只需要考虑任何可能让你对其绝对正确性产生怀疑的经历。

合作伙伴的思考：

_____

_____

_____

写下你的大假设传记

下一步是探索你的大假设形成的历史轨迹：它是什么时候出现的？它存在多久了？它有哪些关键转折点？亚瑟开始写下在他成长过程中和他弟弟之间存在的竞争关系。亚瑟常常怀疑自己比不上早慧的弟弟，他似乎做任何事都能轻而易举地获得成功。而亚瑟记得小时候的自己十分无趣，也没有什么天赋，他认为别人迟早会发现这一点，而且也会有同样的感觉。等兄弟俩长大，各自走上了截然不同的生活道路，这些感觉才慢慢消失。然而，弟弟的成就仍会时不时让亚瑟感到那种熟悉的处于竞争压力下的焦虑。他开始怀疑，这股强大的力量是否正是他现在感知到不确定的潜在原因。

> **练习9.4：大假设的传记**
>
> 当你回忆大假设的起源和形成过程时，写下当时的具体情况、感受、重要事件和"某个时刻"。再次提醒一下，这一步并不是要你有意识地改变任何与大假设有关的举动，这一步只需要你留心和注意。

_____

_____

_____

合作伙伴的思考：

_____

_____

_____

_____

为你的大假设设计一个测试

在这一步中，我们希望你设计一个安全、难度适中的大假设测试，为接下来运行的第一个"正式"测试做好准备。在设计第一个简单的实验时，你的"测试"将引导你做一些按照你的大假设来判断你通常不会做的事。

一个好的测试安全、难度适中、能马上投入使用，并且能让你收集与你的大假设相关的数据。

一个好的测试有三个标准：

- 安全且难度适中。你可能会问自己，"在一个没必要非得坚持大假设的小范围内，为了搞清楚会有什么样的结果，我可以冒险做什么，或不做什么"？
- 一个好的测试可以让你收集与你的大假设相关的数据（包括那些可以证明你的假设或者质疑它的数据）。
- 一个好的测试能够在近期投入使用。这项试验相对容易进行。在理想情况下，它不需要你花费很多精力。相反，它能给你提供一个在日常生活中做一些不一样事情的机会。另外，你应该能在一两周内完成这个测试（在你下次与你的合作伙伴碰面前就能完成）。

例如，第一个测试可以是在工作会议上做一些之前没有做过的小事，你可以从你信任的同事那里——同时他也是与会者——得到关于"发生了什么"的反馈。当你设计这个实验的时候，你的合作伙伴作为一个共鸣板尤其有帮助。你可能还希望从你的合作伙伴那里得到反馈意见，看看你的测试是否符合上述三个标准。

亚瑟的测试是让地区领导人开始走课。在该地区，走课是所有教学专家、协调员、督导和校长为了就优质教学的标准和实现愿景的进展标准达成一致理解所使用的方式。亚瑟计划从一所学校的一组领导者开始，但最终会推广到所有学校随机进行，以此为教学改进有何进展或有何变化"测体温"。

亚瑟承认，这个测试一开始可能看起来不是很那么安全及难度适中，但他也知道他不能一直老拖着什么也不做。事实上，再往后拖肯定会有人质疑他的工作效率。亚瑟总结道："其实无论我动或不动，都是在测试我的假设。所以不如开始行动！但我知道，我必须好好计划一下，这样我们才更有可能成功。"因此，亚瑟决定：

- 从一个由教学领导者组成的小组开始，开展走课活动。
- 和被走课的教师说明，走课是为了协助督导们的专业发展，并不是正式的教学评估。
- 和所有教师分享走课方案，要求他们确定一些能在教学中充分体现同时也是教学领导者应该寻找关注的标准。

在完成了测试的准备工作之后，亚瑟确认了这个测试是难度适中、安全且可操作的。现在是时候设计你自己的测试了（参见练习9.5）。

练习9.5：测试你的大假设

描述你自己设计的难度适中、安全、可操作的测试。

_____
_____

你计划收集什么数据？

_____
_____

它是如何体现难度适中和安全性的？又是如何体现可操作性的？

_____
_____

和你的合作伙伴讨论你的测试。描述对测试所做的修正。

_____
_____

合作伙伴的思考：

_____
_____

开始测试

在这一步中，我们要求你开始进行第一个测试，并在测试过程中做好记录。与你的合作伙伴分享测试结果，并思考你的大假设产生的影响，以及为你的下一个测试设计最佳方案。测试的目的是观察当你改变日常行为后会发生什么，然后结合你的大假设对结果进行反思。

测试目的是观察当你改变日常行为后会发生什么，然后结合你的大假设对结果进行反思。

亚瑟的教学领导小组完成了第一次走课，按照亚瑟的形容，这是"一次美妙的体验"。大多数教师欢迎团队来他们的课堂观摩，就算有人感到紧张，他们也能很快调整心态，"我们是专业人士，我们需要这么做"。亚瑟感叹道："所以实际发生的事情和我所预期的担心完全相反。我们以为老师们会把我们赶出去，但事实并非如此！"他和他的团队立即开始计划去该地区其他学校开展走课活动。

当亚瑟反思这段经历让他对自己的大假设有什么新认知时，他得出了以下见解。"我发现自己有一个非常固执的假设，而且它和我的大假设有关，直到现在我才认识到这一点。这个假设就是一旦我认为可能会发生冲突，那就一定会发生。我把所有的注意力都集中在这种可能性上，担心和恐惧油然而生，直到我确信事情不可能进展顺利。我认为如果我们没有做好前期工作就去走课，我们就很有可能遭遇令人不快的冲突。但是现在我发现有一些方法可以真正减少人们产生抗拒心理的可能性。我们可以走一步看一步，有很多方法可以防止事情变糟。

"同时，我也很惊讶地发现，教学领导者团队中有很多人比我之前想象的更加了解地区使命和愿景，也比我想象的更努力、更投入。这不仅仅是我的使命、我的愿景，也是他们的。所以，他们并不是为了挑我的错，看看我是否知道该做什么，他们同样致力于一起思考和践行我们该做的事情。现在我明白了，我之前认定我对这个计划的成败负有全部责任。但现在我看到我身边有那么多人，他们也想担起责任，这个地区不仅仅是我的，也是他们的。所以现在我在免疫系统图上添加了一个新的假设：如果我对于接下去要走的每一步并不完全清楚，没关系，我不是一个人。我可以让其他人帮我们想出一个可行的计划。我们都要为此承担责任。

"我觉得对我而言推动变革继续向前仍然不是一件容易的事，尤其是我担心这个前进方向是否正确，对此我并没有十足的把握。我仍然会担心万一失败了该怎么办，也仍然害怕让别人看到我的不确定。但现在我很清楚，我之前的做法是在妨碍一个已经开始的进程。我已经把其他人拉进了这个计划，创造了推动计划的动力。而我的大假设实际上变成了一股阻止它们的力量，但我可以用同样的力量继续前进。退缩很有可能会让我遭遇最初害怕的那个结果——人们开始认为我是个无能的领导。一旦你开始创建紧迫感和期望，你最好找到方法让人们开始行动起来！你最好也行动起来！所以现在我认为我有一个与我之前的大假设完全相反的假设：我假设如果其他人准备好开始行动，而我却阻止他们，他们就会对我这个领导者失去信心。我以前怎么就没看明白这点呢？"

练习9.6：开始你的测试

你的功课是描述测试期间发生的事情，列出收集到的所有数据。

记住你的描述和数据,这个测试的结果让你对你的大假设有了什么新的认知?

_____

_____

_____

_____

合作伙伴的思考:

_____

_____

_____

_____

开发新设计和新测试

如果你的第一个测试有了结果,那么现在你的大假设应该已经有了一些很好的初步反馈。我们建议你可以将收获的新想法作为一种新的假设,指引你在领导工作中采取不一样的做法。在之后的测试中,你会有机会进一步探索这些假设,尝试新行为,并产生更多的假设。最终,带来成功结果的新假设可以成为指导你领导学校或地区的推进器。

通常,第一个测试会为之后的测试带来许多新想法。例如,亚瑟注意到,尽管他在第一次测试中学到了很多东西,但他并没有找到机会和他人分享自己的不确定,并看看他们会作何反应。他开始思考如何在领导层会议上与同事们讨论一下自己对于下一步行动并不确定的事实，明确地告诉他们希望所有与会者能群策群力，共同制订出行动计划。

根据第一个测试获得的结果，你还想进一步探索你的大假设吗？关于这个问题，你的合作伙伴会给你什么样的反馈意见？在进行进一步探索时，好的测试设计应该有哪些特点？你的测试安全吗？它有可能带给你需要的信息吗？它是可以操作的吗？你的合作伙伴是否和你持一样的意见？通过思考练习9.7中的问题来指导你的探索。

练习9.7：新一轮的大假设

描述下一个难度适中、安全、可操作性的测试。

列出你计划收集的数据。

确定你的测试有多安全、难度如何适中、操作性如何？

和你的合作伙伴一起讨论你的测试。描述对测试所做的修正。

合作伙伴的思考：

_____

_____

描述测试过程中发生的事情。列出你收集到的数据。

_____

_____

测试结果让你对你的大假设有什么新的认识？

_____

_____

_____

促成最有效的学习

当你完成我们在前面部分中描述的每一个步骤时，你可能还要思考你的应对是否以及如何促成最有效的学习。为此，我们有三个建议——持续关注你的"大假设"，将这些步骤视为需要重复进行的过程，并在整个过程中征求意见——每一个建议都应该能深化和加强你对这些步骤的体验。

持续关注你的"大假设",将这些步骤视为需要重复进行的过程,并在整个过程中征求意见。

持续关注你的大假设。当你计划并完成每一个步骤的时候,尝试继续关注你正在做、正在思考以及正在学习的事是如何影响你的大假设的。虽然体验用新方法做事或得到之前认为不可能得到的结果具有极大的吸引力,然而只有当你直接挑战、测试、修正那些形成旧的处事方式的想法和理念(即大假设)时,这些改变才有可能成为永久的、充分得以实现的新的领导方式。

将所有步骤视为需要重复进行的过程(而不仅仅是最后一轮)。人们经常发现在完成一个步骤之后就会出现几个新想法——要是当时他们那样做也许能学得更多、更好。写下大假设的自传后或许能产生新念头——如果颠覆了大假设后迈向成功的"巨大"的一步会是什么样子。又或许一个测试能让你发现第一栏承诺的措辞不够准确。把这些步骤想象成一个复杂难题的一部分,在解决的过程中,一开始解题时使用的顺序可能会被完全打乱重组。当我们进一步研究我们自身免疫系统这一难题时,我们能够更好地反思我们所做的事情,看看它将引导我们找到什么样的解决方案。

就你在开展这项工作之前、期间和之后所产生的影响征求他人的意见。个人对自己工作效率的感知往往与他人的评价大不相同。我们很难知道自己是否在就值得我们花力气的问题展开工作,是否在以有益的方式进行改变,是否在没有收到真实反馈的情况下学到我们能学到的一切。我们并不建议你公布每一个步骤,也不认为所有反馈都是有益的。但我们想强调一点，在征求具体反馈意见的时候可能有一些特别合适的契机或问题，这些反馈意见可以帮助我们以全新的方式看待自己。

打破个人改变免疫系统的4个阶段

亚瑟最终为打破自己的改变免疫系统奋勇作战，这项工作非常艰难但同时能得到很大收获。我们已经按时间顺序一步一步描述了他是如何开展这项工作的。我们希望这些步骤能让你更清楚如何开始并推进自己的工作。不过我们同时也认为，有必要阐述一下亚瑟和我们共事过的其他人在不同阶段的变化。从宏观共性的角度描述他们的变化可以帮助个体更好地应用方法，虽然每个人有不同的免疫系统问题。

图9.1中的序列图描述了我们打破自身改变免疫系统的基本步骤，在这个过程中，我们从无意识的抵抗改变，到有意识的抵抗改变，再到有意识的接受改变，最后到无意识的接受改变。我们都是在懵懂中开始了这个过程：我们没有意识到自己对改变怀有抵触心理（我们无意识地抵抗改变）。当我们开发出一张强大的"诊断性"免疫系统图后，我们就从无意识转变到了有意识。在这张图中，我们可以迅速了解到我们对改变抱有的抵触心理，即改变免疫系统是什么样的，以及我们基本的大假设是如何产生这种改变免疫力的。尽管认识这种免疫系统并不会改变免疫系统本身，但它会改变我们与免疫系统之间的关系，而且能让我们从无意识的免疫转变为有意识的免疫。我们现在能在对其有了一定了解的情况下做决定——我们是否愿意为了减少大假设对我们的影响、挣脱它们的束缚、摆脱它们对我们的控制而努力。例如，亚瑟开始认识到自身免疫系统对他的影响，明确了如果他对接下去采取什么步骤不确定的话别人会如何看待他的大假设，进

而又意识到如果他放任自己的免疫系统保持不变会出现怎样的成本代价，于是他决定尽力打破他的免疫系统。也许你也和他一样。

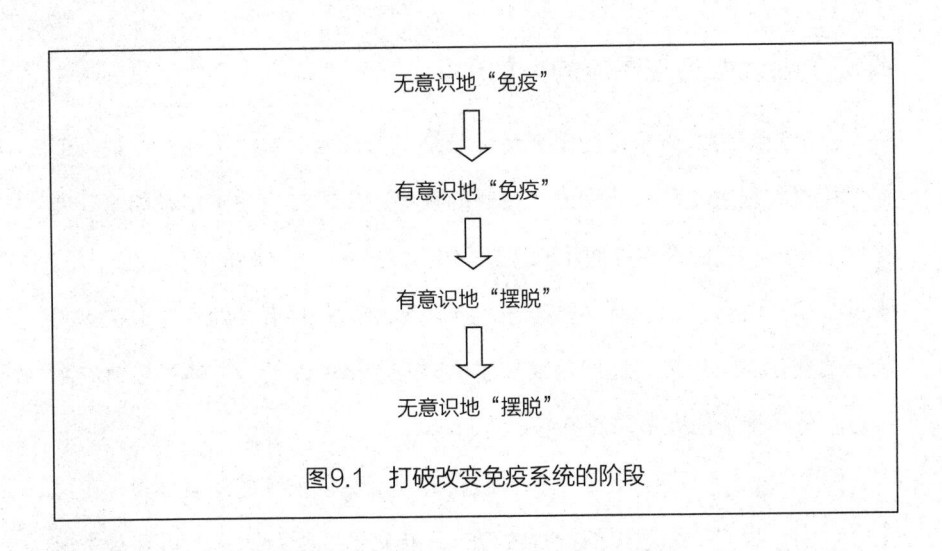

```
        无意识地"免疫"
              ⇓
        有意识地"免疫"
              ⇓
        有意识地"摆脱"
              ⇓
        无意识地"摆脱"
```

图9.1　打破改变免疫系统的阶段

　　这种有意识地从免疫系统的控制中解脱出来的行为来源于对大假设可能并不正确，至少不是绝对正确的认知。对于亚瑟来说，他的关键时刻就是他注意到有一位领导者在承认自己不知道的同时却没有失去他人对她的信任或信心。人们经常会学到新的行为、新的回应方式以及新的思考方式去想该做什么。当你能够根据你的新发现展开行动，在大假设（以及与之相关的旧行为和自我暗示的行为模式）行之无效的情况下果断终止，这就显示了你已具备有意识解脱的新能力。当你和"大假设"之间的关系发生了改变，那就势必会打乱这个不断产生阻碍性行为的体系，并最终使你能够实现更多你所承诺的事情。有意识地解脱意味着你可以开始从熟悉的模式中被解放出来，不过你必须要认真研究，仔细思考。

　　这需要用心练习。这段旅程并非一路坦途，也绝不是一段笔直的路线。

重新回到"大假设"相关的旧模式中是很正常的。尽管如此，知道自己在后退，知道如何让自己挣脱困境，这些都是你在成长、在进步的证据。通过自己设计的测试不断反思，并创建新的假设，亚瑟已经开始了有意识的解脱。

当你不再需要停下来，思考并计划如何终止你的大假设时，你已经具备了无意识解脱的能力。

但是我们能看出来他还没有完全解脱，他还没有进入最后阶段。当你不再需要停下来，思考并计划如何终止你的大假设时，你已经具备了无意识解脱的能力。在这个时候，当遇到大假设行之无效的情况时你会自然而然地采取与大假设截然不同的行动和思考方式。在整个过程中不断获得、发展的新理念和新看法已将大假设取而代之。在进入最后阶段之前，个人通常需要（亚瑟可能也需要）大量的练习、自我监督和自我反思。在总结本章内容的最后部分，我们将用少量篇幅和大家分享另一个故事，它讲述了一位地区领导者是如何进入最后阶段的。

逐步摆脱个人改变免疫系统

最近，凯瑟琳在中西部一个大区接下了一份"变革顾问"的工作。因为想急切地证明自己能够胜任，并且能出色地完成任务，她一开始就铆足了劲努力工作，密切关注手头上正在进行的各种计划。她很快就注意到其他人很乐意看到她把所有责任都扛在自己身上，而她自己也很高兴，因为她正在为完成任务竭尽全力。但是慢慢地，凯瑟琳意识到因为她将所有事情一肩挑，并且事无巨细地掌控一切，其他人就不再需要改变、学习或成长了。那些向她报告的人虽然完成了她要求他们做的事，但工作质量总是比凯瑟琳预期的要低。他们不愿意像她那样拼尽全力，为此她感到十分头疼。

因此，当她创建她的免疫系统图时，她在第一栏承诺中这样写道：

帮助他人承担并成功履行我们工作中更大的责任。

凯瑟琳承认自己之前一直把大部分注意力放在其他人是如何反对这个目标上，然后她意识到其实自己也在妨碍这个目标的实现。于是她在第二栏中写下以下行为：

- 我过早地主动承担责任，或在其他人的表现不尽如人意时过早地揽过责任。

- 我从不要求其他人主动参与工作（或在我们确定需要有人参与后等他们接受责任）。

- 我没有尽可能多地分派任务。

但是当她想要改变这些行为时，凯瑟琳意识到了她内心的恐惧：

- 我担心如果其他人做更多的工作，我对这项任务的控制就会减弱。

- 我担心如果我不能全盘掌控，那么其他人就不会做这项工作，或者做得不够好。

- 我担心如果这些计划中有任何一项失败，我将要承担责任。

- 我担心如果其他人做了更多的工作，那么我所作的贡献就不会被人看到，也不会被看重。

这些恐惧相当强大，它们让她意识到自己正抓着第三栏的承诺不放，这会让她继续做过多的工作。

- 我致力于始终掌控一切，让事情按照我设定的计划发展。

她的改变免疫系统是建立在一些大假设的基础上的——如果她不能实现她的第三栏承诺会发生什么。

- 我假设如果我不再对任务全盘控制，事情就不会按照我希望的方式进行。
- 我假设如果我让别人做这项工作，它就不能被完成或不能按正确的方式被完成，而我就会失去别人的信任。

凯瑟琳承认，她的这种控制欲是有代价的：她剥夺了别人学习和成长的机会，也剥夺了自己听取别人想法和意见的机会。她不能保质保量地完成手头上的所有工作，也不能给予优先事项足够的重视。不过，当她开始在行动中观察自己的大假设时，她发现在大多数情况下，它似乎是相当准确的，她没有直接参与的一些会议和项目就是没有按照她的标准执行。

凯瑟琳开始思考她能做些什么从而产生不同的结果。她开始测试，并对结果进行反思。她决定与她直接监督的人会谈，讨论他们对工作的期望，将这些期望与凯瑟琳对他们的期望加以比较，然后达成共识。这些会议代表了她开始采取新行动，尝试不再"大包大揽"，而是给人们"他们所需的工具和资源，让他们自己作出决定，然后支持他们完成所要做的事情"。当其他人对她的期望有了更加清晰的认识，并在制定自己工作标准上有了发言权，凯瑟琳发现他们的工作质量开始提高。随着她不断测试，不断从测试中学习新知，她能够放手分派更多的任务，对于别人的工作表现也不像之前那么担心了。

将这些新的行为和结果与她的大假设联系起来看，她发现只要她与团队在工作初期进行有效的对话，确立共同的期望，她的大假设就不再成立。

但她觉得有必要补充一点，即她已经与团队中的成员建立了信赖关系，而对于那些没有建立起这种关系的人，她的"大假设"可能仍然适用。

凯瑟琳也意识到这些新行为和新想法对她来说还是有些陌生的，她依然处在有意识的解脱状态。"我觉得我仍然需要在目前的基础上再接再厉。一切还未可知。我必须有意识地提醒自己去做这些事情，希望这能变成不用思考、自然而然的行为。如果不能坚持这么做，我很可能会回到以前的行为模式中。这种感觉就像绷着一根随时会断的橡皮筋一样。我参加会议时仍然会感到焦虑，我还是会担心会议的质量。"

当她继续练习新行为和她带到工作中的新假设时，凯瑟琳给人的感觉比从前轻松了，这就让其他人也轻松下来。当他们带着问题或者向她寻求帮助时，她通常会把工作交还给他们。她现在把这些项目"视为让他们成长的机会。如果他们需要我，我会在那里"。有些时候，工作完成的质量并不总是那么高，她能看到同事们的失望会对自己的领导产生什么样的影响。"我要搞清楚他们能做什么、不能做什么。我也看到了我需要帮助他们学习什么才能让他们完成目前无法完成的工作。"

凯瑟琳也开始慢慢意识到，当其他人完成的工作与她的预期出现差异时，并不一定是他们做错了。她解释说："以前，我认为'不同'就是'不够好'，现在，我可以把'不同'仅仅看作不同。我可以在我的工作框架中添加一个新的假设：与我期望不同的工作未必就是不够好。它往往只是——不同而已。"

她还罗列了其他经过修正的假设：

- 当我越想操控一切，我就会在所有事上都变得无能为力。
- 如果你想插手一切，你就无法创建一个社区。

随着凯瑟琳逐渐摆脱自己的改变免疫系统,她发现自己越来越善于思考别人需要知道什么,以帮助他们成功地履行职责、完成项目。她认为,组织中人与人的关系质量正在提高,对于如何与他人交流他们的期望和她自己的期望以及如何保持信任,她变得非常慎重和深思熟虑。原本以顺从为主要特征的工作气氛正在慢慢改变,人们开始积极主动地参与到工作中来。通过打破自己的假设和免疫系统,凯瑟琳改变了自己和她的组织。

REFLECTIONS
回 顾

在第八章和第九章中，我们看到了两段不尽相同但又相辅相成的旅程中的关键里程碑。其中一段是一个组织的旅程，它的目的地是通过新方法，更具策略性地开展工作，从而改善所有学生的学习成效。另一段是个人旅程，它帮助你——作为一个领导者——认识到你能为你的学校或地区实现目标作出哪些贡献，并克服在第一段旅程中阻碍重要进展的理念和行为。这两个章节都提供了一些练习，通过练习你能更好地了解你的假设是如何指导你的行为的。花点时间认真思考我们提出的问题并完成练习可以帮助你朝着你的个人目标取得更大的进步。在此过程中，你会发现自己正在经历四个成长阶段，从被改变免疫系统捆绑手脚到完全摆脱它们。

当领导者同时踏上组织旅程和个人旅程时，所有学生在学业上获得成功的概率就会大大增加。每一段旅程都有风险，同时也具有得到回报的可能性。每段旅程都要求领导者以全新的方式思考和行动。因此，我们所有教育工作者所面临的首要挑战或许就是重新思考成为21世纪的教育领导者到底意味着什么。

在本书的最后一章，也就是第十章中，我们将把外部和内部关注的重点结合起来，进一步指导变革领导者如何为未来做好准备。

为未来做好准备

CHAPTER TEN
第十章

应对学校创新管理的外部与内部挑战

在整个变革领导过程中，最重要的前提是领导者必须理解组织和个人变革所面临的挑战，同时将二者结合在一起，从而成功地领导学校和地区的改进过程。本书核心章节的构成方式表明，这两条阵线是两条学习轨道，具有外部和内部的重点，且相互平行。在这一章中，我们将阐明内部变化和外部变化是学校变革这枚硬币的正反两面。我们也将讨论这个综合课程对提升学校和地区领导者领导力所产生的影响。

现在你手头上应该有了一张具有个人特色、详尽完整的四栏免疫系统图，它显示了你作为个体所面临的个人方面的学习挑战（一个内部焦点），以及与之紧密相关的公众期待，或者说是你所理解的公众对你取得成功的样子的期许。例如，你可能迫切地想把任务分派下去，在你的学校或中央办公室创建一个更具协作性的领导方式。你所读到的关于学校改进的文献资料都表明，无论如何优秀、不知疲倦或具有个人魅力，你和其他地区主管或校长想要推行的变革都没法仅靠个人英雄主义式的努力来实现，你自己对此也深信不疑。然而，你的四栏免疫系统图也显示出另一种理念，这

种更具个人特征的理念在任何关于学校改革的报道中都无处可寻。在你的大假设中这种个人理念占据了首要位置。假设你发现自己有这样的想法：如果你将更多的工作委派给其他人，而不是你一人做主心骨，你在工作中的成就感就会变少。那么在此前提下，无论你内心多么希望能成为一位下放权利的领导，如果这个想法没有被察觉，没有被改变，那么它就会阻碍你进一步提升自己的领导力。我们相信你现在已经看到了你自己的四栏免疫系统图是如何显示内外部重心的一个重要交汇点的。

  我们相信我们所说的每一个外部变化都会发生，因为整个系统的成功改进对于任何个人或团队而言都要经历相似的具有挑战性的变化过程，而这些改变对于个人或团队来说都需要克服重重困难才能实现。

  事实上，我们相信我们所说的每一个外部变化都会发生，因为整个系统的成功改进对于任何个人或团队而言都要经历相似的具有挑战性的变化过程，而这些改变对于个人或团队来说都需要克服重重困难才能实现。第二章、第四章、第六章和第八章都着重强调外部关注力——明确教学改进的工作重点，为变革产生更有效的集体能量，更系统地进行思考，更具策略性地付诸行动。虽然所有这些想法都有其内在需求（在第三章、第五章、第七章和第九章中进行了讨论），但其中一些外在议题相较于其他议题往往会对个人学习发起更频繁的挑战。我们将对其中一小部分进行研究，以阐明个人和组织变革之间的关键联系。

- 我们必须对所有的孩子抱有很高的期望。

- 学校和中央办公室的管理人员需要更多地参与到教学中去。
- 如果我们在教学改进中有许多优先事项,那就等于没有优先事项。所以我们必须选出一个优先事项,并始终以它为我们的工作重心。
- 我们必须在大范围内培养变革紧迫感。
- 我们需要一种新型的领导者,他的专业知识将更多地用于帮助一个群体创造持续改进所需要的、可以共享的知识,而不是成为某种提供答案和解决方案的固定来源。
- 我们需要一个新型的管理团队,一个可以同时承担两种工作的团队——管理运行学校或地区,同时领导改进过程,将我们的学校和地区打造成必须成为的样子。

我们发现与我们一同工作过的千百位学校领导都认为这些观点非常有道理。他们都是有智慧、有担当的人。那么既然有头脑、有责任心的人都认为这些观点是合理的,为什么他们没有付诸实践呢?我们已经为这个问题提供了大量答案。一个笼统的回答是因为这些观点涉及一系列适应性挑战。如果我们知道如何将这些想法付诸实践,我们早就做了。

回顾海菲茨的区分方式,技术性的挑战是那些可以用现有的知识去解决的问题(这在可靠的程序、有效的工具和已有的培训手段中是显而易见的)。挑战可能是复杂的,而且解决这个问题是相当重要的,所以技术性挑战绝非微不足道。(切除发炎的阑尾以及驾驶喷气式飞机安全着陆都是技术上的挑战。)适应性挑战指的是在解决问题的过程中必须创造出解决问题的必要知识或培养必要能力的挑战。接受适应性挑战的个人或组织必须先改变自身——他们必须作出调整。他们不仅要利用已有的知识(像应对技术性挑战那样),还要创造新的知识。重塑学校、不让一个孩子掉队这项工作就像一边要让飞机保持飞行状态，一边要对它进行再造，我们谈论的就是这样一个适应性挑战。在承认我们还不知道如何做到这一点时没有必要觉得尴尬。

不过，我们确实需要在工作中学习如何工作。在我们看来，学习如何工作的很大一部分是要能看到这样一个事实：尽管组织中"应该做什么"的列表因其清晰合理而闪闪发光，但我们只看到了"学校改进月球"发光的一面，我们还需要照亮通常看不到的另一面——内在的部分、需求和假设。如果我们以那张清晰合理的列表为路径穿越到月球的黑暗面会怎样？

对每一位学生保持高期待

我们团队中的两名成员最近和南加州一个非常努力的地区领导者团队一起工作，该团队由地区主管、负责课程和教学的助理主管、几位学校校长、助理校长、若干教师骨干组成。在该地区的所有学生中，80%以上是拉丁裔，教职员工中有80%以上是白人。大多数学生来自需要经济补助的贫困家庭。我们要求这个小组创建四栏免疫系统图，不是个人的，而是领导者团队作为一个整体一起创建一张代表集体的免疫系统图，如表10.1所示。（附录A中含有与你的小组一起进行这项工作的表格）

如表10.1所示，这个小组毫不费力地明确了一个第一栏中的集体承诺，可见所有人都认为这个承诺很重要。虽然填写第二栏的体验不那么轻松（其设计目的旨在回答"我们做什么或不做什么会对实现第一栏承诺产生不利影响"），不过他们还是比较迅速地确定了共同答案，即"我们对学生ELL和SpEd的成绩没有抱很高期望"。通常情况下，他们会发现第三栏（隐藏的、相矛盾的承诺）是最难填写的，同时也会成为他们最好的学习机会。

表10.1 南加州地区四栏免疫系统图，进行中			
1	2	3	4
集体承诺	正在做什么/没有做什么	集体隐藏的/相矛盾的承诺	集体大假设
我们致力于提高学生 ELL[①] 和 SpEd[②] 的成绩	我们对学生 ELL 和 SpEd 的成绩没有抱很高期望	我们也可能会承诺不修改我们教授 ELL 和 SpEd 的内容和方法	

他们发现他们担心如果真想对学生ELL和SpEd的成绩抱有更高期待，他们就必须开展新的工作，也就是为学生创建新的课程并为他们提供必要的支持。虽然明确第三栏承诺在技术上创建了"改变免疫系统"的图景，但这一练习似乎并没有为团队带来太多的动力，也没有引导出一些富有成效的新优势。因为那时已经很晚了，所以我们决定第二天再继续进行。

第二天早上，加州地区的助理主管在早餐时来找我们，他看上去有点激动。"昨天结束后我一直在思考这个问题。昨晚我做梦也在想。第三栏应该怎么填其实我们心照不宣，但我们没办法宣之于口。"我们问他为什么。

"在这个以白人为主的群体里，对我们来说最难开口的事情就是种族问题，"这位助理主管是美籍拉丁裔，"我们彼此相处得很好，大家都很善良，我们都在努力帮助这些孩子，但这可能正是我们不能说出第三栏如何填写的原因"。

我们问他觉得第三栏应该填什么。

---

① ELL：English Language Learners，英语学习者考试。
② SpEd：Special Education，特殊教育考试。

"如果我们够坦诚，第三栏应该填入类似'我们也坚定地致力于保护可怜的孩子文化'。但我不确定我能对我们团队说出这样的话。"他解释说，"可怜的孩子文化"充满了想要保护孩子的良好意愿。"这种立场就像在说，这些孩子的人生道路上已经障碍重重，我们怎么忍心在学业上对他们严格要求从而增加他们的负担呢？"

经过一番交谈他得出结论，他应该向他的团队提出建议，修正他们第三栏里的内容。"如果我不提，那让谁提呢？"虽然很难开口，但他还是决定由他来说，"白人管理人员没法提这个建议，他们担心这么说会被认为是种族主义者，或者会冒犯我们，又或者会破坏我们团队友好团结的气氛"。

当他那天早上在团队中开启这个话题时，"就像把火柴放在火绒上一样"。他说。如同他之前想象的那样，他的话引起了巨大争议，尽管并不是每个成员都能立刻接受他的说法，但他们都认为在共同领导方面已经往前迈出了至关重要的一步。他们提出的四栏免疫系统图如表10.2所示。

表10.2　南加州地区四栏免疫系统图，修正版

1	2	3	4
集体承诺	正在做什么/没有做什么	集体隐藏的/相矛盾的承诺	集体大假设
我们致力于提高学生ELL和SpEd的成绩	我们对学生ELL和SpEd的成绩没有抱很高期望	我们也可能会承诺不修改我们教授ELL和SpEd的内容和方法 我们正致力于保护"可怜的孩子文化"	我们假设如果我们真的激励学生努力学习，他们可能不会成功，他们会被压垮，我们也会因此感到挫败

降低期望值的想法不仅可能来自歧视或漠视，还可能来自爱护与关心，这种认知将之前领导团队工作的"阴暗面"明明白白地放到了台面上。现在他们终于可以更深入、更准确地看到他们的工作实践是如何与提高学生ELL和SpEd成绩的真诚承诺相违背的。同时，他们可以直面一个核心问题，即激励这些学生努力学习的结果是否真的会像他们不知不觉中认定的那样，总是承受失败和痛苦。他们为修正这一假设创造了可能性，他们要看看他们的英语教学和特殊教育教学是否能取得成功——以及他们的学生能否取得成功（在第九章中描述了团队如何打破他们的改变免疫力系统）。

转变角色：让学校管理者参与教学

在过去几年里，来自各个地方的学校改进倡导者呼吁大刀阔斧地重新塑造学校校长的角色定位——从有能力的学校管理人员转变为首席教学负责人。校长过去的角色就像工厂经理，成天把自己关在办公室里，埋头处理上课打铃、校车和教学楼保养等事务，按照一套与学校专有的核心事业——教学——几乎无关的标准来决定他角色的成败。新塑造的角色是校长教育家，学校的领导者，引导学校里的所有教职员工集中关注学校的核心职能，并提升他们参与其中的能力。校长的形象发生了变化，他走出办公室，走进教室仔细观察，不断讨论什么是优质教学，以及我们如何做才能获得更多的优质教学。

无论这幅蓝图有多么激荡人心，即便有越来越多的证据正在表明校长所扮演的新角色对提高学生成绩能起到多关键的作用，要让校长从大楼管理员转变为首席教学负责人是非常困难的。教育周研究中心最近对近1万名校长进行了问卷调查，结果显示他们中只有27%的人每天花部分时间用来指导课程及教学的开发或评估，而86%的人表示他们每天都要花部分时间管理学校设施，维护学校安全。只有53%的校长声称他们每天会花一些时间来帮助学生学习，而接受问卷调查的56000名老师中的55%坚决否认或在某种程度上否认校长经常与他们一起探讨教学实践。

条件，文化，还是适应性挑战

当格里·豪斯担任孟菲斯地区主管时，各所学校破碎窗玻璃的数量让她大吃一惊。她本可以对校长们说："你们没有像我希望的那样做好工厂经理的工作。这些窗户的情况向校内外所有人传递了糟糕的信息。先把窗户给我搞定。"让校长们解决"破窗户的问题"可以当作改善孟菲斯公立学校系统文化的一个有力方针。它可能在告诉人们："我们关心你们的孩子，我们关心他们在什么样的环境内接受教育。这里有许多窗户都破了，我们现在就准备把它们修好，马上。"

但是，如果豪斯博士也想支持新的文化价值观，即将校长们的优先事项从工厂经理转换为教学领军人，那么所谓"修窗户"无疑是一种代价高昂的方式。所以，她雇了一个外包商来负责整个地区的窗户维修。通过这种做法她发出了第一个信息（"我们关心你们的孩子"），同时也是在对校长们说："我们也关心你们。作为核心事业的领导者，你们的时间最好都花在刀刃上。我任职的目的不是给地区再添一个管理人；我来的目的是让你们从工厂经理的岗位上退下来，转到另一个岗位上去。"

当然，要实现这种转变，困难的根源随处可见——条件和文化在其中扮演着重要角色——但我们认为，困难最主要的原因在于这不仅仅是技术上的挑战，而且还是适应性的挑战。即使条件发生变化，文化宣称说我们的首要任务是学习，但事实证明有太多的校长很难完成角色转变，这恰恰也证明了这正是月球没有被照亮的另一面。在这种时候，我们几乎可以听到爱因斯坦在耳边轻轻说："在寻找解决方案前，先把问题搞清楚。"

大卫是和我们合作多年的某地区的校长，为人真诚坦率，他为我们提供了一个很好的例子，解释了要实现这种转变很困难的原因，以及月球的那一面在发生什么。他的地区主管宣称他想要支持每一位校长成为他/她所在学校的教学领导，而且言出必行。但不久之后，大卫将会第一个承认虽然他已经很努力地想要转变，但进展并不顺利。

如表10.3所示，大卫在第一栏的承诺与地区主管的目标完全一致。当大卫填写第二栏时，他说："其中有两件事非常突出。一直以来我都信奉对全体教职员工实行打开大门的政策，但结果却是不断有人找我寻求解决个人问题、人事纠纷、探讨人生方面的建议和咨询。你简直没法相信找上门的各类问题有多五花八门！另一件事是我花了一周专门关注了一下我的时间都到哪儿去了，然后我发现，我每天都要去食堂监管午餐时段，这些时间累计起来确实要占用大量时间。"

如果他准备做与第二栏相反的事，那么考虑最不喜欢或者最担心的事情让大卫从自己月球的明面看到了没照到光的另一面。大卫意识到，尽管他的打开大门政策和餐厅监管分散了他对主要目标的关注力，但他确实很喜欢自己扮演的角色，热情、友好、开放，只要老师和学生需要他随时都在那里。当他认真考虑将这些事情"边缘化"时（这正是他在第一栏中的措辞），他变得闷闷不乐。很明显，他从工作中获得的快乐来自教职员工充分信任，放心地把自己的问题交给他，他们相信他能提供他们看重的东西，学生们喜欢和他在一起，他也同样乐意跟孩子们共享快乐时光。

表10.3　大卫的四栏免疫系统图

1	2	3	4
集体承诺	正在做什么/没有做什么	集体隐藏的/相矛盾的承诺	集体大假设
把"领导教学"作为我的工作中心，限制在边缘事务上所花的时间	实行打开大门政策导致与教职员工之间进行了许多与教学没有直接关系的对话；每天在食堂的监管时段花费了大量时间	我致力于成为勤勉的牧羊人，聆听告解的神父，业余治疗师，学校里尽忠职守的管理员，受到教职员工和学生的爱戴 我致力于不与教职员工发生冲突	

"还没完呢，我还要告诉你更多的事情，"大卫自嘲地笑了笑，他很高兴能有机会更仔细地观察月球背面，"我发现我不仅仅是担心学生或老师开始觉得我不可接近。我开始思考如果我不再充当老师们的告解神父我该如何对待他们。我会监督他们在教学方法上有没有改进，我知道这其中肯定会发生很多冲突。一直以来学校里都安然平稳，我知道如果我放弃这些，我可能就不会有那么大的干劲"。

大卫现在至少认识到，对他而言，如果要成为一名教学领导者，势必会给他带来一系列涉及面极广的学习挑战，包括一些内部挑战。他意识到他能不能转型成功在很大程度上将取决于自己不得不放弃什么以及需要开始做什么的主观意愿和能力。从他目前持有的理念和假设看，大卫还无法想象如果他真的成为一名高效的教学领导者会如何令人满意、如何有意义。但过一段时间，他可能会发现，短期内产生的冲突和动荡实际上会让他（以及其他人）在长期内收获更深层次的满足感。

通过这些内部的思考、反省，大卫将更有可能开展外部工作，进而成为一名高效的教学领导者。

专注于一个目标

的确，如果我们有太多需要改进的优先事项，那么其实就等于没有。我们必须从中选择一个，并且坚持以它为工作重心。我们在很多地区都经常看到那里的每个人都"尽可能快地迈动舞步"，将精力毫无保留地投入各种各样令人印象深刻的措施上，每一个措施看上去都非常必要。没有人能够指责这样忘我的投入和努力。但在大多数情况下，这样的付出并没有换来多大的进展。在很多方面，它只会把我们带入一个成本代价极高的境况：领导者团队没能朝着当前的目标前进，为了实现未来目标将人们团结起来劲往一处使的难度也会越来越大。事情就是这样："我们上次花费了多大的精力啊，可仍然没有取得任何成果，这么做有什么用呢？"

更加努力也许是应对技术性挑战的有效策略。但对于适应性挑战，我们则需要走出舞池，走向阳台，离开人群和狂热的舞步，认真观察一下更大的系统，排除干扰，我们要做我们必须做的事——专注于一件事。

肯定还有很多隐藏承诺会让我们觉得同时启动多个项目是一个明智的

选择，我们还没有发现所有这样的隐藏承诺。对于以下这个问题，领导者必须找到自己的答案：最影响你像激光一样聚焦在优先事项上的事是什么？尤其当他们在努力集中注意力的过程中受到挫折时。如果他们想专注于优先事项，他们的答案将会告诉他们需要处理哪些具体问题。选择优先事项并坚持集中注意力需要我们先搞清楚我们做的哪些事分散了我们的注意力。在这之后，我们就可以探索和测试我们的具体假设，以便我们自己以及组织从太多的优先事项和举措的捆绑中挣脱出来。

有些地区主管不好意思地说（他们的表情告诉我们他们从来没有想过这个问题，更不用说对其他人说了），"说实话，我真不知道这么多措施中究竟哪一条会起作用。这就有点像'差异化投资组合'的做法，你用不同的选择来分散风险。又像是在用许多鱼线钓鱼，我担心如果挪走一条鱼线，如果有条大鱼正好经过，那我就会错过。这和我害怕将全部资金都投入一只股票是一个道理"。不过讽刺的是这种想要避免失败的策略最终恰恰导致了失败。

表10.4展示了三位地区主管没能在优先事项上集中注意力的隐藏原因。

为什么对地区主管而言照亮他们隐藏的一面这么重要？让我们花一分钟时间来考虑一下如果他们不这么做会有什么后果。简单来说，每个人都会继续相信专注的重要性，但行动却始终与信念背道而驰。等到了校长这一级同样如此，他们会听到专注有多重要，同时接收这样的信息：专注并非真正的优先事项，所有事都要完成。所以尽管他们知道并且相信管理者眼中的成功就是他们要专注、专注、再专注，然而同时他们也相信专注这件事要等他们把手头上的事都完成后才会去做！

表10.5展示了一份校长的免疫系统图。

表10.4　三位地区主管的四栏免疫系统图

1	2	3	4
承诺	正在做什么/没有做什么	隐藏的/相矛盾的承诺	大假设
我致力于领导一个坚持专注于同一优先事项的改进过程	我/我们同时处理太多事情，太多问题悬而未决，而且问题数量有增无减	地区主管A：我努力响应内部和外部改进参与者的热情、需求或期望 地区主管B：我承诺在同时处理很多事时不会无聊，我感到振奋、精力充沛 地区主管C：我承诺不犯错，不押错宝	地区主管A：我假设如果我不积极回应内部的热情和外部的压力，我将失去别人的支持 地区主管B：我假设如果我只专注于一两个计划，我会感到不满足、焦躁不安，变成我鄙视的那种人 地区主管C：我假设我会做出错误的选择。我假设最开始的选择是不可改变的。我假设其他人发现我出了错，我将失去所有的信誉

表10.5　校长的四栏免疫系统图

1	2	3	4
承诺	正在做什么/没有做什么	隐藏的/相矛盾的承诺	大假设
我致力于只关注一个优先事项	我同时处理太多事情，太多问题悬而未决，而且问题数量有增无减	我致力于避开所有可能出错的事情，这样就不会犯错误 我致力于维持现状，避免让自己陷入困境	我假设如果工作出现闪失，那就是我的错，我就得不到地区主管的支持

> 我们个人学习挑战的形式并非千差万别。月球背面的陨石坑虽然不止一个,但也不是无穷无尽的。

我们看到校长是如何重复地区主管的行为模式的,我们也能想象学校里的老师不会集中注意力,无法区分优先事项。如果校长没有明确告诉老师他们什么事不着急做,可以先放一放、缓一缓,那么老师们就会有压力,认为所有事都得做,他们有这样的想法是可以理解的。自我保护会通过不同的形式传递到整个系统。注意力被分散。人们将赌注尽可能多地押在不同的地方,尽可能地避免他们隐藏的担心和指导他们行为的假设所预测到的可怕后果。然而,如果我们都能看到这些担心,发掘我们关于集中注意力带来的风险的假设,我们就能从根本上改变我们的行为。例如,我们也许第一次能看到,如果我们做不到专心做好一件事,那就势必会让学生承受代价。

我们个人学习挑战的形式并非千差万别。月球背面的陨石坑虽然不止一个,但也不是无穷无尽的。了解月球表面的大致图景可以帮助我们看到我们可能对自己隐藏了什么。我们可以把这一认知视为一种资源,当我们看不到任何值得注意的东西时,尝试想象一下我们正在回避什么。

在过去的五年中,我们看到了成百上千张由学校领导和致力于教学改进的领导者团队毫无保留地创建的四栏免疫系统图。我们遇到的学习挑战往往具有共同的特点和形式,可以分成几个类别。如表10.6所示,每一个挑战都可能涉及新的定义或新的风险承受度。

表 10.6 变革领导力的适应性挑战

应对变革领导力适应性挑战所需的个人学习

	和他人的新工作	和自己的新工作
新定义	重新调整人际关系 （以领导 A 为例） • 调整别人对你的期望值（例如，通过让他人知道你没有所有答案） • 把工作交还给其他人 • 协作；相互问责/接受由下到上的反馈 • 把任务转移到新的相关群体 • 以新的方式或对新的人表达异议	改变自我期待 （以领导 B 为例） • 在不知道答案、不能单靠自己一人解决问题、出发时不知道如何"从这里到那里"的情况下成为一个优秀、高效的领导者 • 重新定义旧角色（例如，地区主管从公关经理转变为让人们看到严峻现实的人，校长从校舍管理经理转变为教学改进的领导者到教育副督学到全系统的变革领导者） • 工作成就感、重新定义个人"成功" • 除了在 X 轴方向精通工作，我还在 Y 轴方向成为一个"应急学习者"
新风险承受度	团队可以接纳不确定性 （以领导 C 为例） • 愿意领导一个需要别人承担失败风险的过程（学生或教职员工） • 愿意领导一个需要别人承担不知所措风险的过程 • 愿意在没有标注如何从这里到那里明确路线图的情况下朝着目标进发	全新的自身风险承受力 （以领导 C 为例） • 勇于学习之前"不想知道"的事（例如，我不能做的事；我或者其他人并不是真实不能控制所有的孩子都能达到高水平） • 勇于承担不能控制过程或过程失控的风险 • 勇于面对别人不赞成、失去他人尊重、忠诚、爱戴的可能性 • 勇于和之前被我看称为"其他人不是我"的下一级团队统一战线，增强彼此认同感 • 勇于承担犯错、失去一些重要东西的风险

例如，领导A假设"我假设如果我不积极回应内部的热情和外部的压力，我将失去别人的支持"。这种个人学习挑战是属于重新定义和重新协调与他人关系的挑战。

领导B被自己的大假设牢牢掌控，这个假设其实是他的自我定义，他必须对自己有所期望才能感到满足："我假设如果我只专注于一两个计划，我会感到不满足、焦躁不安，变成我鄙视的那种人。"为了打破他的免疫力，他必须修正自我期望。

领导者C的免疫系统处于危险之中。她致力于关注一个优先事项，而她的大假设却导致她言行不一致，因为她不能冒险做出错误的选择。正如她自己所说的那样，"我假设我会做出错误的选择。我假设最开始的选择是不可改变的。我假设其他人发现我出了错，我将失去所有的信誉"。她的挑战落在了后半部分：她需要与他人和自己一起努力提高风险承受能力。

当你回顾表10.6的时候，思考一下你是否在这几个版块中的一个（或多个）中看到了自己隐藏的承诺。如果没有一个版块适合你，看看不同的学习挑战会不会让你觉得"原来就是它"？

激发团队的紧迫感

约翰·科特在《领导变革》（*Leading Change*）一书中说，"太过自满"是变革领导者所犯的"头号错误"："到目前为止，人们在改变组织过程中犯的最大错误就是还没有建立起充分的紧迫感就一头扎进了变革中。"但是在解释为什么会这么做时，科特没有提及领导者本人的内在改变工作。作为一个组织理论家，科特把关注的侧重点放在了组织动力学的复杂性上。他认为领导者"高估了他们在推动重大变革中所起的作用"，或者"低估了把人们赶出舒适区的难度",我们相信科特对于这部分的看法是完全正确的,但这并不代表全部。

让我们再来看看科宁地区的主管特朗布利(我们在第八章中讨论过)或另一个变革领导力小组的学习伙伴——西克莱蒙特地区主管迈克·沃德所遇到的困境。几年来,这两个人所领导的地区变革在各自社区成员看来是非常成功的。之所以会有这样的感觉,一部分原因是他们看到地区正在发生好的转变,另一部分是因为地区主管非常善于向所有参与者传达这样的信息:他们的地区正在一步步走向成功!

任何一个担任过地区主管的人都知道,这项工作有很大一部分涉及管理公众认知,这和邪恶、腐败无关。正如波士顿地区主管汤姆·佩赞特所说的那样,"你们想要的那种能与提高教学质量紧密相连的领导者,也正是我们所需要的。但是,如果一个学校或地区的领导者不是一个称职的政治家,那么他们对教学了解得再多也不管用,因为他们可能坚持不了90天就打退堂鼓了"。然而,领导者要维系公共关系,这会给激发足够的紧迫感带来极大困难。

有时候,新上任的地区主管可能更容易站出来把急需改进的事项摆到台面上来讨论,因为这不会对他/她之前的工作产生任何影响。在管理混乱的地区时也更容易敲响警钟。(把新主管当作救兵,让他来收拾前任留下的烂摊子并不罕见,然而,两年前,那位前任在该地区上任时何尝不是被寄予了同样的期望呢!)虽然前任可能没有谈及这个问题,但地区和社区的大部分成员听到需要改进时并不会感到惊讶。然而大多数地区主管都不是第一次做主管。像沃德和特朗布利一样,大部分主管都不愿意公开谈论自己地区存在的问题,进而发起呼吁系统性改进的倡议,这也是可以理解的。

"年复一年,我们一次又一次地告诉社区里所有人,我们正在进行的工作是如何伟大,如何了不起,"迈克·沃德说,"而现在又要让我对他们说,'对于你们的孩子我们做得不够好,我们必须而且可以做得更好',这话让我怎么说才好"?大多数领导者都没有把这层意思表达清楚。最好的情况是可能有的地区主管会借用吉姆·柯林斯在《从优秀到卓越》(*Good to Great*)中所提出的框架,就像亚瑟所说的那样:"一直以来,我们都是一个非常优秀的地区,但现在我们必须从优秀出发,向卓越迈进。"这样的句式不会有错,然而,它也不太可能产生足够的紧迫感。"如果我们现在做得很好,"人们会这样自问或大声说出来:"为了做得更好一点点,就需要花费大量的人力物力,这么做真的值得吗?""为什么非要做到完美不可?优秀还不够吗?""如果东西没有坏,还好用,为什么要花力气去修呢?"

不过,沃德和特朗布利对此都作出了明确声明。他们找到了一种不同的框架,其优点在于告诉大家目前存在的问题不是任何人的过错。他们反复强调了世界正处于不断变化的状态。特朗布利用可视化的形式生动展现了有多少孩子没有达到年级水平,以及当孩子们身处未来不断变化的经济社会中时这个问题将意味着什么。而沃德实际上是从"'足够好'对我们的孩子来说已经不够好了"这句话中创造出了另一句口号——"我们都是普通人,但我们做的是不普通的事。"他会对每一个致力于重建地区的人说。

沃德和特朗布利这么做是需要勇气的,不仅要有期望落空的心理准备,也需要重新协调工作中人与人的关系(如表10.6所示)。换言之,他们所做的是要求别人打破自己固有的改变免疫系统。他们不愿做那种只会说"一切都好"的领导,跟随者也都想从领导者嘴里听到这句话。地区主管从社区、家长和董事会中感受到了这种期望。许多主管认为必须不断地告诉公众,一切都好,或者情况正变得越来越好,他们认为只有这样才能维持他们和所在地区存续下去所需的政治和财政支持。尽管我们已经看到,当地区主管能够以一种更加开放、诚实的态度来看待教育工作者所面临的挑战,公众对主管和对他们所管理的地区的支持会相应增加,但确实存在一种强大且持续存在的先入之见,认为领导者或教师就是可靠的权威。

一些理论家将这种先入之见归因于早期儿童关系心理学,其他理论家似乎想追溯到更久远的跨物种遗传。(例如,海菲茨曾提过当银背大猩猩发出信号时,其他大猩猩会跟着它发出的信号行事。)无论这份力量的源头在哪里,这都是一个难以逃逸的轨道。挑战社会性的期望需要巨大的勇气。

社会心理学家斯坦利·米尔格兰姆因臭名昭著的"服从实验"而闻名。他曾设计了一项研究,以测试即使在最微弱的条件下违背社会期望的难度。他指示他的博士生站在拥挤的纽约地铁上,直接要求坐着的乘客让出座位。学生们发现这项任务压力巨大,尽管他们知道他们正在和一个以后再也不会遇到的陌生人交谈(或者只是考虑要和陌生人交谈)。他们想说自己病了(这样一来就不算真正违反行为规范或别人对你的期望)。被要求让座的人通常不会多问就让出座位。许多学生报告说自己坐下后会觉得身体不舒服,感觉真的生了病,好像他们会条件反射般地创造出一种内部条件,只有这样他们才能说服自己刚才的行为是符合期望或规范的!如果让一个完全不认识的陌生人失望已经让人如此难受,想象一下,让与我们共事多年的同事、伙伴失望会有多么困难。为了推翻第三栏的承诺,不要让别人的期望落空,我们需要明确并修改关于这么做会产生可怕后果的大假设(如同我们在第九章中看到的那样)。

重新定义领导力

我们需要领导者更多地利用其专业知识帮助团队建立共享知识，这对于持续进步是必要的，而不应成为单纯回答问题、提供解决方案的来源。我们发现"幕后领导"的困难之处不仅在于很难下定决心让别人对被视为权威的优秀领导者的期望落空，而且还在于我们很难说服自己去相信领导力的新定义。我们可以达成共识——我们的学校和地区不会因为一个具有个人魅力的领导者的单打独斗而得到改善，我们必须建立团队（建立团队不仅仅是为了有一支唯命是从的军队来执行我们精心制订的作战方案）。我们需要的团队是成员之间协同合作以确保"在安全飞行的同时重建飞机"的团队，一个在迂回曲折的改进道路上可以分享决策、评估和修正工作的团队。就像写在第一栏的承诺一样，我们之所以说我们相信这一点是因为我们确实相信，我们认为它是可以被实现的。但是我们可能没有意识到相矛盾的理念（第三栏承诺）有多么强大以及根深蒂固。

这与教师在成功实施以学习者为中心的教学法时经常面临的挑战没什么两样。在最近关于教师教育的博士论文中，珍妮弗·伯杰和吉姆·哈默曼都发现教师们（分别指入职培训中的实习教师和暑期强化训练营中的资深教师）都非常认同培训中提到的带着真诚、深思熟虑的教学目的进行以学习者为中心的教学方法。但在实践中情况却不尽相同。在某些情况下，教师们甚至没有察觉到实践和培训中的不同。越来越多的教师教育研究表明，在实际教学过程中，教师所持有的根深蒂固的、通常是自己未察觉的观念（关于教师即是权威的观念）与他们在当日培训中所抱有的热切信念是相违背的。最后他们成为的更像是前一种，而不是后一种教师。

作为领导者的我们也不例外。几年前，我们与一群市区高中校长举办了一次"改变免疫系统"工作坊，他们每个人都得到了安纳伯格的学校改进补助金。参加工作坊的除了大约50位校长和助理校长外，还有十几位基金会代表。其中一位参与者主动分享了她正在进行中的"免疫系统图"。在第一栏承诺中她慷慨激昂地谈到了她对自己的高中所寄予的期望："我全身心地致力于领导学校变革，使其成为所有孩子投入学习和培养自尊的地方。"她的语气如此坚定，以至于所有与会人员都不约而同地爆发出热烈的掌声。

当说到第二栏的事例时（"正在做与没在做的事"），她少了一份激越之情，但那份真诚却丝毫未减："我没有尽力推动变革实现最终目标。我没有努力消除那些妨碍变革进程中的种种阻力。我并没有真正积极地为迎接变化开展、落实措施。"

当到了揭示为什么所有的阻力都有其原因的第三栏时，她从椅子上站了起来，语气同样坚定，她笑笑说："我也同样致力于拖拖拉拉，不让事情往前发展哪怕是一小步！"当人们想到工作坊里还坐着基金会捐助者时，他们不由倒吸一口凉气，然后大笑起来。"我是真的竭尽全力不把我的学校带到深水区，不让他们淹死，因为我不知道一旦进入深水区我该怎么做才能带领团队登上彼岸！"

尽管与会人员听到的是一位最具鼓舞性的同行发表的关于陷入困境的感言，但现场还是自发地爆发出一阵阵掌声和笑声，所有人都被她话语中的真诚所打动。之后她的一位同事说他觉得她能当着一屋子的人承认自己身上的问题是一件特别有勇气的事情。"是啊，"另一个同事说，"我当时还以为那些安纳伯格的人会直接走上来要回支票呢！""而最让我震惊的是，"

第三个人说,"没想到最响亮的掌声居然来自安纳伯格的捐助者们。"

安纳伯格基金会的人很清楚,领导变革绝非易事。事实上,从整体上看,获得的成果寥寥无几,对此他们感到越来越沮丧。但是他们认识到那位校长正在勇敢地履行她在这件事中的职责,也许这是第一次。他们毫不怀疑她在第一栏承诺中的每一个字都发自内心深处,但他们也一定发现一个人的身上可以同时存在好几种真实感受,他们欣赏她表达的不仅仅是其中一个,而是两种同样真实却又相互抵触的感受。

在第四栏中,她的大假设是,她一直在与一位退休后返聘的导师共同领导学校变革,然而这位值得信赖的"场外指导"最近决定正式退休,他的离开让她心里惴惴不安,对于如何才能顺利推进并完成变革,她没有把握。她在第四栏中写道,"我觉得我一个人做不到。我觉得如果不搞清楚我们怎样才能从这里走到那里,我就没法继续领导变革"。

这些大假设导致了其他假设。"我觉得肯定有人清楚地知道接下去应该怎么走。""我觉得但凡是一个有自知之明的领导者在不知道如何达到目的地的前提下是不会朝着一个有价值的目标迈步进发的。""如果我一个人做不到,那么唯一能做的就是什么也不做。"

她的"改变免疫系统"让我们想起了亚瑟,在这本书中我们按时间顺序记录了他的变革旅程。他一开始也像这位女校长一样推三阻四,从未迈出真正的一步。这种情况告诉我们,即便我们可以很轻易地认识到传统的"优秀领导者"身上的命令与掌控特质带有局限性,但如果开始承担起领导学校这一艰巨任务,我们会发现我们中的大多数人依然受制于这种特质。这种思路可能更适合面临技术挑战的领导者,而不是适应性挑战的领导者,因为即便是最优秀的领导者,在出发前也不可能知道旅程中将要应付的所有变故。如同哥伦布探险一样，这次航行不可避免地要求我们在旅程中不断地修正自己的思维模式（从一个平面化的世界到一个全球化的世界）。这是重新建构自我期望和自我概念的学习过程（如表10.6所示）。

我们知道这样的学习肯定会发生在领导者身上，俄亥俄州的地区主管迈克·沃德就是其中的一位代表。沃德明白，在重塑西克莱蒙特地区过程中应对适应性挑战，既需要外部改变，也需要内在改变，他必须在这两方面都成为一名学习者。在2006年8月，本书的两位作者参加了该地区每年为期数天的迎接新学年领导研讨会。会议结束后，当谈论这次参会的感受时，有人发表了这样的评论："我参加过很多次这样的新学年会议，迈克基本上都在场。老实说，在我看来这些会议没什么不同：你走进会议室，一想到新学年有这么多事要做，心里就有点不知所措了，接着地区主管走进来，噼里啪啦布置了一连串额外任务的'行军令'，那感觉简直就是雪上加霜，等会议结束离开会场时简直有点不堪重负了。但今年的会议不太一样，我带着一种前所未有的干劲走出了会场！"

是什么造成了这样的不同？今年的"行军令"不是由上而下"传达"的，而是与会者们在会议期间一同合作创立的。与往年不同的转折点发生在会议开始没多久时，也就是当沃德决定分享他自己的四栏免疫系统图时。他首先告诉团队，他致力于进一步发展一种更具协作性、分派任务式的领导形式。这份宣告并不令人意外，他们预计他接下来会罗列出一连串为了实现这一承诺需要推进的措施。然而并没有，相反，他开始讲述自己在第二栏中填写的内容，也就是他在实际工作中妨碍、破坏承诺的种种做法。这番话引起了人们的关注。他接着告诉他们第三栏里的承诺——老想着要对各种事情保留自己单方面的控制权，这实际上违背了他第一栏的承诺，而且他还持有一个大假设,"我觉得如果我真的以一种新的方式领导变革,你们肯定会把事情搞砸"!

从理论上讲,这看上去是一种非常不可思议的团队沟通方式,至少听上去有些无礼,最糟的情况是这似乎会严重伤害领导者与团队间的信任关系。然而实际上,它产生了非同凡响的效果。首先,这个团队里的所有成员在前一段时间刚尝试过独立创建以及通过集体讨论创建四栏免疫系统图,所以他们都清楚它所描绘的"更大的图景"。其次,迈克坦率表明他们的新工作对他来说也是一个学习上的挑战,对此成员们都心存感激。最后,当把第一栏承诺和"团队成员可能把事情搞砸"这样的担心放在一起看时,他们发现他的第一栏承诺显得更"真实"了。当听到这句话从迈克嘴里冒出来时他们都笑了起来,同时他们也开始更认真地看待他依靠他们完成任务的方式。

> 当我们摆脱了领导者就是所有答案和解决方案的出处的观念,抛开了确定无疑、命令和控制、自上而下的权威时,我们不可能想象让一个毫无头绪、原地踏步、墨守成规的笨蛋来取而代之。

当我们摆脱了领导者就是所有答案和解决方案的出处的观念,抛开了确定无疑、命令和控制、自上而下的权威时,我们不可能想象让一个毫无头绪、原地踏步、墨守成规的笨蛋来取而代之。相反,我们的脑海中会浮现一个非常有能力的"学习型领导者"的形象,一个有勇气和能力去学习,并帮助周围的人一同学习的人,他们协同合作,创造了一条通往前所未及

的目的地的道路。要成为这样的领导者需要一个漫长的过程，这一过程不仅要求我们更深入地了解自己，同时也需要我们更深入、更全面地了解我们的组织。

打造新型管理团队

我们变革领导力团队所接受的最恳切的培训邀约之一就是帮助学校或地区领导者在进行复杂且长期的、涉及整个系统的改进工作时创建一种全新的领导实践方式。我们认为领导者团队需要学会同时承担两项工作——一边管理好他们的学校或地区，同时领导变革，以创建他们预期的那种学校或地区。我们的领导力实践社区的理念是为了表明，教育改进或转型不能仅仅被视为管理者团队所采取的一个较目前而言更大的举措。

在我们与地区领导者团队合作的过程中，我们注意到，在朝领导力实践社区发展的变革初期，关键时刻的出现发生在当团队做出以下决策时：

1. 它需要有一个会议来完成例行的管理工作，另一个会议专门领导改进过程（团队常常会认为，也许按照现在的团队构成，我们没有合适的人员来参加第二类常规会议）。

2. 它需要改一个名字（突然之间，再称自己为"行政管理委员会"似乎不是那么恰当了，尽管在此之前这个名字听上去没什么问题）。

这些似乎是对"我们正在从事第二种不同类型的领导工作"（并不是更重要，而是不一样）究竟为何物的一种自发认识。为了做好这项工作，团队必须给自己创造机会，在一段时间内开发一种适合不同类型工作的新的实践形式。

无论领导者团队如何做，这种新的实践形式必须始终同时关注两件事——保持内部学习和外部领导（也就是说，它不仅仅是一个促进专业发展的平台，它也需要推进项目的实施）。这种新的实践还必须使团队能够完成自我重建，从一个兢兢业业、半自主式的执行者团队（团队中的每个人都偏重于他/她在系统中特定的领导责任）到一个真正的协同合作、共同承担整个系统改进工作责任的团队。

领导力实践社区：个人学习挑战

准确理解领导力实践社区看起来是什么样子与能够真正形成一个领导力实践社区是全然不同的两件事。领导力实践社区是我们最喜欢的想法之一。在某种意义上说，这本书自始至终就是为它提供资源的。因此，要推进外部组织变革，领导力实践社区是"必做事项"之一，而且或许它是最亮眼，最有意义的一件事。我们开始了解到，形成一个领导力实践社区可能也需要我们转向内部，以满足个人和集体中每个人的学习挑战。因此，我们需要再次看到图景中不那么闪耀、显眼的另一面。为了使领导力实践社区不仅仅是写在第一栏中的一个承诺（一个好的意图），而是成为现实，我们确实需要看到更全面的月球图像。

像"我们要成为一支更团结、更紧密的团队""我们每个人都要对系统改进的每个环节负起责任"以及"我们要一起来解决这个问题"这样的想法经常与其他隐藏的、相矛盾的承诺同时存在，如果不厘清这些相矛盾、相抵触的承诺，就会削弱领导力实践社区的成效。尽管一个领导小组给人的感觉可能非常友好亲善，甚至也能展开有效合作，但通常它的成员在许多重要方面是彼此孤立的。即使当一个典型地区领导者团队开始以建立领导力实践社区这一明确目标召开会议时，与会者也不是典型的领导者。

我们并不是说他们在表现上不够专业或不负责任。他们通常是主管的追随者，或者将成为某一单位、机构（"X高中""Y中学""特殊教育计划"）的领导者，正在仔细权衡过程中相关的需求、机会或自己管辖地盘上存在的弱点。这样的会议更像是一个领导者团队旗下的小组集会：地区主管可能需要协调好这些小组领导人；一个成员可能需要在领导者团队或地区主管面前代表他/她的小组需求进行宣传。安于现状的地区可以采用这种方式运行，然而如果要让地区成为我们希望成为的地区，这种方法是行不通的。

要成为领导者会议中的领导者（而不仅仅是各自管辖范围内的服务生），每个成员都必须发展第二重身份和忠诚度。我们称之为"头戴两顶帽子"的能力。（一位高中校长说他在听到这个说法后松了一口气，因为当他第一次尝试这样做时，那感觉就像是要"长出两个脑袋"。）想象你是一所高中的校长，在会议中你要作为高中这个小团队的领导者认真倾听并作出应对。但你也必须有能力戴上另一顶帽子，不是作为X高中的领导者，而是作为地区改进团队的共同领导者。例如，在这个角色中，你也许要：

- 站在你的高中团队成员可能不会认可的立场考虑问题。
- 对于其他学校发生的一些事情表明自己的立场，而这些事情你通常觉得与你无关。
- 乐意回答同行提出的问题，这些问题涉及你的高中发生（或没有发生）的事情，而且通常你会觉得这不关他们的事。
- 要求同行采取行动或改变与你的高中没有直接关系的行为。
- 对小学或初中同行的工作产生积极的兴趣或对其工作进行批评指正。

改变的定义

发展第二重身份和忠诚度可以激发动力去应对如表10.6所示上部象限中所罗列的各种学习挑战——需要改变你的自我定义和你与他人关系的定义。制定团队协定可以帮助我们从通常的工作关联模式（追随地区团队中某一位或某两位领导者，只为单独的小团体发声）转变为更为紧密团结的共同领导者团队，花时间与每个成员讨论协定中的每一个条目究竟是何含义。在讨论中，人们有机会搞清楚自身学习挑战的"黑暗面"是什么，而这些黑暗面与共同领导小组都是休戚相关的。

例如，我们曾经和东北部的一个地区领导小组有过合作，他们希望能更好地作为一个团队发挥作用。他们认为这会改善他们的内部工作，同时也能改善他们的口碑（他们很清楚自己并不是一个有高度凝聚力的团队）。当要求他们确立一个能在最大程度上改善事情的协定时，他们想出了一个名为"幕后争论，台前统一"的协定。他们重视自己采取不同立场的能力以及地区主管对"积极辩论"的鼓励和肯定。他们不想失去它。然而，他们确实认识到即便团队已经就协定达成一致意见，他们还是会把争吵带到台前，公开内部分歧，这对加强团队建设明显是非常不利的做法。

很多团队通常都可以像他们那样迅速确立协定。当协定确立好后，我们请团队成员检测一下他们对于协定的实际意义有着怎样的理解。这一检测非常关键，因为当人们在短时间内迅速达成一致意见时，往往过后会发现他们只是满足于自己所理解的那个版本。我们要求他们思考如果出现某种状况，他们会如何按照对协定的理解进行处理。这也就给了我们机会去提出这样的问题："假设埃伦做了某事，她会用你理解的方式遵守协定吗？"

这个团队的校长伯尼想检测一下这样的情况:"如果我的高中领导者小组和我已经就一个将在地区会议上提出的问题确定了统一立场,然后我来到这里(地区会议)表明我们的观点,但这里的小组却决定采用另一个观点,遇到这种情况我一般会回到我自己的团队,说,'我已经使尽浑身解数了,但你们不会相信那些笨蛋做了什么样的决定'。(嘘声四起)好吧,我知道这不符合我们的新协议,我不会这么说的。但现实点吧,我们的小组成员们已经知道我的立场,这种情况下我怎么还能真正做到'台前统一'呢?当然,我不会说大家是笨蛋,但我可能会告诉他们我已经尽力了,我还可能会告诉他们我在会上是如何据理力争的。在这种情况下,我还算遵守了我们的协定吗?"

这就像是在干草堆上投下一粒火星,六个人几乎同时开口,展开了一场非常热烈的讨论。有人认为伯尼的做法合情合理,没有违反协定。而另一些人则认为这样做违反了协定,一旦地区团队做出了决定,他就必须和地区团队站在一起。伯尼学校的团队当然知道他采取了另一个不同的立场,但他们也必须明白伯尼同时是两个团队的成员。当他们看到伯尼和地区团队保持了一致性,他们最终也会更加尊重地区团队。"伯尼,你的队员需要看到你头上还戴着另一顶帽子!"

其他人说,伯尼的问题让他们意识到他们都应该预见到这种情况。在参加地区会议前,或许没有必要太认定自己团队的立场。这样会使大家只为自己所在的学校发声,而不能真正在地区团队中充分发挥作用。

还有一些人想探讨一个更具普遍性的相关问题:当团队已经就某个有争议的问题做出了公开决定,是否可以告诉团队以外的人,自己在这个问题上的个人立场?小组在这个问题上也存在分歧。一些人认为他们应该有这个权利，另一些人则说："如果我们随时随地都能公开表达不同意见，那我们还怎么遵守'台前统一'的协定呢？这不正是我们现在正在做的事情吗？"对于那些认为可以向非团队成员表达自己观点的人，我们提出了以下问题："既然你们都同意告诉非团队成员团队内其他人的立场（团队成员已就该立场达成一致意见）是违反协定的，那么将身为团队一员的你的个人意见告诉他人，这有什么不同吗？"

这个小组最终看到了所有这些讨论的真正意义：它们显示了一个新的有机体——一个拥有自身完整性的、充满生机的实体正在形成。它们也提出了一种可能性，即通过协作保护地区领导者团队的边界，使之开始拥有真正属于自己的空间，所有成员都可以进行对话（而不是一个无限倡导"言论自由"、只为自己小团体摇旗呐喊的空间）。它们同时还表明了这个团体与系统内其他部分之间的界限是多么脆弱、多孔；表明了许多领导者有多么根深蒂固地忠于自己的小集团，忠于他们各自的管辖范围。它们还显示了一个团队已经开始了重建自身的工作，正在使之成为一个高效、具有凝聚力的全系统变革的团队。

实际上，他们已经开始通过明确与第一栏相矛盾的承诺来开展这项工作。他们可能确实想成为一支更有凝聚力、更具协作性的团队，但在摸索如何以不同的方式在团队内外开展工作的细节问题中，他们也在承受第三栏承诺带来的阻力，即在整个系统内保持一定程度上的自主性，以及保持对自己在小团体内的身份和忠诚度。如果团队中的共同领导者要作为一个整体来规划和推进重塑学校或地区这项适应性任务，他们就需要亮出他们每个人的改变免疫系统，并努力克服它们。

更宏观地看待创新与变革

在变革领导力方面，我们强烈建议学校及学校领导者在运作方式上做出显而易见的重大改变。在本章中，我们踏上了一条不同寻常的旅程，途经了那些变革中最突出的变化，重点关注了系统特质中不那么明显的个人学习挑战。我们的目标是以一种更宏观、更宽泛的方式勾勒出通常处于"月球阴暗面"的部分，这和之前章节中以你自身为具体事例的说明方式不太相同。之所以要进行这次旅行是为了让我们在本书一开始提出的主张更具生命力：我们提议的为顺利取得系统性提升必须要做的外部变化，都有某种对应的内部层面的挑战，任何难以发生变化的个人或团队都必须解决内在问题。

对于领导者而言，照亮"月球的阴暗面"具有众多意义。按照我们的建议，领导者组建一个像领导力实践社区那样发挥作用的改进团队，在附录中我们提供了一个诊断变化免疫力的群体练习。这个练习最有用的地方在于，当团队在任何关键的"外部"变化环节中受阻时，它能帮助他们看到其"月亮的阴暗面"。正如你将看到的那样，这与我们要求你在整本书中使用的个人免疫工具紧密相关。进行这样的小组活动可以为全新的团队对话创造空间。团队中之前不能讨论的问题（或者是因为他们还不知道这些问题的存在，或是不知道如何建设性地提出这些问题）现在应该变得更加容易讨论（例如本章开头关于在"可怜的孩子文化"中创造过度保护环境的例子）。在团队内强调要搞清楚的矛盾不是团体内部不同派别之间的矛盾，而是团体作为一个整体所持有的相互矛盾的理念，这能让团体在没有个人戒备的情况下深入地审视整个团队的问题。

这个过程使团队能够比较迅速地提出隐藏的承诺和假设，这些承诺和假设通常从未被宣之于口，因为无论对谁而言与它们扯上关系都会觉得太过冒险，例如我们可能也会承诺（通常出现在第三栏）"不会改变"，或"保持现状"，又或者"我们假设并不是所有的孩子都能取得好成绩"，或者"不让一个孩子落下其实很难实现"（通常以某种形式出现在第四栏中），如果我们有这样的想法（同时也有更加积极的想法），然而又不得不视而不见，那么它们将继续发挥影响力，而我们也就没有机会通过个人或集体的方式去了解它们。如果我们因为它们"令人难以接受"而无法在安全的、私密的平台中讨论它们，那我们就只能触及学习、问题处理和学校改善任务的冰山一角。

一个团队不该害怕或耻于发现自己受制于相矛盾的承诺。每一个适应性挑战都需要我们去适应被矛盾所困扰的情形。相互矛盾不是致命的缺陷。可以说它其实更像是一个为团队学习以及实现高效工作所准备的丰富资源。它不仅能让我们努力"打破"它在第二栏中明确的限制性，同时还为团队提供了一个新的变化策略。

团体免疫练习邀请领导者在试图"解决"限制之前更深入地挖掘这些限制的成因，尤其要思考为什么这些"限制"的存在其实可能是完全说得通的。如果每个系统都经过精心设计进而产生它所能产生的结果，那么也许在准备改进系统之前，我们需要更深入地了解它当前的"完美设计"。如果我们无法识别出系统的"完美"之处，那我们也很难洞察到真正可持续的解决之道。

> 如果每个系统都经过精心设计进而产生它所能产生的结果，那么也许在准备改进系统之前，我们需要更深入地了解它当前的"完美设计"。如果我们无法识别出系统的"完美"之处，那我们也很难洞察到真正可持续的解决之道。

最后，团队需要带着通过这项练习生成的新想法和新观点去考虑"下一步我们往哪儿走"。在某些情况下，正如第九章所描述的那样，这可能会产生一支"测试大假设"的团队。团队（或其代表）可以进行什么样的"实验"来得到关于大假设的信息呢？

在许多情况下，更具成效的下一步是继续进行更深入的对话：一个小组可能会进一步研究大假设所蕴含的意义。如果团队的大假设是，"我们假设如果我们真的尝试去做，我们就会失败"，那么这个团队是否讨论过，这是一个长期的大规模项目，且刚刚开始运作，在这样的背景下，"成功"和"失败"究竟指什么？这个团队是否需要消除（或许摆脱）谁、什么时候、为什么做出这一决定以及决定后会产生的后果所带来的焦虑？团队成员是否认为他们已经知道如何去做他们需要完成的所有事情（"我们认为如果问题出在我们身上，那就说明我们无能"）？他们是不是认为在接受适应性挑战时，不能边学边做？

> [!注意!]
以多个小组的模式开展这项练习，当所有小组提交报告后，下一步就不言而喻了。请领导者务必注意：同时得到这么多揭示真相的有用信息，这种体验是带有强烈冲击性的。有一个地区级团队下的小组向我们报告了

相矛盾的承诺，揭示了为什么地区内每个小组的领导者没有推进变革举措的原因。在他们提交的报告中，第三栏和第四栏的填写内容里都显示不想引发地区主管与董事会的矛盾，或者不想因为只关注少数优先事项而让主管感到失望、生气。（尽管主管已经明确要求他们关注少数优先事项，但他们不确定他是否真的这么想。）练习结果让主管了解了个中缘由，让他明白了之后要进行什么样的对话来帮助团队成员承担新的风险。

持续开展适应性工作

无论朝哪个方向转变，组织变革的工作总会不可避免地与个人自身的改变产生冲突。是的，对于学校和地区而言，坚持不懈地重视教学改进是至关重要的；对于领导者团队而言，系统化地思考和战略性地行动是至关重要的；对于领导者而言，通过加强合作、共同承担责任和制定重中之重的优先事项从而产生改变的能量是至关重要的。为了能让这些有意义的活动取得成功，也许我们首先需要重新审视之前隐藏的观念、假设或心态，这些都可能成为我们前进道路上的绊脚石。这一基本思想暗含了对变革领导者的一些要求。在这一部分，我们简要探讨其中的五种：领导者需要掌握更全盘化的图景，树立榜样，鼓励他人投入个人学习，接纳相互矛盾的承诺，并创建提高个人能力的组织体系。我们将它们描述为变革领导者需要考虑并应该具有的态度和立场。

掌握更全盘化的图景

掌握更全盘化的图景也许是其中最不明显但同时又是最重要的立场。采取这一立场并不一定要做什么具体的事情，这是一种内在的倾向，意味着承认"更全盘化图景"的存在和其重要性，或者至少要认真对待一种可能性,即取得成功的关键也许在于需要同时重视外在和内在的工作。我们知道,这不是一件容易做到的事。我们也知道,这对领导者的认知和情感提出了新的要求。

从认知角度来看,变革领导者的工作内容可能比通常描述的更加复杂。如果这是你的感觉,请一定记住你并不是唯一一个有此反应的人。你该如何看待"接下去的工作可能比以往理解的更加艰巨"这一看法?也许你能从下面的小故事里找到答案。

"推动该地区改革的想法很复杂,"盖茨基金会的评估人员这样写道,"但学校改革历来困难,我们以前也尝试过许多简单的'补救措施'。这些想法很复杂,但学校和在学校工作的人何尝不复杂呢。"

就在哈佛大学获得盖茨基金会拨款并启动"变革领导力小组"的四年后,基金会聘请了第三方评估小组,该小组立场客观,无论作出何种评判都不存在能满足自身需求或得益之处。评估人员采访了与我们一起工作过的地区教育工作者,与我们的培训项目参与者一同交谈,阅读或聆听了你在本书中读到的观点,并尝试了解人们如何使用我们在这些章节中提供的练习工具。虽然评估者有许多褒奖之词,但他们得出的核心结论是,我们提出的框架以及我们与地区领导者一起开展的工作是"复杂的"。让我们特别感兴趣的是他们对这种复杂性所采取的立场。在提交给盖茨基金会的评估报告中他们这样写道:"推动该地区改革的想法很复杂……但学校改革历来困难,我们以前也尝试过许多简单的'补救措施'。这些想法很复杂,

但学校和在学校工作的人何尝不复杂呢。"

这最后一句话让我们想起了爱因斯坦的观点，他说过："没有任何问题可以在形成这一问题的意识层面上加以解决。"我们可能需要一种更复杂的方式来思考教育转型问题，因为学校和在学校工作的人可能比我们一直认为的更加复杂。

我们知道，从情感上讲时刻保持"两个工作重点"的立场是很困难的一件事。地区主管迈克·沃德说："当我们开始致力于改变我们的学校时，我们发现，如果要取得真正意义上的成功，我们也必须致力于改变我们自己。"他的语气与说话的内容传达了同样多的含义。看到努力没有白费自然感到兴奋，但干涩的语调也透露出疲惫和焦虑，这种情绪和兴奋一样都是变革旅程中不容忽视的一部分。成长是一项艰难的工作，如果我们认定成长只是年轻人的主要任务，那么成长将会变得更加困难。我们总觉得"成年人"，尤其是那些身居要职的成年人，应该早就完成了顺利完成工作所需要的所有成长任务。

树立榜样

作为领导者，如果我们将"在工作中成长"的机会拒之门外，那么我们周围的人、那些为我们工作的人会有多大可能真正认为自己应该在工作中学习、成长呢？第二种立场认准了行动胜于雄辩。当同事在实现目标的过程中遇到了阻碍他们前进的学习挑战，最好不要让他们立马明确并克服这些挑战，这只会让他们变得更加脆弱。我们要做的是先让他们明确目前导致效率低下的工作方式！

作为领导者,如果我们将"在工作中成长"的机会拒之门外,那么我们周围的人、那些为我们工作的人会有多大可能真正认为自己应该在工作中学习、成长呢?

令人激动的是我们看到教师和管理人员身上表现出来的那种勇气,他们都非常愿意承担这项工作。虽然"大老板"将自己面临的学习挑战公开化了,但下属们也依旧要承担风险("我们不能因为你的局限性而解雇你")。但是我们显然已看到,领导者愿意树立"边学习边领导"的榜样,这对于培养一个鼓励个人反思的社区是大有助益的。

但是,这位领导者想培养什么样的"个人反思社区"呢?他要树立什么样的最佳榜样呢?构建出两个工作重点的模式并不意味着人们愿意在推进组织变革的同时推进和参加可能与组织变革密切相关,但也可能没有关系的自我反思类活动。一个真正的两个工作重点模式并不会关注个人反思。所以即便你在推行个人反思过程中拿出了十足的勇气,即便它对个人成长有极大的好处,如果它没有与旨在改进教学质量的组织变革紧密联系在一起,那么学校教育工作者的个人学习就无法成为"双重点"之一,它只是一个平行的重点。一定要将教育工作者的个人学习安排与"改进教学从而使所有学生都能习得成功所需的新技能"直接关联起来。领导者树立的最佳榜样应该明确表明这样一个学习目标:如果不能实现这个个人目标,那么集体共同承担责任的改进优先事项可能会陷入困境,为实现优先事项而推进公众认可的策略的能力也会受到制约。

鼓励他人开展个人学习

我们从来没有遇到过哪位教师或管理人员在参与整个学校或整个地区的变革过程中没有遇到过适应性挑战的。之后也不会遇到这样的人。应对适应性挑战就必须实现自我成长。试图使用技术手段来应对适应性挑战是海菲茨看到的最常见的错误。不把所有人都纳入双重关注模式（例如，为许多人提供一种专业发展，导入一种新技能，却不考虑人们可能需要改变方式来掌握、应用这一新技能），其实就是在诱导他们犯这个错误。

每个领导者都会找到一种最自在的方式鼓励他人从事个人学习。这并不意味着领导者就应鼓励同事在工作中每遇到一个挑战就制定一个"个人学习计划"。这不现实，同时也没有必要。我们鼓励一个看上去更温和、但实际上却与转变有关的立场：你是否在帮助与你一起工作的人找出哪怕只是一个好的个人学习问题，这个问题无论是你还是其他任何人都认为不可能在一夜之间得以解决？什么才是好的个人学习问题？它有以下几个特点：

• 它与一个人需要把自己的工作做得更好有直接关系，将它做得更好将有助于实现组织共同的改进目标。换句话说，它直接关系到改进教与学的挑战。

• 这是一个个人非常感兴趣、想要搞明白的问题。

• 探索这个问题（通过四栏免疫系统图或任何其他方式）应能揭示一个人之前所隐藏的相互矛盾的承诺，以及任何需要检测的大假设。

我们之前讨论过的东北部地区的领导者就为我们提供了一个什么是"好的个人学习问题"的典范，它几乎适用于每个想要寻求更多合作的团队成员。即便当我们将他们按照个人角色职能进行分组（所有的小学校长、中学校长和副校长、高中校长和副校长、中央办公室的人员），让他们围绕协同合作这一共同承诺完成四栏免疫系统图，虽然每个人角色相似，但他们每个人都发现了无数种之前没有想到的方式！（1）这一问题——协同合作——显然与他们能否成功领导整个地区的教学改进工作直接相关。（2）这是他们每个人都想搞清楚的问题（事实上，他们对这个问题很感兴趣，尤其当他们发现这不仅仅是小组和小组间的问题，也是和他们同小组的同事需要解决的问题）。（3）探索这个问题很容易让他们做出相互矛盾的承诺（例如，保护自己的管辖地盘；领导一流的小学）和限制性的假设（例如，认为无论主管如何翻来覆去谈协同合作的必要性，他们只会根据个人成就进行评估）。

接纳相互矛盾的承诺

本章中的观点或许至少能鼓励领导者对那些未能以最快速度或最令人满意的方式完成任务的同事和下属采取一种更加宽松的态度。我们是不是就不会轻易论断：某个人没有做到我们期待的水平，是因为他从一开始就没有接受这个改变，或者他能力不行？有没有可能是"隐藏的承诺"和束缚手脚的大假设在暗地里发挥作用？当我们在更宏大的图景中思考一下他人的工作情况，即便我们没有与他人沟通这些想法，有没有可能我们会找到更多可选的方法去指导接下来的工作？在与其他人共事时也能少一些关于他人工作能力的"刻板印象"？

想象一下，如果对我们相互矛盾的承诺（以及可能加剧这种矛盾承诺的局限性的心态或大假设）采取范围更广的"友好"态度，我们能获益多少。矛盾性作为一种丰富的资源可以激发和拓展好问题——可以说，矛盾性是个人和集体变革的课程。正如我们在附录的群体免疫工具中所描述的那样，领导者可以采取这样的立场，即集体矛盾是不可避免的（而并非表明他们自身存在不足或其团队不能发挥作用的可耻迹象），而且最终是有价值的，因为它们能帮助团队将其共同思维中可能存在的问题显现出来。当领导者明确这种矛盾不是"发火的理由"，而是学习的机会时，每个人就更容易把这种"更全盘化的图景"带入对话、对自己工作的反思以及对下属和下属工作的评估中。"你或我有什么'隐藏的承诺'让这些实际上无效的行为显得'冠冕堂皇'？"这个问题不仅不应带有惩罚意味，反而应成为有价值的共同学习的邀约。

创建提高个人能力的组织体系

我们相信，领导者和领导力实践社区在培养我们所说的双重工作重点，即同时注重培养更敏锐的组织性洞察力和更高效的个人反思习惯上——获得成功的可能性会更大。获得成功的其中一个原因是，双重关注往往会提高个人能力，这是应对适应性挑战的先决条件。当人们有机会发现和重新思考原先带有局限性的心态、理念和假设时，他们可选择的行为方式就会大大增加。他们看到了更广泛的选择性和可能性。他们不仅仅是重新定义工作关系或自我期望，他们通过这样做使他们的工作变得更有效率。

当然，学校和地区存在的目的并不是帮助在其中工作的成年人成长，而是帮助儿童和青少年成长。不过为了让儿童和青少年成长，也就是为了应对让所有年轻人在新的水平上学习新技能这一适应性挑战，也许我们首先要应对如何实现成年人的成长。70多年前，教育社会学家威拉德·沃勒曾说过类似的话："我们必须考虑所有参与学校社会环境的人的个性，因为不解放教师，就不可能将学生从目前的条条框框中解放出来。"在此基础上我们还要补充一点，不仅是教师，学校里的其他成年人也必须得到解放。

无论是在工作坊还是在本书中，我们都要诚实地告诉大家，这种领导工作的难度是巨大的。大幅提升学校教学质量是一项非常艰巨的任务。然而同样真实的是，如果有这样一种领导力，它能支持在学校中度过人生中最为重要岁月的所有人，无论是儿童还是成年人，支持他们的可持续成长和发展，那么这种成就感也是无可比拟的。

研究表明，导致职业倦怠感的最大原因不仅仅是因为工作量太大，同时也因为在同一个工作场所待得太久，却没有实现自身的持续发展。相反，如果能在工作中大幅实现个人发展，那么从中产生的干劲和士气也是无法估量的。没有人比我们的孩子更能从这种高涨的士气和干劲中大获裨益了。正如罗兰·巴特所写的那样，"在学校里也许没有什么比教师的个人发展和专业成长对孩子在技能习得、自信养成或课堂行为方面产生更大影响了"。（当然，现在我们还要加上管理人员。）巴特说，如果学校里的成年人"开展个体和集体检查、质疑、反思他们的理想，并以这些理想为目标发展新的教学实践，那么学校和学校里的人都将是朝气蓬勃，都会不断成长。如果（学校里的成年人）停止个人成长，那么他们的学生也会停止成长"。

开启"双重关注"的全新视角

我们想要建议的是，务请耐心对待自己和同事，因为你们正在开创看待问题的全新方式。这种双重关注——既关注外在又关注内在——需要时间。放弃对其中一个的关注（通常是放弃对内在的关注）的诱惑是强大的。如果感觉太困难或太陌生，我们很有可能就会弃之不顾。

我们必须提高警惕，不要变成那个在路灯下寻找手表的人。"你肯定是在这里掉的吗？"同伴问他。"倒也不是，"那人回答说，"我觉得是在街对面掉的，离这很远。""那你为什么在这里找？"同伴问道。"因为这里够亮堂。"男人回答。

如果我们对其中一个关注点非常熟悉，了如指掌，我们就可能把所有力气都放在这件事上。我们会真心诚意地倾注所有心血，也会支持身边所有人不辞辛劳地工作。我们知道我们都会"竭尽全力"，所以当这些努力没有带来我们所希望的改变时，我们就会觉得特别沮丧、特别挫败。我们的努力所带来的改变并没有渗透进课堂，成绩上的差距并没有缩小，仍然有孩子被落在了后面。

我们最好能将学习发展双重关注点的工作看成突破"改变免疫力"的过程。你确实想要同时强化对外在和内在的关注（第一栏）。你对本书的理解与实践越多，你就越能了解是什么观点和行为正在破坏这种真诚的承诺（第二栏）。如果你花时间找出自己隐藏的承诺（第三栏）和大假设（第四栏），你也许就能建立发展出你期待的（也是我们期待的）专属于自己的"双重关注"。

我们希望你可以用这本书照亮更多从前未被照亮的地方，你也许需要在那里寻找自己在工作中所缺失的东西。如果进展缓慢或停滞不前，请思考一下这束光是否需要照得更广而非照得更亮。使用我们提供的课程来同时照亮道路的两边。希望本书能成为一个"可再生资源"，可以让你反复阅读，温故而知新，而不是翻过一遍后从此束之高阁。

请务必知晓对你正在从事的工作我们无比钦佩，我们也坚信它对提升孩子们的未来的质量有着重要的意义。我们不会幻想教育改革工作的源头就在哈佛大学或华盛顿特区。因为它的源头在你的教室里，在你的学校里，在你的地区办公室里，在你埋头苦干的日常中。

APPENDIX
附录

团队练习

团队练习1.1：明确问题

步骤一

在这个练习中，请团队中的每个人先分别思考以下问题：

1. 从你的教室、学校或地区办公室的视角来看，为了应对当前我们所面临的教育新挑战，你认为你和你的同事所遇到的与改进"系统"相关的最大难题是什么？你想解决的第一个问题是什么？

2. 需要进行哪些组织变革来解决这个问题？为了解决这个问题，课堂、学校和地区需要改变哪些做法、安排或政策？

3. 与这个问题相关的组织和个人的理念及行为是否可能需要发生改变？是否需要从改变自身开始？从什么变成什么？

4. 以你目前的级别看，领导层应该如何解决这个问题？如果你是领导或代表领导层，你会不会有不同的做法？

步骤二

如果你在一个团队，如果有足够的时间来回答每个问题，那就轮流分享每个人对每个问题的回答——确保每个人都有机会分享答案

（不过如果有人不愿意，也可以跳过去），并且确保所有希望发言的人都说完一轮后，再问问有没有人愿意第二次发言。

步骤三

当每个人都回答了所有问题后，我们建议你在一张图表上归纳好每个问题的答案中达成一致的地方，然后再罗列出可能存在分歧的地方。

步骤四

把你的笔记和图表先放在一边，之后还会用到。现在，准备好继续阅读第二章。

团队练习2.2：评估：你的系统性改进教学的七个原则

概述

这个诊断工具可以帮助评估你落实七个原则方面所作出的努力。我们建议你先单独填写这份诊断报告，然后与你的同事比较各自填写的内容，可以先在你和几个同事间展开讨论，每个人都要有机会发表意见。接下来的讨论将帮助你厘清对每一条原则的理解，并且有助于你明确在你的学校或学区从哪个方面开展进一步工作是最有希望、最有前途的。同时，我们鼓励你不要跳过依据填写。这些指标可以成为最有力的讨论依据，并构建起关于现状是什么样、需要成为什么样的统一认知。

这一诊断练习可用于不同的团队——校长、教师和中央办公室的管理人员——以了解各种观点的差异程度并进行有益的探索。还可以定期进行诊断练习，以作为对这些领域工作进展的非正式评估。

诊断：

    姓名：_____

    地区：_____

1. 地区或学校让教师和社区充分理解提高所有学生学业水平的重要性和紧迫性，并定期报告进展。

- 数据经过分类，并且公开透明。
- 根据定性（焦点小组讨论及访谈）和定量数据了解学生和应届毕业生的在校经历。

                        尚未开始　1　2　3　4　建立良好

依据：

2. 对于什么是优质教学，看法普遍集中在严格的期望、课程相关性以及课堂上师生之间所体现的相互尊重。

                        尚未开始　1　2　3　4　建立良好

依据：

3. 所有会议都和教学及展示优秀教学活动有关。

                        尚未开始　1　2　3　4　建立良好

依据：

4. 每个年级的学生工作都有明确的标准和表现评估。教师和学生都知道什么是优质工作，而且评估标准具有一致性。

　　　　　　　　　　　尚未开始　1　2　3　4　　建立良好

依据：

5. 监督是频繁而且严格的，针对改进教学展开，由了解优质教学为何物的人来执行完成。

　　　　　　　　　　　尚未开始　1　2　3　4　　建立良好

依据：

6. 专业发展是由最优秀的教学骨干设计制定并领导的，所涉及的主要是现场的、密集的、协作的和嵌入式的工作。

　　　　　　　　　　　尚未开始　1　2　3　4　　建立良好

依据：

7. 教师团队每隔一段时间使用诊断性数据来评估每个学生的学习情况，从而确定最有效的教学方法。这一协同工作已经被纳入教学日程表中。

　　　　　　　　　　　尚未开始　1　2　3　4　　建立良好

依据：

团队练习2.3：给课程录像打分

概述

请准备一个教学录像视频作为材料。（这里我们以我们在活动中使用的"十年级英语课堂教学的录像"为例。)

步骤一

认真观看视频。然后,不经过团队讨论,回答以下问题:

如果你给这堂课打分(从 F 到 A,允许分数后面有"+"和"−"),你会打几分?

请将分数写在一张卡片上,但不要写下姓名或打分的理由,然后把卡片交给会议主持人。

步骤二

打好分后思考一下你评分的标准是什么。无论你打出的是高分还是低分,想一想打出这个分数的依据是什么。

步骤三

主持人现在应该将所有结果按照以下顺序垂直排列在展示板上:A+写在顶部,F写在底部。按照每张卡片上的评分在展示板上每个字母后面打一个√或/。这将清晰地显示出每个分数的选择频率和成绩的分布情况。

当主持人制作这个图表时,鼓励团队成员讨论自己是用什么标准来进行评分的。

步骤四

主持人提醒房间里的每个人,这个练习没有对错,也就是没有正确或错误的答案,并要求两到三名志愿者谈谈他们为什么给课程打了高分,例如B+或以上,然后再请两到三名志愿者解释一下他们打出低分(C或以下)的理由。

我们鼓励主持人只要有人有话想说就尽可能地持续下去,请记住,现阶段的目的不是要解决任何问题或是盖棺定论。第一个目的是尽可能地了解房间里存在的不同观点。

步骤五

最后，我们希望你能暂时退出对话来思考在这个练习中必然出现的一个更大的问题：

这种成绩分布，以及我们对于优质教学的不同看法，对我们的学校或地区意味着什么？

团队练习2.4：在走课中定义严谨性

概述

请记住，最好将新的3R理解为关于教学对话的框架。我们鼓励你跨出第一步——开启这样的对话。我们将从严格的概念入手，这其实最模棱两可，也最难以定义。

正如我们已经强调过的那样，严谨本身对有效教学而言并不是一个充分的决定性条件。只有当它和相关性及相互尊重结合起来才能发挥作用。我们建议你最终要考虑清楚所有这三个概念在不同年级的课堂中是什么样子的。

步骤一

通过以下问题进行反思或讨论：

1.你希望在一个（选择一个年级）正进行"严谨"教学的课堂里看到什么样的课堂活动或行为？老师正在做什么？学生们在做什么？

2.（选择一个年级中的一个科目）学生严谨学习的特质有哪些？

3. 列出一些你现在可能在课堂上找到的与严谨性有关的最重要的表现。

通过认真思考你所列出的重要指标在多大程度上构建了知识经济所需的关键能力（指掌握超越基本阅读、写作和数学技能的能力），现在可以"标准化"你对严谨的定义。

步骤二

在关键能力、知识经济要求的能力方面（例如，卡尔内瓦莱和德斯罗彻斯为教育测试机构提供了以下能力清单），你需要修正或重新思考的东西有哪些？

- **基础能力**：知道如何学习；
- **沟通能力**：倾听与口头表达；
- **适应能力**：创新性思维和解决问题；
- **团队效能**：人际能力、谈判和团队协作；
- **影响力**：组织效能和领导力；
- **自我管理**：自尊和动力/目标设定；
- **态度**：积极主动的认知；
- **应用技能**：职业及专业能力

步骤三

当你的"严谨标准"已经打磨到让你自己满意的程度时，把这些指标带到课堂上，看看它们在实践过程中可能会呈现出什么样子，最重要的是开展对话，这种对话将抛砖引玉，逐步建立起一种对共有且具体的"严谨标准"的设想。我们建议你花一个半小时的时间，带着你的列表走访一所学校的十几个教室。每节课大概观摩五分钟。如果不是很清楚这堂课的教学目的，问问学生他/她在做什么以及为什么这么做。

如何记录你所观察到的情况是非常重要的，因为这些数据将为之后的对话打下基础。与其在你的"严谨标准"列表上勾选你所看到的指标，不如一字不差地用文字描述你在课堂上看到的认为达标的某种具体做法。不要去解读，而是客观描述你实际看到了什么，这样你就可以确定某个活动、问题或者表现是否真的是严谨的指标。例如，与其记录某位老师的问题很复杂，不如记下问题本身，以后再决定它的复杂性。

步骤四

当你完成走课后，查看你所收集的数据，通过问下面的问题来反思你所看到的情况：

1. 你是否能够确定某些老师或学生的行为是严谨的吗？

2. 你看到严谨满意度的证据了吗？不同的教室、教学风格、不同学科之间有何不同？

3. 团队成员是否同意你所看到的表明了你的严谨标准列表里的指标？

4. 哪些地方你们的意见达成了一致？

5. 哪些地方你们持有不同意见？

6. 你们的分歧引发了什么问题？

7. 你们还需要学习什么？

一般而言，这些观察帮助教育工作者更清楚地了解他们个人对"严谨"等关键概念的定义。我们发现，更有效的方法是让一组教育工作者观察相同的课程，并和组员一起分享他们对这些问题的回答。您可以想象一下，解决前面问题的对话不仅要求个人厘清、重新思考和完善自己的定义，而且还可以让整个团队达成强有力的、共同的理解。

团队练习4.1："被动反应vs目的和重点"诊断

你和你的团队可以使用这个练习来评估你的学区或学校在这个维度的"做事"方式。

步骤一

作为一个团队，首先确定你要把重点放在你在第一章中生成或在第二章中重写的问题陈述还是放在更广泛的地区工作上。

步骤二

针对你的问题陈述（或更广泛的问题）对你所在的学区或学校进行评分。我们已经提供了一些例子，说明一个系统在数轴的两端分别可能是什么样子。在箭头下面填入你的评分，并写出支持你评分的具体事例或依据。

目的和重点是指你是否有一个被所有人理解的明确的重点目标。请注意，这和你在实现目标方面做得有多好并没有关系。

需要考虑的一般性问题包括：

1. 地区或学校是否有明确的工作重点？

2. 整个系统中是否所有人都了解这一工作重点？

3. 我们是否能够抵制工作重点中的细枝末节以免它们分散我们的注意力或拖我们的后腿？

下面列出了处在数轴两端的系统分别可能呈现的样子。使用数轴上的数字来评价你的学校或地区是更靠近"被动反应"还是"目标与重点"。

被动反应	目标与重点
• 对教学改进缺乏重视。	• 明确教学改进的重点。
• 没有制定明确的改善学习、教学和领导能力的策略。	• 制定明确策略用以改善教学与学习。
• 对外部压力的反应过于积极。	• 根据与教学改进策略的相关程度对外部压力进行评估和过滤。
• 优先事项过多——不知道什么是最重要的事。	• 系统中的所有人都了解并理解主要改进策略、他们需要做什么,以及如何实现组织目标。
• 多重策略、措施之间缺乏关联性。	• 调整策略、时间、资金和专业发展,使其成为步调一致的整体,从而服务于改善教学和学习。

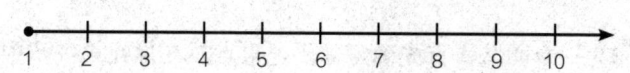

1 2 3 4 5 6 7 8 9 10

步骤三

轮流分享团队内每个人的评分。在以下图表中记录评分。解释一下你为什么这样打分,如果可以的话,请提供具体事例。

目的和重点										
	1	2	3	4	5	6	7	8	9	10
汇总										

步骤四

然后一起讨论以下问题：

1. 从这些汇总数据中你发现了什么？

2. 根据团队成员对自己打分依据的解释，你如何看待评分出现的差异？是否还需要收集其他数据从而让你了解你所在地区在这个数轴上所处的位置？

3. 怎样才能在数轴上朝向右的方向移动哪怕只是一个单位？

团队练习4.2："顺从与积极参与"诊断

你和你的团队可以使用这个练习来评估你的学区或学校在这个维度的"做事"方式。

步骤一

作为一个团队，首先确定你要把重点放在你在第一章中生成或在第二章中重写的问题陈述还是放在更广泛的地区工作上。

步骤二

针对你的问题陈述（或更广泛的问题）对你所在的学区或学校进行评分。我们已经提供了一些例子，说明一个系统在数轴的两端分别可能是什么样子。在箭头下面填入你的评分，并写出支持你评分的具体事例或依据。

当你评估你所在的学校或地区的参与程度时，这里有一些一般性的问题可以帮助你开始：

1. 这个系统中的所有人对于教学改进目标的参与度有多少？你是

怎么知道的？

2. 是否存在只有高层才有决定权的情况，还是在整个系统中人们都能真正感受自己投入到了实现教学改进目标的努力中？

3. 与实现自己的目标或与他人共同拥有的目标相比，人们在努力实现别人的目标方面做了多少工作？

4. 人们是否有成效地积极参与了会议？

下表展示出了指向数轴两端的一些具体指标：

顺从	积极参与
• 期望教师和校长能"顺从"地执行任务；没有任何可以产生对话和通过协作制定决策的机制。	• 就组织战略和目标进行富有成效的对话和辩论。
• 交流往往是单向的。	• 交流是多向的。
• 文化特征显示为顺应规则和流程。	• 文化特征为对地区的策略和目标具有强烈的个人责任感和共同责任感。
• 教师和校长不敢承担风险，对于成功案例和失败案例不加以调研分析。	• 专业对话以从专业挑战中学习为重点。

1　2　3　4　5　6　7　8　9　10

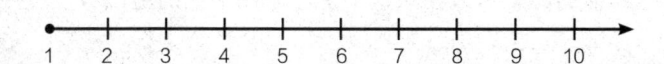

步骤三

轮流分享团队内每个人的评分。在以下图表中记录评分。解释一下你为什么这样打分，如果可以的话，请提供具体事例。

积极参与										
汇总	1	2	3	4	5	6	7	8	9	10

步骤四

然后一起讨论以下问题：

1. 从这些汇总数据中你发现了什么？

2. 根据团队成员对自己打分依据的解释，你如何看待评分出现的差异？是否还需要收集其他数据从而让你了解你所在地区在这个数轴上所处的位置？

3. 怎样才能在数轴上朝向右的方向移动哪怕只是一个单位？

团队练习4.3："孤立与协作"诊断

你和你的团队可以使用这个练习来评估你的地区或学校在这个维度的"做事"方式。

步骤一

作为一个团队，首先确定你要把重点放在你在第一章中生成或在第二章中重写的问题陈述还是放在更广泛的地区工作上。

步骤二

针对你的问题陈述（或更广泛的问题）对你所在的地区或学校进行评分。我们已经提供了一些例子，说明一个系统在数轴的两端分别

可能是什么样子。在箭头下面填入你的评分,并写出支持你评分的具体事例或依据。请思考以下问题:

1. 会议的重点是否是学习、教学和领导?
2. 组织会议的人员是否拥有并使用对话和询问的技能?
3. 人们在会议上会分享实践中遇到的问题吗?

下表展示出了指向数轴两端的一些具体指标:

孤立	协作诊断
• 教师和管理人员都是单独开展工作。	• 教师和管理人员的工作是以学校为平台的公共事业。
• 没有共同解决问题的机会或紧迫感。	• 教育工作者共同解决阻碍有效教学的问题。
• 在系统中好的领导和教学只是偶发行为,优秀的实践案例很少得到推广。	• 具有教学和领导实践的标准,标准是统一且具体的。
• 成年人对于协同工作几乎没有期望。	• 对于共同协作的性质和目的具有明确一致的期望。

1　2　3　4　5　6　7　8　9　10

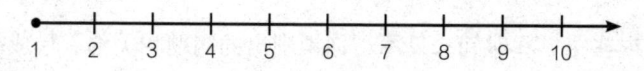

步骤三

轮流分享团队内每个人的评分。在以下图表中记录评分。解释一下你为什么这样打分,如果可以的话,请提供具体事例。

协作诊断										
	1	2	3	4	5	6	7	8	9	10
汇总										

步骤四

然后一起讨论以下问题:

1. 从这些汇总数据中你发现了什么?

2. 根据团队成员对自己打分依据的解释,你如何看待评分出现的差异?是否还需要收集其他数据从而让你了解你所在地区在这个数轴上所处的位置?

怎样才能在数轴上朝向右的方向移动哪怕只是一个单位?

团队练习6.1:4C的诊断工具——当前的现实情况

步骤一

使用我们提供的空白4C图表,把你在第二章中精修过的问题陈述(见练习2.1)放在重叠圆圈的中心。

步骤二

现在花一些时间来反思与你识别出的问题相关的、形成当前系统的成因。你可以以下面的问题作为开始。

能力

我们在以下方面做得如何?

- 战略性思考
- 明确学生的学习需求
- 收集和解释数据
- 协同合作
- 给予和接受批评

- 产生富有成效的分歧
- 进行反思并及时做出修正

条件

在创建及维护以下方面我们做得如何？

- 用于解决问题、学习、谈论挑战的时间
- 具有相关性及方便使用的学生数据
- 评估标准一致性
- 明确每个人工作中的优先事项和重点
- 地区层面及学校层面的支持

文化

我们会如何描述：

- 我们对所有学生的学习成效抱有的期望值（一向很高？中等？较低？或者根据不同学生抱有不同的期望值？）
- 我们学校的待议事项（多且无关？频繁变化？稳定，有持续的工作重点？相辅相成、具有关联性的措施？）
- 地区及学校领导与教师之间的沟通（命令式？以服从为导向？积极创建互帮互助、共同参与的沟通机制？）
- 同事之间的关系（缺乏信任？彼此信任？）
- 针对"对学生的学习负有责任"这一观点教师和管理者所持意见（指责他人？看到各种成因，包括自己？）

环境

我们在以下方面做得如何？

- 了解学生的家庭情况并与学生家长一起工作

- **清楚地看到学生在职场、社会和持续学习方面需要的核心能力**

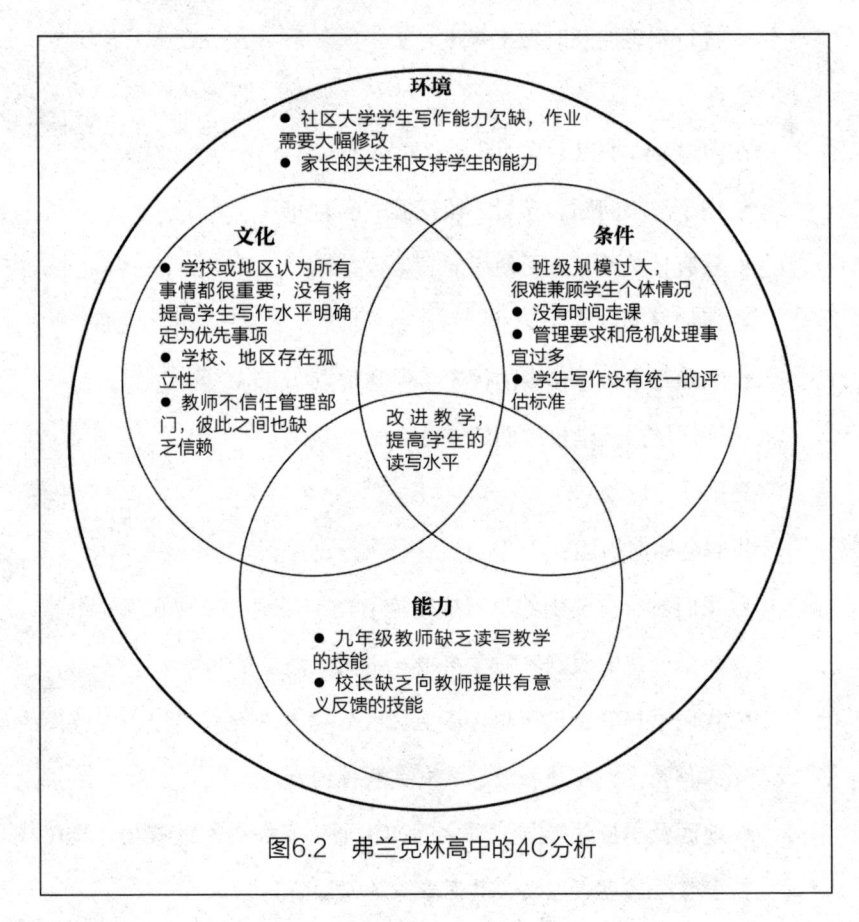

```
环境
● 社区大学学生写作能力欠缺，作业需要大幅修改
● 家长的关注和支持学生的能力

文化
● 学校或地区认为所有事情都很重要，没有将提高学生写作水平明确定为优先事项
● 学校、地区存在孤立性
● 教师不信任管理部门，彼此之间也缺乏信赖

条件
● 班级规模过大，很难兼顾学生个体情况
● 没有时间走课
● 管理要求和危机处理事宜过多
● 学生写作没有统一的评估标准

能力
● 九年级教师缺乏读写教学的技能
● 校长缺乏向教师提供有意义反馈的技能

（中心）改进教学，提高学生的读写水平
```

图6.2　弗兰克林高中的4C分析

步骤三

现在，在适当的圆圈或圆圈的重叠部分添加简要明确的描述，说明你所在的学校或学区所具备的与你想要解决的问题有关的优势。我们建议你可以回顾七个原则的诊断练习（第二章的练习2.2）和你在第四章中完成的三个连续的诊断练习（练习4.1、4.2和4.3），并将你的回答视为当前系统的促成因素。

步骤四

使用不同的颜色，在适当的圆圈中插入描述，列出为解决问题你需要克服的弱点或挑战。

步骤五

我们建议你和你的团队一起讨论一下在诊断工作中出现的所有新见解或新问题。你对问题的理解是否有任何改变？你是否发现了应对问题的新的或不同的方法？你的诊断是否开始表明有些工作必须在进行其他工作之前先完成？你觉得自己是否已经准备好回答这些问题了？如果没有，你还需要知道什么？你是否需要收集有针对性的数据，以便将促成4C的各种因素绘制成一幅更扎实具体的图画？你会如何收集这些数据？下一步你准备怎么做？

团队练习8.1—8.3：变革阶段诊断

这一调查旨在帮助你明确你所在的学校或地区正处于变革的哪个阶段。

步骤一

请每个人对以下陈述作出回应，指出你认为你所在的学校或学区在变革的每个阶段所处的位置，你可以使用以下每个数轴上的指标来帮助你评估。这些指标只是说明性的，并不完整。

准备阶段

为取到领导层理解和激发紧迫感的**数据**

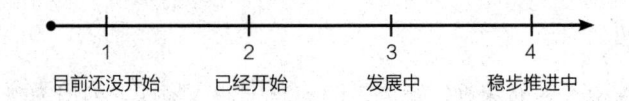

```
●─────●─────●─────●
1     2     3     4
目前还没开始 已经开始 发展中 稳步推进中
```

准备阶段的数据指标：

- 领导者团队创建了一系列触动人心的相关数据，这些数据能让人产生必须马上开始变革的紧迫感（它们可以激发人们的智慧和激情来改变现状以及他们自己的个人行为）。
- 收集当前的定性和定量数据，然后进行整理、综合，以产生改变或解决具体问题的紧迫感。
- 领导团队充分理解学校的现状与21世纪对高中毕业生要求之间的差距。
- 领导层制订明确计划——如何利用那些触动人心的数据让整个社区了解当前面临的具体挑战。
- 领导者团队负责监管数据系统总目录，以了解当前数据对于需要用到数据的人而言是否有用、是否好用（例如，是否可以访问整个系统的数据？通过何种形式收集及分发数据？需要使用数据的人是否具备有效使用数据的必要技能？）

解决共同问题的**责任感**

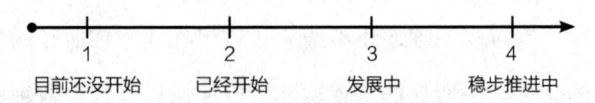

```
●─────●─────●─────●
1     2     3     4
目前还没开始 已经开始 发展中 稳步推进中
```

准备阶段的问责指标：

- 在经济和社会不断发生急剧变化的大环境下，公开检验学校当前的办学状况，在整个学校和地区改变教育工作者感到自己处于被批评、被责难的状态。

- 整个系统的教育工作者开始明白，培养适应21世纪需求的学生是一项重大挑战，迎接这一挑战并且找到解决方案是所有教师和管理人员的共同责任。
- 组建领导者团队的目的是监督、指导和守护整个变革过程。
- 领导者团队清楚并认同采取下一步措施的必要性，能让足够多的变革参与者（学校内部和社区成员）理解这个问题。
- 领导者团队对于毕业生需要掌握什么知识和技能有统一的认知，这种认知开始为下一步措施提供必要信息。

与同事和社区建立信赖**关系**

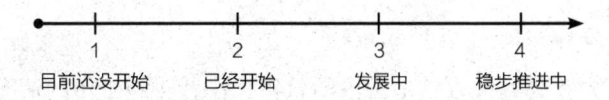

```
  1            2          3          4
目前还没开始   已经开始    发展中    稳步推进中
```

准备阶段的人际关系指标：

- 领导团队对于成功推进变革需具备的文化层面的特质有共同的理解（即合作、承诺和积极主动；重新设计是效率文化的基石，"不丢人、不责备和不找借口"使这些基石保持岿然不动）。
- 领导者在团队工作中应用了这些价值观。
- 领导团队让整个系统中不利于合作的人际关系浮出水面并加以解决，以便能够开发新的合作形式。
- 领导团队与教学改进变革参与者中的团体领导者（例如教师协会、家长团体、社区成员、企业）建立新的建设性关系，并与他们为推进变革一起努力。

设想阶段

为取得社区范围理解和激发紧迫感的数据

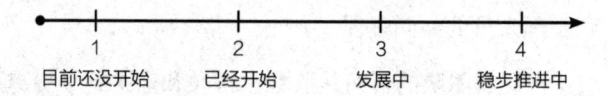

```
    1         2         3         4
目前还没开始  已经开始   发展中    稳步推进中
```

设想阶段的数据指标:

- 在社区范围内实现更为广泛、公开、透明的数据共享(与学校系统运作相关的定性和定量数据集,例如,学生学业成绩指标和学生学习参与度指标)。
- 大多数参与者了解该地区需要实现的目标与当前现状之间的差距。
- 公正公开地评估地区内的教育工作者协同工作的情况,地区对话和行动的重点是地区如何作为一个系统进行运作的。
- 根据目前的教学实践收集数据(例如开展走课)。

为以人际关系为纽带的、互惠的**问责制**奠定基础

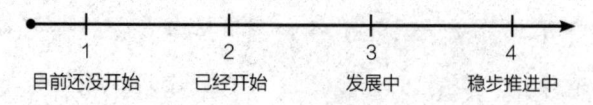

```
    1         2         3         4
目前还没开始  已经开始   发展中    稳步推进中
```

设想阶段的责任指标:

建立了一些明确的地区目标和策略,并以改进教学和学习为工作重点。

- 社区清晰深刻地认识到目前高中毕业生所掌握的和能够做的事情与他们为了能在21世纪获得成功所需要掌握和能够做的事情之间存在差距。
- 社区教学改进相关方已经聚集在一起开始帮助制定目标和改革

工作的重点。

- 社区教学改进相关方形成一种意识：他们在帮助所有学生掌握必要的新技能方面应该承担什么样的责任。
- 进一步明确地区领导者团队对社区教学改进相关方负责。
- 教师和行政管理人员开始认识到系统内每个人都需要改进自己的专业实践。

加强互相信任和尊重的关系

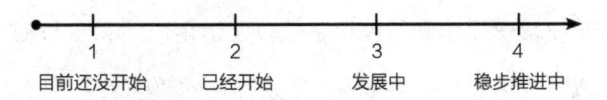

```
●————————————————————————→
1            2            3            4
目前还没开始   已经开始      发展中       稳步推进中
```

设想阶段的人际关系指标：

- 地区及其组成团体之间的直接沟通和积极合作模式已经形成。
- 学校层面加强了教师之间的合作。
- 全区工作会议的讨论质量有所提高，为所有教育工作者参与到协同合作以及富有成效的工作中创造了机会。
- 教育工作者了解在教学实践方面需要更多协同合作，跨年级、跨学校的讨论已开始进行。
- 学校层面的会议更直接地集中在教学和学习问题上，会议上通常会树立教学实践的优秀示范。

实施阶段

持续改进教学的**数据**

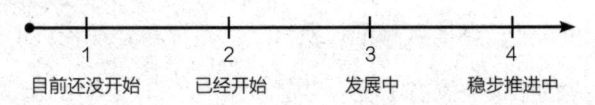

```
●————————————————————————→
1            2            3            4
目前还没开始   已经开始      发展中       稳步推进中
```

和实施阶段数据相关的指标：

- 建立数据收集系统和数据分析系统，以监测教学改进策略的实施情况和产生的影响。
- 在地区层面使用数据来确定最佳做法，从中获得成功经验。
- 管理人员和教师不断收集和分析与教学质量有关的数据。
- 在每所学校，教师团队经常使用诊断性数据来完善学校的评估和目标，监测学生的进步，并不断改进教学。
- 学校教学质量和效度评估依赖于学生成绩和参与度（及考试成绩、升学率、辍学率等）等多样化的数据来源。

持续改进学习和教学的共同**责任**

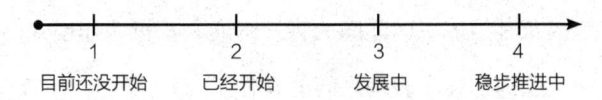

1	2	3	4
目前还没开始	已经开始	发展中	稳步推进中

实施阶段的问责指标：

- 地区领导层建立并开始实行对校长的教学领导能力进行频繁、严格和有针对性的监督机制。
- 学校领导层建立并开始实行对课堂教学进行频繁、严格和有针对性的监督机制。
- 学校层面的教师监督机制和内容与地区改进工作的重点保持一致。
- 学校根据对学生学习方式的研究测试和实践理解，建立了清晰明确的教学实践标准。换言之，教师和管理者对于有效教学实践的组成要素有了统一界定。

- 通过不同的年级和学校等级（小学、中学、高中）明确和调整对于学生学习成效的期望和责任。
- 所有教育工作者都更加了解自己对什么负责，这些更加趋向一致的期望构成了横向问责制的基础。
- 地区层面和学校各年级的所有专业人员对自己工作和角色与教学改进之间的关系都有清晰的认知。

新形式的工作信任**关系**

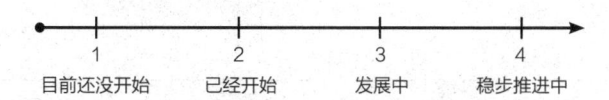

```
●———|———|———|———▶
    1       2       3       4
目前还没开始  已经开始  发展中  稳步推进中
```

实施阶段的人际关系指标：

- 学校进行重组，为促进教职员工之间的协同合作提供必要条件，同时为学生创建具有个性化的学习社区。
- 随着整个系统的相互信任感不断加深，专业工作关系变得越来越高效。
- 教师开始在同事中间公开展示自己的教学实践，努力提高各自的教学能力，同时制定一致和日益有效的实践标准。
- 学校对家长和社区成员开放，欢迎他们走进学校并更积极地参与改进学生学习成效的共同事业（例如，社区成员作为导师或家长参与其中，为学生提供在家学习的时间和场地）。

步骤二

与团队成员分享你的个人评估，使用指标来帮助你解释自己的观点。准备好事例作为评估依据以帮助团队成员理解每个阶段的含义和你的学校或地区处于变革过程中的哪个阶段。

步骤三

明确团队就哪些方面达成了共识，哪些方面仍存在分歧。

为了达成一致意见，你还需要收集哪些数据？

步骤四

当团队中达成相对共识时，请考虑以下问题：

1. 哪些进程十分顺利，值得庆祝？

2. 哪些变革环节需要更多关注？我们有没有忽略了哪个阶段中的问题？

团队练习10：改变免疫系统的团队诊断法

概述

这一练习旨在为团队提供一个安全的研讨会场，发现阻碍变革顺利进行的各种威胁和障碍，以及捆绑手脚、让他们止步不前的共同观点和假设，并采取相应措施。当你通读接下去的操作步骤以及要讨论的问题后——在你决定使用这个工具之前——我们建议你考虑一下这项练习带来的激烈讨论和你自己身处其中的承受能力。也许你希望团队外的人员来推进讨论。无论是谁来负责这一过程——他可能来自你的学校或地区，也可能是你的学校或地区以外的人士——都应该熟悉改变免疫系统的概念并了解他/她自己的个人改变免疫力。

你可能是独自一人在看这个练习说明，如果你是某个小组或团队中的一员，或许你的小组会乐意参与这个练习。如果是这样的话，我们建议你向团队介绍改变免疫力的概念，然后看看他们是否有兴趣先做一下个人改变免疫力的练习（正如你在本书中已经做过的那样）。

这项团队练习的所有参与者都应先完成个人四栏免疫系统图，这样他们就能理解"改变免疫力"的概念。

这项练习用时1—3个小时，具体时间将取决于所使用的练习模式：

模式1 单个小组：一个单独的小组（例如，一个领导者团队）通过内部反思产生结果。这一练习模式通常需要用时一小时。

模式2 多个小组：几个小组一起参与（例如，一个地区的高中校长和副校长，中学校长和副校长，小学校长，以及地区办公室工作人员），每个小组单独完成练习，然后小组之间分享各自的练习情况，总结整个组织内部的趋势（和环境影响）。这一练习模式最多允许用时三个小时。

材料：为每个参与者准备一张工作表，同时应准备一张团队工作表，用来跟踪记录小组的练习情况。当一个小组单独工作时，最好把这张"公共工作表"在墙上的公告栏中展示出来，以便每个人都能看到。如果你同时和多个小组一起练习，我们发现最好的方法是使用的公共工作表幻灯片，以便在所有小组共享练习结果时可以进行投影，方便所有人查看。

1.小组集体的承诺	2.针对第一栏承诺我们正在做什么/没有做什么	3.小组集体的相矛盾承诺	4.小组集体的大假设

步骤一

团队成员一起决定探索的重点。这应该是一个集体目标，小组成员都认同这个目标很重要而且目前尚未完成（小组成员一致认为为了实现目标他们可以做得更好）。一旦确定了重点，每个人都应该在他/她的工作表第一栏中填写好这一承诺，即"集体承诺"。

步骤二

在接下来的十来分钟里，每个成员独立思考下面的问题：我们作为一个团队（而不是"我作为一个个体"，也不是"我们团队中的一些成员"）针对第一栏里的集体承诺做了什么以及没有做什么？在第二栏中填写答案（每个人独立完成）。

步骤三

这一步骤仍然要求每个人独立完成，你认为如果采取了与第二栏相反的行动，团队最担心害怕什么，请列出一个清单。以此为切入点，找到这些恐惧背后的集体承诺。因为你已经完成了你个人的四栏免疫系统图，所以你对这一步应该很熟悉。

步骤四

现在重新加入团队，看看其他成员有什么想法。这一步的任务是大家通过分享个人关于第二栏、第三栏的看法，拼凑整合出大致的集体的"相矛盾承诺"或"改变免疫系统"。在这里，请注意第三栏的填写内容应：

- 是团队出于自我保护而无法避免的承诺
- 表明为什么第二栏的行为是"完全成立的"
- 基本上不是团队愿意在公开场合宣之于口的（和第一栏的承诺完全不同）

步骤五

当你确定了在你看来既有力又有理的矛盾承诺后，转向第四栏问一问自己：

我们必定持有什么样的假设，才使第三栏的承诺无法避免？

步骤六

最后，作为一个团队，请带着在这一练习中产生的新想法、新洞见来考虑一下"接下来我们该怎么做"？我们是否发现了一个需要通过检测才能确定其有效性的大假设？作为一个团队，我们可以设计和运行哪些实验来推翻改变免疫系统（如第九章所述）？

下表即为某地区领导者团队整个练习过程的示例。

1.小组集体的承诺	2.针对第一栏承诺我们正在做什么/没有做什么	3.小组集体的相矛盾承诺	4.小组集体的大假设
我们致力于创建一个以研究和运用数据为基础的计划，以满足所有英语语言学习者的需求。	• 我们制订计划，但没有履行承诺。 • 我们有地区提供的材料，但是大家仅凭个人喜好选择使用与否。 • 没有对教师进行持续培训。 • 我们没有持续加强教师的技能和策略/技巧。 • 我们培训教职员工，却没有要求他们将所学之事付诸实践。 • 我们没有用地区资源来持续支持项目。 • 我们没有一致的、能获得资金支持的地区目标。 • 我们没有系统地监测最佳教学实践。 • 我们没有明确所有部门必须支持的项目和目标。 • 我们对重点教学任务的关注时断时续。 • 我们（地区）没有明确对部门而言哪些工作可以协商，哪些不可以协商。 • 我们对成功的项目为何获得成功不加以分析。 • 我们没有做到通过联系现状和"为证实改革必要性分享数据"来使教师和校长参与变革。 • 如果地区性的项目对我们学校有益，我们才会支持。	• 我们安于现状，没有努力改变。 • 我们无视（如果所有的项目、资源、培训等都在有条不紊地进行中）问题其实就出在我们自己身上——工作不讲求效率，付出与成果并不相当。	• 我们认为，如果我们真的尝试这么做，我们肯定会失败。 • 我们认为，如果我们真的发现问题就出在自己身上，那就说明我们是骗子，不应该坐在负责人的位置上，我们可能会丢掉工作。

ABOUT THE AUTHORS
关于作者

托尼·瓦格纳是哈佛大学教育研究生院变革领导力小组的联席主任。作为比尔及梅琳达·盖茨基金会的一项举措,变革领导力小组致力于将管理团队打造成为学校、地区高效的变革领导者。托尼为全国甚至世界各地的学校、地区和基金会提供咨询服务,并且担任比尔及梅琳达·盖茨基金会的高级顾问。他经常就教育问题发表演讲,同时撰写、出版了大量著作。罗德里奇出版社最近出版了托尼的新书《创造成绩:重塑美国学校》(*Making the Grade: Reinventing America's Schools*),并再版了托尼的处女作《如何改变学校:来自三个社区的教训》(*How Schools Change: Lessons from Three Communities*),后者由西奥多·R.赛泽撰写了前言。在哈佛大学担任现职之前,托尼曾是一位有着12年教龄的教师,先后担任过一所学校的校长、公共议程基金会的项目主任,社会责任教育者组织的联合创始人以及回应式教育研究所的所长和首席执行官。托尼在哈佛大学教育研究生院获得了硕士和教育学博士学位。

罗伯特·凯根是变革领导力小组的联合主任,同时也是哈佛大学教育研究生院成人学习和专业发展教授、哈佛大学管理和教育领导研究所的教育主席。他的研究和著作考察了成人心理再发展的可能性,以及身处21世纪的专业人员处理工作中固有的复杂挑战时心理再发展的必要性。凯根的著作有:《进化的自我：人类发展的问题与进程》（*The Evolving Self: Problem and Process in Human Development*），《占据我们的头脑：现代生活的精神需求》（*In over Our Heads: The Mental Demands of Modern Life*），以及（与丽莎·拉斯考·莱希合著的）《深度转变：让改变真正发生的7种语言》（*How the Way We Talk Can Change the Way We Work: Seven Languages for Transformation*）。凯根曾荣获许多奖项和荣誉，其中包括四个荣誉博士学位和马萨诸塞州心理学协会的年度最佳教师奖，他还是哈佛医学院和哈佛教育研究生院一项联合项目的联席主任，该项目旨在将成人学习的要义引入医学教育改革中。凯根曾是一名初中及高中英语教师，现在他还是一名飞行员，一位扑克发烧友，以及"基本平均值"的发明者。"基本平均值"是一种综合性的，用来评估一名棒球运动员在比赛中进攻贡献率的数据统计方式。

丽莎·莱希是哈佛大学教育研究生院变革领导力小组的副主任。她目前的专业方向主要集中在学区内的成人发展，以及将个人发展与改善整个地区学生学业表现的目标紧密联系起来。丽莎负责指导领导者如何创造、改善和维护环境以支持个人、团队和组织的发展。她还指导个人和团队改变沟通方式，以改进合作关系、工作表现和决策制定。她在设计和推进成人深度学习以及为实现组织目标提供服务的过程方面拥有非常丰富的经验。丽莎的客户包括列克星敦的公立学校、阿克顿的公立学校、波士顿公立学校的舰队项目、温莎中学、麦肯锡公司、哥伦比亚大学新媒体教学中心和道尔顿学院。同时，她也是"工作思维公司"（Mind at Work）——一家专注于为美国及欧洲的学校和工厂提供服务的咨询公司——的联合创始人和高级顾问。作为一名前任校长和高中教师，丽莎还在波士顿几所学校的研究生院项目和职业发展项目中担任教职。作为发表过大量关于成人发展文章的合著者,丽莎的第一本书《深度转变:让改变真正发生的7种语言》(与罗伯特·凯根合著)于2001年由乔西-巴斯(Jossey-Bass)出版社出版。她在哈佛大学教育研究生院获得了教育学硕士和人类发展教育学博士学位。

理查德·W. 莱蒙斯是哈佛大学教育研究生院变革领导力小组的副主任。在教育领域,理查德曾经担任过高中教师、社区大学行政管理人员、研究者、读写教练和变革教练及顾问。他目前从事的研究和专业兴趣主要围绕高中转型、领导力发展和大规模教学改进。作为一名教练和顾问,理查德与领导者个人以及团队一起工作,帮助他们在日常工作中变得更具反思性、拥有更明确的目标、更具战略性地思考。此外,他还与学校和地区合作,开发教学改进系统和实践训练。

理查德的客户包括波士顿的公立学校、"波士顿卓越计划"(Boston Plan for Excellence)、马萨诸塞州教育部、康涅狄格州教育部、法明顿的公立学校(康涅狄格州)、斯托宁顿的公立学校(康涅狄格州)、法明顿山谷督学协会、康涅狄格州助理督学协会、康涅狄格州学校改革中心、肯特独立督学协会(密歇根州)、辉瑞公司和南非Pick'N Pay超市(南非最大的连锁超市)。理查德还是康涅狄格州国会大厦地区教育委员会领导力发展和学校改进的高级顾问,同时,他还是《新型问责制:高中和高风险测试》(*The New Accountability: High Schools and High-Stakes Testing*)一书中《领导力与对基于标准的问责制的需求》(*Leadership and the Demands of Standards-based Accountability*)一文的合著者。他在哈佛大学教育研究生院获得了哈佛大学的教育学硕士和教育学博士(行政、规划和社会政策项目)。

裘德·加尼尔是变革领导力小组的创始成员,也是一名有着16年教龄的资深教师。目前,她在"小型学校项目"中负责指导成人学习,为华盛顿州学校和地区的学习提供支持,这些学校和地区都参与了由比尔与梅琳达·盖茨基金会资助的重建计划。她拥有联合学院和大学的教育领导力/系统博士学位,她的研究重点是将学校和地区转变为学习型社区。

黛博拉·赫尔辛是变革领导力小组的高级项目助理。除了在哈佛大学教育研究生院讲课外,黛博拉还教授"教师决策制定模型"课程,并协调"像教育者一样思考"课程的教学工作。她的教学经历包括在汤加王国的小学进行TESOL(教授非英语人士英语)教学和教师培训,以及在堪萨斯城两所高中教授中学英语文学和写作。她拥有密歇根大学的硕士学位和哈佛大学教育研究生院的教育博士学位。

安妮·豪厄尔是变革领导力小组的高级博士研究员,也是哈佛大学教育研究生院的博士生。作为一名博士生和教练,她的研究与实践都侧重于专业发展背景下的成人发展和转型学习。安妮还在波士顿公立学区工作,在那里她花了五年时间参与"校长准备计划"的协调工作,目前她在"波士顿校长研究员项目"中担任教员,面向有志向的领导者教授成人学习课程。在加入变革领导力小组之前,安妮帮助设计并创办了位于马萨诸塞州的沙克尔顿高中——一所基于探险考察的独立学校。在哈佛大学教育研究生院,她一边完成博士生课程,一边兼任教学工作,负责教授成人发展、教学和学习课程,同时她还是哈佛学校领导力研究所的协调员,以及《哈佛教育评论》(Harvard Educational Review)的联席主席,她参与编辑了《种族与高等教育:在多样化的大学课堂上重新思考教学法》(Race and Higher Education: Rethinking Pedagogy in Diverse College Classroom)。在暑假的几个月里,安妮带领成年人到缅因州海岸参加拓展训练。安妮拥有普林斯顿大学的文学学士学位和哈佛大学教育研究生院的教育学硕士学位。

哈丽雅特·瑟伯·拉斯马森在过去10年间一直致力于为21世纪创建一个崭新的教育体系，并为这一教育体系的各个层面——从校舍到到州议会大厦，从公共领域到私人领域——创造互动和互相影响的机会。她与一所小学密切合作了长达7年的时间，帮助其完成重组工作，为创建华盛顿州具有创新性的绩效评估标准体系提供了可能性。这份工作再次证实了如果没有充分关注学生获得成功的关键因素——师生关系，就会给整个系统变革带来影响，凸显变革所具有的固有风险。她曾参与了一项为期六年的研究计划——主要研究教职员工协作发展实践与学生学习之间存在的关联，之后她将自己积累的经验集中运用到了学校和地区的重新设计中。哈丽雅特目前担任华盛顿四个地区的项目教练，这些地区正在进行整个系统的重建工作，这也是由比尔与梅琳达·盖茨基金会资助的项目之一。她还担任哈佛大学变革领导力小组的高级顾问。她常年住在俄勒冈州的波特兰，撰写过许多本讲述父母参与教育的书。

《从优秀教师到卓越教师：极具影响力的日常教学策略》

作者：［美］安奈特·布鲁肖
　　　托德·威特克尔
ISBN：978-7-5153-1237-8
开本：16
页码：336
定价：33.80元

★ 高效：一天一个简单易学的方法，5分钟就能让你的教学效果"立竿见影"
★ 实用：180天，闲暇之时就能轻松学习新理论、新方法、新智慧
★ 专业：美国备受欢迎的教育家与数千名卓越教师的无私分享，让你获得崭新的教学视野
★ 影响力：美国教育界称赞的教师培训项目二十余年的宝贵经验

　　本书是一本覆盖全学年的实用教学指南，一共包含180天，几乎覆盖了整个学年的教学时间，每一天为教师提供一个与教学相关的方法、策略或者行动建议，以提高教学的有效性。教师每天只需花几分钟的时间，就能获得新进步、新收获。

　　作为一名教师，由于肩负着众多的责任，所以很容易顾此失彼，看重一些我们本无须看重的东西，忽略一些我们本不该忽略的东西。因此，每一天，我们都需要提醒自己做自己该做的事情。本书将在你教学的每一天为你送上温馨的提醒、善意的建议、周全的行动计划。

为什么学生不喜欢上学？

认知心理学家解开大脑学习的运作结构，
如何更有效地学习与思考

作者简介

1983年，丹尼尔·T. 威林厄姆于杜克大学获得心理学本科学位；1990年，他获得哈佛大学认知心理学博士学位；从1992年至今，他在美国弗吉尼亚大学担任心理学教授。其研究主要关注以大脑为基础的学习和记忆，主要围绕认知心理学在基础教育方面的应用。

作　者：[美] 丹尼尔·T. 威林厄姆
出版社：中国青年出版社
ISBN：978-7-5153-6708-8
定　价：59.90元

内容简介

本书作者以多种方式对认知科学进行了专业检验，将这些知识与教学实践活动结合起来，对如何学习和思考做出了清晰的解释，为教育工作者和决策者提供了强有力的蓝图。你将从本书中了解到认知心理学如何影响与促进学习和教学，认识到故事、情感、记忆、背景知识练习在构建知识和创造持久学习经验中的重要性，并据此给出了教育工作者提高学生的学习能力与精进自身教学技艺的方法建议。

- 中国教育学会副会长李希贵特别推荐，新教育实验发起人朱永新作序推荐
- 掌握学习的关键，构建科学的学习体系：
  记忆是思考的残留物
  思考能力取决于掌握的事实性知识
  原来学习知识也有"复利效应"
  利用分块记忆，突破工作记忆的有限空间
  长期记忆为何需要超量学习和间隔效应
  拒绝反复练习，就不可能精通任何脑力工作
  重塑智能需要持续努力
  技术并没有改变当代人的思考方式
  ……

- 入选中国教育新闻网2022年度"影响教师的100本书"TOP10
- 中国教育学会副会长李希贵诚意推荐，没有学习就没有真正的教育！
- "立足学生学习，为今天的教育从业者提供教学思维方式转变的详细指导，为k-12教育系统开启教学与学习的全新设计！"

重新定义学习
如何设计未来学校与引领未来学习

ISBN：978-7-5153-6748-4
作者：[美]埃里克·C. 申英格，托马斯·C. 默里
2022-11　定价：49.90元

内容简介：教育可以影响当下，改变未来。在面向未来教育时，学校与教师的职责是让学生为他们的未来做好准备，以获得更大的成功。本书为K12教育系统开启了教学与学习的全新设计。

- ◆ 如何打破传统教学壁垒，为学生提供深入探索的学习机会？
- ◆ 如何实施精确的学习任务，帮助学生为未来做好准备？
- ◆ 如何提供有针对性的反馈，使技术可以提高学习参与度？
- ◆ 如何设计以学生为中心的学习空间？
- ◆ 如何建立集体愿景和塑造学校文化？

埃里克·C. 申英格　学习技术和教学领导专家，国际教育领导力中心（ICLE）副合伙人和高级研究员，Adobe教育领袖，畅销书作家。

　　在此之前，他是全球公认的创新实践学校——美国新米尔福德高中备受赞誉的校长。他成功领导了学校的变革，改变了学校的学习文化，同时提高了学习成绩。

托马斯·C. 默里　卓越教育联盟项目未来预备学校的创意总监，畅销书《真实性学习：如何设计体验式、情境式、主动式的学习课堂》作者。

　　他倡导以学生为中心的个性化学习与真实性学习，同时引领着面向未来的数字化学习。他被教育策略机构（PR with Panache）评为"2017年度教育思想领袖"。

教学这件事

感动几代人的教师专业成长指南

- ➢ "中国教育报"读书会共读图书（上海市特级教师、上海市教育考试院副院长、首届教育部基础教育教学质量评价指导专委会委员常生龙老师倾力领读）
- ➢ 日本语言教育先驱从教 50 余年的匠心之作
- ➢ 这是一本低调的畅销书，26 年来在教师间代代相传，被奉为"教学经典"
- ➢ 深入认识"教师"角色，重新思考"教学"内涵，快速提升教学行动力与专业实力

作　者：[日] 大村滨　　　　出版社：中国青年出版社
ISBN ：978-7-5153-6791-0　　定　价：49.00元

内容简介　　本书凝结了日本教育家大村滨老师从教 50 余年的感悟心得与教学智慧。在本书中，作者通过鲜活的故事和大量的细节说明了什么是真正的教学和如何做一名专业的教师，她将自己从教多年的工作经历与教学经验娓娓道来，在一个个温馨、感人的事例中阐明了专业教师应有的教研习惯、教学态度和教学方式，并为教师们的日常工作提出了切实可行的建议。书中语言平实近人但充满力量，既能为广大教师提供温暖而坚定的支持，又能帮助教师提升专业实力。

作者简介　　大村滨（1906–2005），生于横滨，日本语言教育先驱，是备受日本教育界尊重的教师、学者、专家。她担任一线教师 52 年，退休后持续关注日本教育的发展。大村滨终其一生坚持教学实践方面的课题研究，在日本应用推广"单元学习"等多种新颖独特的实践型教学模式，为广大教师提供了大量基于实践的教学建议和技巧指导。